성숙한 그리스도인 가정을 위한

부부의 삶

다이애너 갈랜드 · 베티 헤슬러 공저 교회훈련부 역

부·부·용

요단출판사

성숙한 그리스도인 가정을 위한

부부의 삶

1993년 10월 12일 · 제1판 1쇄 발행
2018년 4월 25일 · 제1판 11쇄 발행

지은이 갈랜드 · 헤슬러
펴낸이 이요섭
펴낸곳 요단출판사
07238 서울특별시 영등포구 국회대로 76길 10
기획 (02)2643-9155
영업 (02)2643-7290 Fax (02)2643-1877
등록 1973. 8. 23. 제13-10호

정가 12,000원
ISBN 978-89-350-1294-7 03230

요단인터넷서점 www.jordanbook.com

성숙한 그리스도인 가정을 위한

부부의 삶

다이애너 갈랜드 · 베티 헤슬러 지음
번역위원회 옮김

요단

『부부의 삶』을 발행하며

가정은 인간의 가장 기초적인 공동 생활의 장입니다.

행복한 가정은 그 가족으로 하여금 매일의 삶에 무한한 활력을 공급해 주며 평안과 기쁨과 자신감을 갖게 하지만 가정이 불안하면 생활 전반이 흔들립니다. 어느 시대나 건전한 가정 없이 좋은 사회는 없었습니다. 평화롭고 풍요로운 사회는 반드시 따뜻하고 건전한 가정에 의해서 지탱되었습니다.

현대 산업의 발달은 인간 생활에 많은 변화를 가져왔습니다. 외적인 풍요와 함께 여러 면에서 편리해졌습니다. 그렇지만 부정적으로는 가치관의 혼란과 극한 이기주의로 흐르게 되는 결과를 초래했습니다. 이런 변화가 가정을 위기에 처하게 하였습니다. 가족 구성원들간의 갈등이 심화되고 이혼율이 점점 증가하고 있습니다. 그리스도인들의 가정도 예외는 아니어서 교회 생활에도 심각한 문제를 일으키고 있습니다. 그래서 지금까지 외적인 성장을 위해 노력했던 교회들이 이제는 서서히 내적인 성장에 눈을 돌리면서 가정 문제에 대한 관심을 높이고 있습니다. 다변화하는 현실에 교회와 가정을 분리해서 생각할 수 없기 때문입니다.

늦은 감은 있지만 지금부터라도 좀더 전문적이고 구체적인 가정사역에 대한 연구와 자료의 개발이 이루어져야 한다고 봅니다. 이미 저희 교회진흥원에서는 "삶" 시리즈(평신도 훈련과정)를 발행하여 그리스도인들의 건전한 신앙 성장에 기여해 왔는데, 금번에는 『부부의 삶』을 발행하여 가정사역 분야에 도움을 드리고자 합니다. 이 교재를 부부가 함께 공부함으로써 서로의 관계가 회복되고 또한 인격적으로도 더욱 성숙해져 하나님이 원하시는 행복한 가정을 이루게 될 것입니다.

이 교재의 번역과 편집, 제작에 참여하신 분들의 수고에 감사드리며 아울러 한국어 출판을 허락한 미국 남침례교 교회학교국(선데이스쿨보드)에도 감사드립니다.

이 책을 통해서 여러분 모두가 훌륭한 인격을 갖춘 성숙한 부부가 되어 화목하고 행복한 가정을 이루시기 바랍니다.

2019. 4. 25

기독교한국침례회 교회진흥원

원장 이 요 섭

서문

미국 남침례교에서는 수년 전부터 성숙한 가정생활을 위한 훈련의 필요성을 절감해 왔습니다. 그 후 부부간의 결혼생활을 증진시키기 위해 교회에서 사용하도록 고안된 여러 자료들과 프로그램들이 개발되었습니다. 이러한 훈련 프로그램들은 많은 교회에서 가정 사역의 중요한 부분을 차지하게 되었습니다.

1984년에, 미국 남침례교 주일학교부(Sunday School Board) 산하 가정 사역부(Family Ministry Dept.)에서는 미국 남침례교의 가정생활에 관한 프로그램들과 그 성경적, 신학적 개념들을 하나의 중심원리에 입각하여 정립할 필요성을 인식하였습니다. 이에 따라 가정생활 훈련부(Family Enrichment Section)의 상담원으로 있는 켄 조든이 이전의 자료들에서 아이디어들을 수정하고 가정생활과 부부관계의 성장을 다루는 여러 전문가들과 인터뷰를 하였습니다.

그러다가 1985년 초에 가정생활 훈련부(Family Enrichment Section)의 고문인 게리 호크에 의해 이 분야에서 활동할 실무진이 구성되었습니다. 이 가운데에는 책임자인 켄 조든, "홈 라이프(Home Life)"지의 편집장인 류벤 헤링, 그리고 디자인 담당인 지미 헤스터 등이 포함되어 있었습니다. "부부의 삶"은 바로 이들에 의해 구체화되어 세상에 나오게 되었습니다.

실무진은 기도와 적잖은 시간을 들여 켄 조든이 수집한 신학적, 성경적 연구 자료들과 씨름하는 가운데 성숙한 가정생활 훈련에 대한 남침례교인들의 필요와 관심을 인식하고, 이 과제에 대한 신학적 토대를 쌓는 기초안을 작성하였습니다.

실무진들은 평신도 훈련과정(LIFE) 중에 하나인 성경적인 자녀 양육-그 훈련과 영적 성장(*Parenting by Grace : Discipline and Spiritual Growth*)의

교육적인 모델을 주의깊게 분석하는 가운데, 그와 비슷한 유형의 구성을 따르도록 결정하기에 이르렀습니다.

실무진 팀은 이 개념을 마무리하는 과정에서 이 분야의 여러 전문가들에게 자문을 구하기로 이미 결정을 내린 바 있었습니다. 그래서 1986년 1월에 테네시 주 내쉬빌에서 침례교의 가정생활 훈련 담당자들과 가정생활에 관한 분야를 가르치는 신학교 교수들을 주축으로 한 두 개의 자문협의회가 구성되었습니다. 이때 훈련 담당자들로는 밥과 베키 앨브리튼, 오티스와 데이지 앤드류스, 팻 애버리, 브루스 모리슨, 그리고 로버트와 웬다 레드몬드가 참여하였고, 신학교에서는 골든게이트 신학교의 제리 스터블필드, 미드웨스턴 신학교의 존 하웰과 톰 믹스, 사우스웨스턴 신학교의 브리스터와 가이 그린필드, 서든 뱁티스트 신학교의 마이클 헤스터, 웨이드 로웨트, 다이애너 갈랜드, 그리고 앤드류 레스터 교수 등이 대표로 참여하였습니다. 가정생활 훈련부에서는 게리 호크, 해롤드 버겐, 류벤 헤링, 켄 조든, 그리고 지미 헤스터 등이 대표로 참여하였습니다.

이 자문협의회에서 얻은 정보 외에도 실무진은 남침례교 주일학교부(Sunday School Board)의 전문가들과 협의회에 참석할 수 없었던 신학교 교수들, 가정문제 분야의 여러 전문가들, 그리고 각 주의 가정 사역 프로그램 지도자들(State Family Ministry program leaders)로부터 다양한 평가와 자료 및 안내를 받았습니다.

실무진에서는 이와 같은 다양한 경로를 통해 수집된 방대한 양의 자료들을 주의깊게 분석하여 이 분야의 사역을 위한 계획을 세우고, 자료를 선정하고, 사용하는 데에 있어서 기본적인 지침으로 적용될 수 있는 하나의 궁극적인 개념을 표출해 내려 하였습니다. 이렇게 해서 나온 것이 바로 "부부의 삶"입니다.

1986년 4월에 노스 캐롤라이나의 캐러웨이(Caraway) 수양관에서 지도자 훈련을 위한 방향 설정과 첫번째 훈련과정을 위한 일단의 교재들을 점검하기 위해 각 주의 가정 사역 프로그램 지도자들이 모였습니다.

그리고 1986년 5월에 첫 "부부의 삶" 훈련과정에 사용될 교재들이 결정되었습니다. 당신은 지금 그 중의 한 권을 갖고 계신 것입니다. 다른 하나는 이 과정을 지도하는 데 필요한 것으로서 바로 "부부의 삶 지도자 지침서(*Covenant Marriage: Partnership and Commitment Leader's Notebook*)"입니다. 이 교재들은 다이애너 갈랜드와 베티 헤슬러에 의해 집필되었습니다.

"부부의 삶"은 1987년 7월에 리지크레스트(Ridgecrest)와 글로리에타(Glorieta) 수양관에서 공식적으로 교회훈련 주간을 통하여 시작되었습니다. 그리고 이 과정을 실시하는 교회들을 돕기 위한 지도자 훈련 강사진이 구성되었습니다.

"부부의 삶"은 하룻밤 사이에 태어난 것이 아닙니다. 오늘날 당신에게 성숙한 결혼생활을 위한 독특하고 효과적인 도구를 제공하기 위해서는 수많은 연구와 계획, 실험, 그리고 기도가 필요하였던 것입니다.

본서의 사용법

본서는 당신이 이 과정을 공부함에 있어서 필요한 좋은 도구가 될 것입니다. 교재를 읽는 것 외에 그 안에 제시되는 학습문제들을 함께 풀어 가십시오. 당신이 참여할 그룹 모임 시간을 위한 좋은 준비가 될 것입니다.

당신은 첫 모임이 시작되기 전에 본서를 받게 될 것입니다. 미리 "서론" 부분을 읽고 기도로 이 과정에 참석하기 위한 준비를 하십시오. 미리 받지 못한다 해도 괜찮습니다. 지도자가 첫 모임 때 서론 부분을 다루면서 서로에게 바라는 것 내지는 기대들에 관해 의견을 나눌 것입니다.

"투자한 만큼 얻는다"는 옛 격언은 여전히 본서를 공부하는 데에도 잘 적용되는 말입니다. "부부의 삶"을 공부하는 가운데 당신의 가정이 성숙되고 최선의 열매를 거두게 되기 바랍니다.

저자 소개

다이애너 갈랜드(Diana S. Richmond Garland)는 본서의 내용을 집필하였다. 오클라호마 출신인 갈랜드 박사는 켄터키 루이빌에 위치한 서든 뱁티스트 신학대학원의 조교수로서 사회사업과 그룹 역학을 가르치고 있다. 그녀는 루이빌 대학교에서 학위들을 획득하였으며(B.A., M.S.S.W., Ph.D.), 가정생활에 관한 책들을 활발하게 저술하고 있다.

갈랜드 박사는 서든 뱁티스트 신학원의 신약학 교수로 있는 남편 데이빗 갈랜드 박사와의 사이에 사라와 존, 두 자녀를 두고 있다.

갈랜드 박사는 한 가정의 아내인 동시에 어머니이며, 사회학 조교수이다. 그리고 저술가요 가정생활 분야의 지도자인 동시에 신실한 그리스도인으로서 루이빌에 있는 크레센트 힐 침례교회의 활동적인 멤버이기도 하다. 이러한 모든 사항들은 그녀가 본서의 내용을 집필하는 데 필요한 기본적인 자질들을 고루 갖추고 있음을 잘 보여주고 있다.

베티 헤슬러(Betty Hassler)는 본서의 내용을 실천하고 적용하기 위한 학습문제들을 집필하였다. 텍사스 출신인 헤슬러 박사는 텍사스 주 샌안토니오에 소재한 리지우드 침례교회의 교육담당 사역자이다. 그녀는 베일러 대학교(B.A)와 사우스 웨스턴 침례 신학원(M.R.E., Ed.D.)에서 학위를 취득하였으며, 성경공부 교재, 잡지 기사, 학습활동, 교수계획 등에 관한 여러 가지 글들을 남침례교 정기간행물에 기고하고 있다.

헤슬러 박사는 목회자인 심 헤슬러 박사와의 사이에 스코트 알렌과 마크 제이슨, 두 자녀를 두고 있다.

헤슬러 박사는 사우스 웨스턴 신학교에서 관계학습 발달분야의 권위자인 리로이 포드 박사와 함께 연구하였으며, 평신도 훈련과정(LIFE)의 첫번째 교재인 "최선의 삶(*Master Life*)"의 집필에도 공헌한 바 있다.

목 차

서론

개관

축하합니다! 당신은 이제 중요하면서도 쉽지만은 않았을 첫 발자국을 떼었습니다. 그것은 당신이 결혼 생활에 대해서 좀더 배우고, 어떻게 하면 배우자와의 관계를 풍요롭고 견고하게 할 수 있는가에 대한 관심이 있기 때문이었습니다.

우리는 서론 부분에서 하나의 개념이자 동시에 하나의 과정으로서 언약 결혼을 살펴보고, 이 공부를 끝까지 마치기 위해서는 당신의 헌신이 중요하다는 것을 발견하게 될 것입니다. 그리고 결혼의 의의, 결혼의 최근 경향, 부부의 필요 등에 대해 토의하게 됩니다. 이외에도 우리는 결혼의 기초로서 성경적인 언약 개념을 살펴보게 될 것입니다.

학습목표

· 결혼의 최근 경향과 필요, 문제들, 제기되고 있는 이유 들에 대해 쓴다.
· 배우자와의 최근의 관계에 있어서 그 근저에 깔려있는 함축적이고 겉으로 언급되지 않은 언약에 대해 쓴다(그룹모임 시간에 기록).
· 본서의 학습 방향에 대해 설명한다.
· 이 과정에 참여하고 있는 부부 당사자들에게 요구되는 것과 다른 사람에게 기대할 수 있는 것들을 나열한다.
· 현 시점에서 이 과정에 헌신적으로 참여할지 않을지의 태도가 결정된다.

본서와 언약결혼

본서는 당신 개인의 것입니다. 본서에는 각 과마다 당신이 해야 할 학습문제들이 수록되어 있습니다. 여기에는 객관적이고 사실적인 문제들뿐 아니라 개인적인 생각과 느낌을 쓰는 것들도 있습니다. 또한 배우자와 함께 나누도록 되어 있는 것들도 많이 있습니다.

신문이나 기타 잡지들처럼 당신의 교재를 다른 사람들이 허락도 없이 읽도록 내버려둬서는 안됩니다. 당신의 배우자뿐 아니라 집안식구들과도 상의하여 함부로 당신의 책을 읽지 않도록 하십시오.

아울러, 당신이 그룹모임 때 작성한 기록들에 대해서는 당신이 자발적으로 동의하지 않는 한 결코 그것을 공개하도록 강요되지 않을 것임을 주지하십시오.

이 공부에 참여하면서 느껴지는 것이 있으면 그 느낌을 정확하게 기록하십시오. 그것들을 기록하는 것은 때로 우리의 생각을 분명하게 하는 데 큰 도움을 줍니다. 또 자신에게 있을지도 모를 느낌들을 의식하게 됩니다. 때로는 이러한 방법을 통해 자신이 제쳐놓기를 원하는 골치 아픈 생각들을 잘 정리할 수도 있습니다. 그러므로 기록하십시오. 당신이 결혼에 대하여 개별적으로, 또는 한 부부로서의 마음의 문을 활짝 열고 정직하게 생각하고 분석할 때 당신 부부는 기대하지 못했던 큰 축복을 받게 될 것입니다.

성숙한 가정생활을 위한 프로그램으로서 본서는 본래 성경이 부부관계에 대한 궁극적인 원리를 제공한다는 강한 확신에서 발전된 것입니다. 부부가 성경의 가르침을 배워 매일의 생활에 적용한다면 그 결혼은 전혀 새로운 차원을 맞이하게 될 것입니다. 이혼률이 급증하고 점점 더 많은 사람들이 결혼하려 하지 않는 현 시대에 결혼에 대한 우리의 이해를 새롭게 해줄 이러한 원리들은 참으로 환영할 만한 것입니다. 이러한 의미에서 언약 결혼은 더욱 그러합니다!

언약 결혼은 사실상 전혀 새로운 개념이 아닙니다. 성경 역사를 통해 보면, 하나님의 사람들은 늘 서로간에 언약을 맺었습니다. 말라기 2:14에 의하면, 결혼을 언약 관계로 설명하고 있는 것을 봅니다.

어쩌면 언약 결혼은 당신에게 있어서 전혀 새로운 개념일 수도 있습니다. 그렇다면 당신은 이제 흥미진진한 색다른 여행을 시작하고 있는 셈입니다. 여행을 하면서 새로운 사상들을 접하고 경험함으로써 성숙한 결혼 생활을 향한 여러 가지 도전에 직면하게 될 것입니다.

당신의 결혼 생활을 보다 의미있게 하기 위해서는 가방 2개를 준비할 필요가 있습니다.

① 언약이라는 말과 결혼이라는 말을 함께 배열시킴에 있어서 이에 대한 사람들의 반응이나 의견은 저마다 다 다를 것입니다. 우리는 본 과정에서 결혼의 기초로서의 언약 개념을 발전시키게 될 것입니다. 이것이 바로 당신의 첫번째 가방입니다.

성경에서 말하는 언약을 생각할 때, 우리는 즉각적으로 자신의 백성들에 대한 하나님의 언약적 관계, 즉 하나님과 인간의 언약을 연상하게 됩니다. 결혼은 하나님과 인간 사이의 관계가 아닙니다. 그것은 인간과 인간 사이의 관계입니다. 그렇지만 우리는 하나님과 그 백성들의 관계를 통해 결혼의 관계에 대해 시사해 주는 것들을 배울 수 있습니다. 우리가 본서에서 직면하게 되는 어려운 부분 중의 하나는 하나님과 인간 사이의 관계에서 드러나는 바, 그것이 인간과 인간 사이의 결혼 관계에도 적용되는 몇 가지 특성들을 찾아 결정하는 문제입니다.

성경은 하나님과 인간 사이의 관계뿐 아니라 언약 개념에 근거한 인간과 인간 사이의 관계에 대해서도 설명하고 있습니다. 이러한 관계들은 우리가 공부하려는 주제에 매우 유익한 도움이 될 것입니다.

② 당신이 가져가야 할 두번째 가방은 마치 컨테이너 같은 것으로서, 발견되는 모든 개념이나 원리들을 수집하고 담기 위한 것입니다. 언약적 관계 개념을 결혼에 적용시키는 데에는 언급되어야 할 것들이 많이 있습니다. 본 과정은 관계에 대한 성경적, 영적 개념에 그 뿌리를 두고 있습니다. 당신은 공부를 해가면서 여러 가지 자료들을 선택하고 그것들을 당신의 결혼이라는 보다 큰 범주에 적용시키게 될 것입니다. 처음에는 각각의 단편적인 자료들로 무엇을 어떻게 해야 할지 알 수 없을 것입니다. 그러나 염려하지 마십시오. 계속하여 "부부의 삶"을 공부하는 동안에 그 모든 것들은 제자리를 잡게 될 것입니다.

"부부의 삶"은 가정생활 훈련 프로그램으로서 당신과 당신의 배우자로 하여금 헌신적이고 견고한 결혼관계를 가질 수 있도록 새로운 기회를 제공해 줄 것입니다. 언약 개념에 근거한 결혼은 하나님께서 그 아들 예수 그리스도를 통하여 사람들에게 베푸시는 언약적 사랑을 함축하고 있습니다.

"부부의 삶"은 교회 훈련의 한 부분인 평신도 훈련과정(LIFE)의 하나입니다. 훈련받기를 원하는 그리스도인들은 자신들의 소명과 영적 은사에 따라 "부부의 삶"을 비롯한 다른 여러 가지 주제별 과정들을 통하여 각자의 성장 속도에 맞게 여러 분야에 있어 필요한 기술과 자질을 개발할 수 있습니다. 각각의 훈련 과정들에는 개별학습과 실제적인 적용 문제들이 다루어지고 있는데 참가자들은 이를 통해 매주 소그룹 모임에서 자신들이 배운 것에 대해 토론하고 점검하며 또 각자가 배운 내용들을 서로 실습해 봄으로써 그 종합적인 효과를 거두게 됩니다.

Ⅰ. 지금까지 공부하는 가운데 언약결혼에 대해 무엇을 배우셨습니까? 다음 질문에 O, X로 대답하세요.

____ 1. "부부의 삶"은 결혼생활에 심각한 문제들이 있는 부부들을 위한 공부이다.

____ 2. 우리는 자신의 잠재력을 다 발휘하는 성공적인 결혼생활을 하고 있다.

____ 3. 언약결혼의 목적은 부부간의 관계를 증진시키고 강화시키는 데 있다.

____ 4. 언약결혼의 개념은 신약에서만 찾을 수 있다.

____ 5. "부부의 삶"은 교회훈련의 한 부분인 평신도 훈련과정(LIFE) 중 하나다.

(정답 : X, X, O, X, O)

부부의 삶의 목적

본 과정은 당신으로 하여금 보다 견고한 부부관계를 갖도록 도우려는 의도로 구성되었습니다. "부부의 삶"은 결혼을 향한 하나님의 언약적 사랑의 약속과 그에 대한 기대들을 발견하고 실습하게 할 것입니다. 이것은 부부가 서로 지속적인 사랑과 이해, 용서, 헌신으로써 남편과 아내 사이에 있을 수 있는 갈등을 해결하고, 서로 영적인 성장을 도모하도록 하기 위한 것입니다.

Ⅱ. 다음에 제시된 언약결혼의 목적을 읽으면서, 당신의 결혼생활을 위해 개발하여 적용하기를 원하는 항목들에 별표 하시오.

· 결혼생활에 있어서의 사랑과 용서의 개념을 보다 잘 이해한다.

· 당신 부부가 서로 얼마나 닮았으며 다른가, 그리고 이러한 요소들이 어떻게 성숙한 부부관계 형성의 요소가 되는가에 대해 깨닫는다.

· 분노의 감정과 갈등의 문제에 있어서 부부간의 친밀한 관계를 무너뜨리지 않고 도리어 강화시키는 방향으로 그것을 처리한다.

· 부부가 함께 결혼에 대한 자신의 언약을 강화시켜 주는 어떤 계약들을 맺음으로써 변화를 준다.

· 위기적 상황이나 스트레스를 잘 처리하여 어려운 때에라도 그것을 통하여 결혼생활이 더욱 견고해지도록 한다.

· 부부 상호간에 자신의 생각과 느낌들을 나누도록 권면한다.

· 서로의 개별성을 인정하고 존중한다.

· 하나님께서 어떻게 당신 부부를 동역자 관계를 통한 사역에로 부르셨는지 깨닫는다.

· 교회 내의 부부와 가족들간의 관계를 강화시킴으로써 언약적 관계에 따른 책임들을 준수하는 가운데 서로를 돕고 격려하도록 한다.

· 언약결혼에서 배운 기본원리들과 지침들을 실제 생활에 적용한다.

부부의 삶 개관

본서는 서론 부분을 포함하여 전체 12과로 구성되었습니다. 그리고 이들은 크게 6단원으로 구분되어 있습니다.

Ⅲ. 다음의 내용을 보면서 관심있는 주제들을 체크하시오.

서론
제 1단원 : 결혼을 위한 하나님의 계획
　제 1과 : 언약으로서의 결혼
　제 2과 : 약속으로서의 결혼
제 2단원 : 결혼에 대한 내적 고찰
　제 3과 : 독특성을 존중함
　제 4과 : 하나됨을 기념함
제 3단원 : 결혼에 대한 외적 고찰
　제 5과 : 결혼과 그 목적
　제 6과 : 결혼과 동반자 관계
제 4단원 : 동등한 동반자 관계
　제 7과 : 분노와 갈등의 조절
　제 8과 : 결정과 갈등의 해결
제 5단원 : 사랑의 동반자 관계에로의 헌신
　제 9과 : 결혼과 사랑
　제 10과 : 결혼과 미래
제 6단원 : 성숙한 부부 관계
　제 11과 : 성숙한 삶을 향한 동반자
　제 12과 : 결혼을 통한 사역

본서는 당신 스스로 집에서 한 번에 한 과씩 공부하도록 되어 있습니다. 부부가 한 권씩 준비하여 개인적으로 필요한 것들을 기록하고 학습문제들을 풀어야 합니다. 그렇지만 때로는 배우자와 함께 그것들을 놓고 비교하며, 생각하며, 토의하게 될 것입니다.

본서는 그룹으로 모여 한 시간에 한 과씩 다룰 수 있습니다. 두 시간에 두 과씩 공부해도 좋습니다. 중요한 것은 당신이 그룹 모임에 참여하기 전에 그 모임에서 다룰 내용들을 미리 준비하는 것입니다.

당신은 매 과마다 당신이 해야 할 부분이 있음을 발견하게 될 것입니다. 각 과의 내용을 읽고 숙지하기 위해 시간을 투자해야 할 것입니다. 그러나 무엇보다도 배운 것을 배우자와 함께 실천에 옮기는 일에 더 많은 시간을 내어야 합니다.

앞으로 당신 부부는 함께 문제들을 다루고 그룹모임에서 읽고 경험한 것들에 대해 토의하게 될 것입니다. 당신이 이 일에 헌신적으로 시간과 에너지를 투자하는 만큼 그 결과는 풍성하게 나타날 것입니다.

본서에서 제시하는 과제나 실천문제 등을 무시하고 그저 읽기만 해서는 안됩니다. 그렇게 하면 공부하는 과정을 단축시켜 주기는 하겠지만 본 과정의 목적을 이루는 것과는 거리가 멀어지게 됩니다. 부부가 실천과제를 성실히 수행하는 것은 본 교재를 공부하는 과정에서 기록된 내용을 읽는 것 못지않게 중요한 요소입니다. 결혼이란 단지 결혼생활에 대해 당신이 알고 있는 어떤 지식이나 정보가 아닙니다. 결혼은 그 이상의 것이며, 결국은 부부가 함께 경험하는 것이기 때문입니다.

Ⅳ. 당신이 본서를 공부하면서 해야 할 것이 무엇인지 요약해 보시오.

____

____

결혼의 의의

당신은 결혼한 지 20 주가 되었든 20 년이 되었든 그 연수에 상관없이 당신의 생애에 있어서 결혼이 얼마나 중요한가를 잘 알고 계실 것입니다. 우리가 평생을 살아가는 동안에 "죽음이 우리를 갈라놓을 때까지" 지속될 것을 기대하는 한 가지 관계가 있다면, 그것은 바로 결혼을 통한 부부관계입니다. 우리들 대부분은 부모님 세대보다 더 오래 사는데 반해 자녀들은 단지 20여 년의 짧은 기간 동안만 가정에 머무르다 다른 곳으로 자신들의 삶의 중심을 옮겨갑니다. 친구들도 왔다가는 갑니다. 하지만 우리는 다른 사람들이 이처럼 떠나갈지라도 자신의 배우자에 대해서만큼은 언제까지나 가정에 머물러 있기를 기대합니다. 오늘날 사람들은 전보다 더 오래 살게 되었고 그로 인하여 많은 경우에 있어서 결혼관계는 반세기 이상이나 지속되기도 합니다.

결혼은 오랫동안 지속되는 관계일 뿐만 아니라 폭넓은 영역을 포함하는 관계이기도 합니다. 우리는 배우자와 함께 인생의 수많은 영역들을 함께 나눕니다. 이러한 삶을 통해 습관과 가치관, 사고방식들을 새로이 형성합니다. 침실에서 은행 구좌에 이르기까지, 집 장식에서부터 자녀 양육에 이르기까지 모든 것을 함께 나누고 함께 일합니다. 이처럼 오랜 세월을 함께 살아가는 동안, 새로운 경험들이 쌓이고 쌓여 새로운 인격을 형성하기도 합니다.

우리는 결혼생활에서 아주 친밀한 관계를 기대합니다. 부부관계는 상대방 앞에서 벌거벗어도 어떤 수치심이나 부끄러움이 없는 그러한 관계입니다(창 2:25). 어느 누구도 배우자만큼 나를 알지 못합니다. 결혼은 외로운 세상에서 부부가 함께 손잡고 살아가도록 하나님께서 창조하신 것입니다(창 2:18).

결혼의 기간과 그 폭넓음, 그리고 결혼의 깊이, 이 세 가지는 전부 결혼이 어떠한 것인지 그 의의를 잘 드러내고 있는 말입니다. 우리의 전 생애중에서 한 사람과 결혼을 통한 관계를 맺기로 하는 것만큼 인생에 결정적인 영향을 주는 결정은 없을 것입니다. 결혼생활에는 좌절의 순간도 있을 수 있고 자신이 한 약속이나 부부로서 해야 할 과제 앞에서 압도당하는 듯한 때도 있을 것입니다. 언약결혼은 결혼에서 오는 책임과 기대의 무거운 짐 위에 무엇인가 또 다른 짐을 더하기 위한 것이 아닙니다. 언약결혼은 부부간의 불완전한 사랑이 하나님의 은혜로 말미암아 그리스도의 사랑을 통한 아버지와의 관계와 같은 관계에로 전환될 수 있다는 것을 보여주려는 것입니다.

Ⅴ. 다음의 질문들을 통하여 결혼의 기간과 폭넓음, 그리고 깊이라는 측면에서 당신의 결혼을 분석하시오.

1. 당신은 결혼한 지 얼마나 되었습니까? 결혼 50주년이 되는 해 당신의 나이는 얼마입니까? ________________________
2. 당신 부부는 서로 일상생활에 관한 모든 것을 나누십니까? 예 __ 아니오 __
3. 당신 부부는 친밀한 관계를 유지하고 있다고 생각하십니까? 예 __ 아니오 __

결혼의 최근 경향

오늘날 가정에 관한 문제가 보도기관의 지속적인 관심의 대상이 되고 있는 것을 우리는 쉽게 목격할 수 있습니다. 대부분의 사람들은 다른 것은 몰라도 최근의 이혼통계와 같은 것은 잘 압니다. 가정문제를 생각할 때 우리는 걱정하지 않을 수 없습니다. 우리는 최근에 두드러지게 나타나고 있는 다음과 같은 요소들로 인해 결혼과 가정에 대한 우려를 표하지 않을 수 없게 되었습니다.

· 계속해서 증가하는 이혼 통계

· 결혼하지 않으려는 사람들의 증가

· "계약결혼"(term marriages)의 출현(계약결혼이란 일정 기간을 정해놓고 그 기간만 결혼생활하는 것으로서 계약기간이 만료되면 계약을 갱신할 수도 있고 안할 수도 있음.)

· 어린이의 과반수가 독신 부모의 집에서 살거나 그러한 경험이 있음

· 혼전 성경험, 혼전 임신, 불륜의 증가
· 고도의 가정폭력 증가

오늘날 가정에서 드러나는 이러한 혼란의 이면에는 결혼생활이 일생 동안 깊은 만족과 행복을 가져다 줄 것이라는 점증하는 기대가 깊이 자리를 잡고 있는 것이 사실입니다. 그러나 대부분의 결혼에 있어서, 결혼생활에 대한 불만족과 불행하다고 느껴지는 순간들을 피할 수는 없습니다. 그러면 어떻게 됩니까? 대부분의 부부들은 서로에게서 멀어지고 서먹하게 되는 아픔에서 오는 갈등과 상처난 감정과 자존심 또는 외로움 속에서 고통스러워하게 됩니다.

Ⅵ. 위의 경향들 가운데서 최근 당신이 심각하게 여기고 있는 것이 있습니까?

____

이러한 경향에 대해 본 교재와 같은 결혼생활 훈련이 어떠한 영향을 줄 수 있습니까?

____

부부가 서로 언약을 맺는다고 해서 이후로 늘 행복하게 살 것을 보장해 주는 것은 아닙니다. 서로를 사랑하는 가장 헌신적인 부부라 할지라도 서로 다른 필요와 가치관, 마찰을 일으키는 생활 유형에서 오는 도전에 직면할 수 있을 것입니다.

부부의 필요

대부분의 부부들은 결혼생활을 영위하는 방법이나 기술에 대한 구체적인 교육을 받지 못한 채 결혼생활을 시작합니다. 결혼에 대해 우리가 받은 최상의 교육이 있다면 그것은 아마도 부모님의 결혼생활을 관찰하는 데에서 오는 것일 것입니다. 결혼에 대한 우리의 기대나 부부관계, 갈등을 다루는 것은 대개 부모에게서 본 부부관계의 형태를 따르게 됩니다. 특히 여러 가지의 문제 속에서 자신이 무슨 말을 하고 어떻게 행동을 해야 할지 잘 분별이 안 가는 상황에서는 더더욱 쉽게 오랫동안 보아온 부모님의 행동 형태를 수용하게 됩니다. 그래서 부모님이 서로 사랑하고 이해하는 부부로서 문제를 해결하는 좋은 본을 보였다면 우리는 그러한 모습에서 좋은 영향을 받게 됩니다. 그러나 모든 결혼생활에는 저마다 차이가 있습니다. 모든 부부들에게는 그들 나름대로의 필요와 생활유형이 있게 마련이며, 이러한 유형은 남편과 아내 당사자간의 의식적 노력을 통해 그들 생활에 가장 효과적인 것으로 정착되어가는 것입니다.

Ⅶ. 당신과 당신 배우자의 부모님들은 당신들의 결혼생활에 얼마만큼의 영향을 끼쳤습니까?(동그라미 하시오.)

상당히 많이 그럭저럭 별로

사람들은 저마다 자신의 결혼생활에 있어서 현재 잘 유지되고 있는 것이 무엇인지, 또는 문제점이 무엇인지, 그래서 생활에 변화를 가져와야 할 부분이 무엇인지 파악할 수 있습니다. 우리가 지난날의 결혼생활을 돌이켜 보든지, 현재 당면하고 있는 상황을 보든지간에 결혼생활에는 늘 무엇인가 필요한 것이 있습니다. 이것은 당신 부부만의 경우는 아닙니다. 모든 부부들에게 그들 나름대로의 장점이 있는가 하면 성장되고 변화되어야 할 영역이 있는 것입니다. 당신은 이 교재를 통하여 당신 부부의 장점을 고무하는 동시에 언약에 의해 맺어진 부부로서 당신들의 필요가 무엇인지 이해하고 그것을 위해서 함께 노력하는 것을 배우게 될 것입니다.

Ⅷ. 당신의 부부관계에서 장점이라고 생각되는 것을 써보시오.

당신의 부부관계에서 좀더 성숙되고 변화되기를 원하는 부분을 써보시오.

다른 부부와 필요를 나눔

어떻게 하면 다른 부부들과 함께 결혼생활에 관한 유익한 대화를 나눌 수 있겠습니까? 사람들은 친구들이 많이 있을수록 그들과 함께 있는 자리에서 일반적인 내용 외에 결혼에 관한 어떤 구체적인 이야기를 섣불리 하려 하지 않습니다. 오늘날 사람들은 자신의 결혼생활의 속사정을 다른 사람들에게 이야기하는 것을 꺼립니다. 부모나 가까운 친구와 더불어 자신의 결혼생활이나 배우자에 대해 어떤 농담을 주고 받을지는 몰라도 대개의 경우 그들과 함께 자신의 결혼에 대한 하나님의 목적을 찾으며 결혼생활에서 오는 희로애락을 진지하게 대화하지는 않습니다. 자녀나 직장, 교회, 또는 다른 친구들에 대해서는 여러 가지 이야기를 나눕니다. 그러나 자신의 결혼생활에 대해서만큼은 그렇게 하지 않는 것입니다.

Ⅸ. 다음 중 결혼생활에 대한 당신의 생각을 가장 잘 말해주고 있다고 생각되는 번호에 동그라미 하시오.

1. 나는 누구보다도 행복한 결혼생활을 하고 있다고 생각한다.
2. 나는 다른 많은 사람들에 못지않게 행복한 결혼생활을 하고 있다고 생각

한다.

3. 나는 다른 사람들이 나보다 더 행복한 결혼생활을 하고 있다고 생각한다. 당신은 무엇에 근거해서 그렇게 생각합니까?(한가지를 골라 동그라미 하시오.)

- 소문을 듣고
- 관찰을 통해
- 이 분야에 관한 책을 읽음으로써
- 대화를 통해
- 단지 추측으로

결혼생활에서 느끼는 필요들이나 기쁨을 다른 사람들과 함께 나눈다는 것은 사실상 큰 부담을 수반하는 것입니다. 결혼은 우리들 삶의 상당부분을 포함하는 것이므로 결혼생활에 관한 것들을 털어놓는다는 것은 곧 자신의 대부분을 다른 사람들에게 공개하는 것을 의미하기 때문입니다. 하지만 우리는 그러한 나눔의 관계에서 많은 것을 얻을 수 있습니다. 성경은 서로의 짐을 나누어 가지라고 권면하고 있습니다.

우리는 서로의 삶을 나눔으로써 어떤 어려움이나 문제에 직면해 있을 때 혼자만 그런 경우에 부딪치는 것이 아님을 알게 됩니다.

"저는 다른 부부들도 다 저희 경우처럼 설거지나 방청소와 같은 사소한 문제들로 인하여 서로 다투고 싸운다는 것을 알고 놀랐어요!"

"다른 사람들도 그들의 부모님과 함께 있는 것을 좋아한다니 기쁘군요. 저희만 너무 가족에 집착하지 않나 해서 늘 이상하게 생각했는데 그렇지 않다니 다행입니다."

"함께 시간을 보내는 것뿐 아니라 떨어져 있는 시간을 즐기는 것도 정말 괜찮을까요?"

아울러 우리는 다른 사람과 함께 삶을 나눔으로써 결혼생활에 대한 새로운 가능성과 바람직한 선택의 지혜를 얻을 수도 있습니다.

"당신 부부는 함께 직장생활을 하면서 어떻게 끝없이 생기는 가정일, 즉 빨래하고 아이들의 건강진찰을 위해 의사와 시간 약속을 하고 집수리를 하는 등등의 일을 처리합니까?"

"저도 저희집 아이들과 그 친구들이 들락날락하고 전화벨이 울려대는 저녁을 피해 지혜와 철수처럼 아침에 좀 일찍 일어나 단둘이 아침식사를 즐기면 좋겠군요."

본서에서 제시되는 여러 가지의 안내 지침들은 당신으로 하여금 책을 읽고 또 그룹 모임에서 다른 부부들과 함께 토의하면서 발견하게 되는 아이디어들을 생활에 적용할 수 있도록 도와줄 것입니다. 진지하게 다른 부부들과 함께 성경공부를 하고, 기도하며, 결혼생활을 통한 경험들을 함께 나누십시오. 그러는 가운데 하나님의 영이 당신 부부를 도와 매일의 생활에 활력을 주시고 새롭게 하실 것입니다.

X. 앞으로 그룹모임을 통해 당신의 삶을 나누는 것에 대해 어떻게 생각하십니까? 당신의 느낌을 표현하는 말에 밑줄을 그으시오.

흥미있다	망설여진다	주저된다
두렵다	기대된다	기쁘다
열심히 참여하겠다	생각중이다	걱정된다

언약-그리스도인 결혼의 기초

본서의 내용은 성경적 언약 개념에 기초하고 있습니다. 언약관계로서의 결혼을 이해하려면 먼저 성경적 관점에서 언약을 이해하는 것이 필요합니다.

언약이란 무엇인가?

언약은 흔들림 없는 지속적인 사랑과 신실함, 그리고 경건한 믿음에 기초한 관계를 의미합니다. 언약을 구성하는 핵심은 어떤 권리나 책임에 있는 것이 아니고 결코 끊어지지 않을 지속적이고 견고한 사랑에 있습니다(애 3:22). 언약에 따르는 권리나 책임은 언약 당사자간에 지속적인 사랑과 신실함, 그리고 경건한 믿음으로 특징지워지는 언약관계가 형성될 때 비로소 싹트게 되는 것입니다. 언약은 두 사람이 서로에게 무조건적인 사랑으로 대하는 관계입니다. 그것은 주고받는 식의 사랑이 아닙니다. 한 사람의 배우자로서 좋은 배우자가 할 수 있는 모든 좋은 것들을 헤아리며 그것들을 실천해 가는 것입니다. 그것은 하나님께서 우리를 사랑하시되 우리의 자격 여부를 따지시지 않고 사랑하신 것처럼 언약 당사자간에 아무런 조건없이 서로에게 주어지는 사랑입니다.

언약에 대한 성경적 개념

하나님은 이스라엘 민족의 형성 이전부터 예수 그리스도의 죽음과 부활로 말미암은 새언약 시대에 이르기까지 늘 하나님과 인간 사이의 언약을 통하여 이 땅의 사람들과 관계를 맺어 오셨습니다. 우리는 또한 성경에서 확고한 사랑과 신의에 기초한 감동적인 인간과 인간 사이의 언약관계를 볼 수 있습니다. 그것은 바로 룻과 나오미, 다윗과 요나단, 그리고 라합과 이스라엘 정탐꾼 사이에서 보여진 관계입니다. 이와 같이 성경에서 제시하는 두 가지 유형의 언약관계는 우리가 흔히 하는 일반적인 약속의 차원을 넘어선 바, 어떤 대가를 치르더라도 상대방에 대해 사랑과 신의를 다하는 헌신적인 관계로서의 언약을 설명해 주고 있습니다.

성경적 언약 개념에 근거한 관계는 순간순간의 느낌이 아니라 사랑 안에서의 결단과 그로 인한 행동에 기초를 두고 있습니다. 그것은 이 시대 문화가 사랑이라고 말하는 것처럼 어떤 대상에 대해 가슴이 두근거리고 그리워지는 그러한 사랑에 빠짐으로써 생기는 관계가 아닙니다. 언약은 신의를 저버리지 않는 신실한 행동으로 나타나는 것입니다. 룻이 자기 고향과 가족을 떠나고 싶었겠습니까? 이제 눈앞에 닥칠 일들을 생각하며 겟세마네 동산에서 간절히 기도하시던 예수님께서 십자가에 못박혀 죽으실 일에 대해 어떤 스릴이나 흥미를 느끼셨겠습니까? 언약 안에서 살아가는 것은 우리의 감정이 다른 방향으로 달려갈 것을 지시해도 냉철하게 끝까지 사랑으로 책임을 다하는 것을 의미합니다.

결혼한 부부에게 있어서 언약적 사랑과 배려는 우리를 향하신 하나님의 사랑과 돌보심에서 유래하고 있습니다. 우리는 하나님의 언약을 통해 결혼관계가 어떠해야 할지에 관한 실마리를 잡을 수 있습니다. 하나님께서는 이렇게 언약을 맺으셨습니다. "아무것도 우리를 하나님의 사랑에서 끊을 자가 없으리라"(롬 8:38-39). 하나님의 언약은 예수 그리스도를 통하여 우리에게 값없이 제시될 사랑입니다. 언약결혼은 인간관계에서 하나님의 사랑의 능력을 드러냄으로써 우리 주의 사랑과 은혜를 증거하게 되는 귀한 기회입니다. 성경은 말합니다. "너희가 서로 사랑하면 이로써 모든 사람이 너희가 내 제자인 줄 알리라"(요 13:34-35). 이처럼 우리는 서로 언약의 삶을 살아감으로써 궁극적으로는 하나님과의 언약 속에서 살아가고 있는 것입니다.

언약결혼은 무조건적인 사랑과 용서, 위로, 그리고 소망을 포함하고 있습니다. 하지만 두 사람만으로는 이러한 것들을 얻을 수 없습니다. 하나님은 이러한 우리에게 넘치는 은혜와 자비의 축복을 약속하십니다. 부부된 우리가 여러 가지 약점들과 죄로 오염된 성품을 이기고도 남음이 있도록 도와주십니다. 그러므로 하나님이 없는 언약결혼은 불가능한 것입니다.

XI. 언약결혼의 핵심을 묘사하는 용어들을 점검하시오.

일관성

용서

느낌에 근거함

상호적
조건적
하나님의 사랑을 반영함
값없이 주어짐
권리와 책임

언약결혼의 원리

우리는 언약에 대한 개념으로부터 언약결혼의 지침이 되는 다음의 몇 가지 원리들을 찾아볼 수 있습니다.

① 결혼은 하나님의 선물이며, 이것이 바로 결혼을 축하할 만한 것이 되게 하는 요인이다.

② 하나님은 우리 각자에게 부여된 여러 가지 은혜의 선물과 책임들을 결혼 안팎의 생활을 통해 온전히 성취하기 원하신다.

③ 결혼은 하나님께서 얼마나 인간들을 사랑하시며 어떻게 그들과 언약을 맺으시는가를 보여주는 한 예로 하나님의 사랑과 용서, 그리고 은혜를 반영하고 있다.

④ 언약관계에 의한 부부의 사랑은 어떤 느낌이 아니라 사랑 안에서의 결단과 그로 인한 행동에 근거하고 있다.

⑤ 언약은 서로를 구속하는 의무에 근거한 계약이 아니라 무조건적인 사랑에의 헌신이다.

⑥ 언약에 의한 부부는 서로의 필요를 위한 책임을 나누며, 결혼생활을 통해 다른 사람들을 도우라는 하나님의 부르심에 순종한다.

⑦ 부부는 서로가 언약에 따른 약속들을 충실히 이행함으로써 영적인 성장을 하게 된다.

⑧ 결혼은 부부간의 차이와 유사한 점, 그리고 개별적 측면과 연합적 측면의 조화를 이루는 것이다.

⑨ 언약에 의한 부부의 관계는 힘이 아닌 사랑에 의해, 권리 주장이 아닌 배우자로서의 신실한 책임 준수에 의해 특징지워진다.

⑩ 하나님에게는 모든 언약결혼이 개별적인 독특한 존재이며, 그들 각자에게 독특한 의미를 부여하시며 독특한 목적을 갖고 계신다.

⑪ 부부간의 갈등은 결혼생활에 있을 수 있는 자연스러운 일이며, 도리어 이를 통해 부부간의 관계와 친밀감이 더욱 깊어질 수 있다.

⑫ 언약에 의한 부부는 믿음의 공동체인 교회의 일원이 됨으로써 사역에 참

여할 수 있는 기회와 그에 필요한 지원이 있어야 한다.

XII. 언약결혼의 원리들을 다시 한 번 살펴보고 당신의 결혼생활에 적용되기를 원하는 것 세 가지를 나열하시오.

1. ____________________
2. ____________________
3. ____________________

부부의 삶 과정에 임하는 당신의 자세

효과적으로 "부부의 삶"을 공부하기 위해서는 매 과를 공부할 때마다 헌신적으로 미리 준비하고 출석하고 토의에 참여해야 합니다. 본 과정에 참여하는 사람들은 교재와 지도자뿐 아니라 서로를 통해서 많은 것을 배우게 될 것이기 때문입니다. 본 교재를 공부하기 위해 그룹모임의 반원이 되었다면, 모임에 빠지지 않고 교재 내용을 미리 준비해 오는 것이 당신 부부뿐 아니라 다른 반원들을 위해서도 중요한 일입니다.

XIII. 당신이 최선을 다해 본 과정을 마치기 원하신다면 다음의 서약서를 읽고 당신의 서명과 날짜를 기입하시오.

나는 부부의 삶 과정의 중요성과 가치를 인식하고, 이제 모든 모임 때마다 필요한 준비를 해오고, 출석하고, 또 적극적으로 참여할 것을 약속합니다. 만약 모임에 참석할 수 없는 경우가 생긴다면 지도자의 도움을 통해 그날의 내용을 공부하도록 하겠습니다.

서명 ____________________ 날짜 ____________________

요점정리

"부부의 삶"은 여기에 참여하는 부부들로 하여금 각자의 결혼생활을 통해 최대의 행복과 만족을 얻도록 도와주려고 하는 점에서는 여타의 결혼생활 훈련 교재들과 다르지 않습니다. 그러나 본 교재가 결혼의 참된 기쁨을 가능케 하는 성경적, 영적 차원의 결혼관계에 근거하고 있다는 점에서는 다른 교재들과 차이가 있습니다.

당신은 지금까지 서론 부분을 통해 결혼의 기반이 되는 언약에 대해 살펴보았습니다. 어쩌면 당신에게 있어서 전혀 새로운 개념이었을지도 모릅니다. 아니면 결혼에 대해 당신이 이미 믿고 있던 바를 단순히 확인한 것에 불과했을 수도 있습니다. 그러나 어떠한 경우였든지 언약에 의한 결혼관계가 우리 모두에게 실제적인 것이 되기 위해서는 이것에 대한 정보와 이해, 그리고 그러한 것들을 실습해 보고 적용하는 것이 우리에게 필요합니다.

당신이 계속해서 본 교재를 공부할 결단을 내리시기 원합니다. 그리고 이것이 당신 자신의 결혼관계를 풍성하게 하는 실제적이고 효과적인 도구임을 발견하게 되시기를 기도합니다.

예습

우리는 언약적 관계를 적용시키는 문제에 대해 다루게 될 것입니다. 제1과에서는 성경적 언약 개념에 근거한 언약적 관계의 특성들을 살펴보게 됩니다.

제1단원: 결혼을 위한 하나님의 계획

제1과

언약으로서의 결혼

개관

인격적인 나 - 당신 사이의 언약

언약은 사랑과 신뢰의 관계로 말미암은 열매이다

언약부부는 자신들의 행동에 책임을 진다

언약은 선택의 자유에 그 근거를 둔다

언약은 감정이 아니라 행동에 의해 실천된다

언약부부는 자신들의 관계를 잘 유지하고 성숙시킨다

언약은 조건없는 헌신에 근거한다

언약과 계약의 차이

계약의 위험과 그 증상

요점정리

연습문제

예습

우리는 서론에서 본 공부의 방향을 살펴보고, 당신과 전체 반원이 해야 할 것들을 점검하였습니다. 매우 도전적이면서 또한 흥미로운 이 성장의 기회를 놓치지 말고 최선을 다하십시오. 결단하시고 적극적으로 공부해 보십시오.

서론 부분에서 언급한 바, 결혼에 대한 오늘날의 경향과 문제들을 상기해 보십시오. 당신이 결혼생활에 대해 갖고 있었던 여러 가지 생각들 중에서 새롭게 의식하게 된 것은 무엇입니까? 현재 배우자와의 관계에 있어서 그 기초가 되고 있는 바, 당신이 세워놓은 언약을 다시 한 번 점검해 보십시오.

개관

제1과는 결혼의 개념을 언약적 관계로 소개합니다. 당신은 이제 성경에 나타난 인물들간의 언약관계를 살펴봄으로써 언약과 계약이 어떻게 다른지를 배우고, 언약적 관계의 몇 가지 특징들을 알게 될 것입니다.

학습목표

- 언약의 개념을 정의하고 언약이 계약과 어떻게 다른가를 지적한다.
- 성경적인 언약 개념에 기초한 언약적 관계의 여섯 가지 특징들을 안다.
- 언약의 개념을 결혼생활에 적용하는 방법을 설명할 수 있다.
- 언약에 대한 새로운 이해를 통해 서론 과정에서 작성하였던 배우자와의 언약을 재작성한다.

인격적인 나 - 당신 사이의 언약

한 어린아이가 "하나님, 좋은 아빠와 엄마를 주셔서 고맙습니다."라며 저녁 기도를 시작합니다. 어떤 집사님은 "믿음의 형제, 자매들과 함께 모여 하나님을 예배할 수 있는 이 복된 기회를 주셔서 감사합니다."라며 주일 아침예배 기도를 시작합니다. 이 어린아이와 집사님은 비록 어떤 문제나 어려움이 있을지라도 그것과 상관없이 자신의 가족과 교회에서의 성도간의 교제가 이미 그 자체로 하나님께서 주신 좋은 선물임을 깨닫고 있습니다.

우리는 우리의 결혼에 대해서도 이와 같은 감사의 기도를 하고 있습니까? 우리는 흔히 결혼이 좋은 것, 곧 축복임을 잊고 살아갑니다(잠 18:22). 우리는 어쩌면 당장 해야 할 일들이나 해결이 필요한 문제들, 또는 배우자가 변화되어야 할 점들에 지나치게 몰두하고 있는지도 모릅니다.

성경의 창조 기사에 의하면, 남녀간의 관계는 그들로 하여금 외롭지 않게 하기 위해 하나님께서 주신 좋은 선물입니다(창 2:18). 옛 사람은 좋은 결혼생활이란 "그저 대화하는 것"이라고 말했습니다. 물론, 결혼에는 말하고 듣는 것 이상의 것이 있습니다. 그러나 내게 매일의 삶 속에서 경험하는 기쁨과 실망에 대해 진지한 관심을 갖고 함께 대화할 수 있는 사람이 있다는 것만으로도 큰 축복이 아닐 수 없습니다. 그러므로 결혼은 하나님의 축복이요, 우리가 감사할 만한 것입니다(창 2:23).

당신의 결혼이 어떤 점에서 하나님의 축복이 되어 왔습니까? 비록 때로는 아픔이 찾아오기도 하지만 결혼생활에는 서로의 삶을 나누는 기쁨이 있습니다. 우리는 함께 자녀들을 양육하고, 함께 가정 안팎의 일들을 하고(벽지를 바르거나 정원을 가꾸고, 교회나 지역 사회에서 함께 봉사하는 것 등), 함께 친지와의 관계를 유지하며(결혼을 통해 새로 생긴 배우자 쪽의 친지들과 좋은 관계를 맺거나 돌보는 것 등), 함께 친밀한 부부관계를 경험하면서 결혼의 기쁨을 얻게 되는 것입니다.

Ⅰ. 당신의 결혼이 어떤 면에서 하나님의 좋은 선물이었는지 세 가지를 나열해 보시오.

1. ______________________________

2. ______________________________

3. ______________________________

이제 잠시 하던 것을 멈추고 특별히 이 세 가지의 좋은 선물을 주신 하나님께 감사하는 짧은 기도를 드리십시오.

성경은 결혼을 좋은 선물로서만이 아니라 자기 백성들을 향한 하나님의 언약관계로 설명하고 있습니다. 따라서 하나님과 관계를 맺고 그 앞에 나아가되 우주 저편에 있는 어떤 막연한 힘으로서가 아니라 친밀한 결혼 관계에서 기대할 수 있는 사랑과 충성과 경건한 믿음의 행위로 하나님께 나아갑시다(렘 2:2; 3:1,6-8; 겔 16:8-32; 호 2:7-8,19-20; 막 2:18-20; 엡 5:23-33; 고후 11:2 참조). 하나님은 이스라엘 민족과 언약을 맺으셨습니다. 이와 같은 측면에서 볼 때, 결혼은 한 남자와 한 여자가 맺는 하나의 언약입니다(말 2:14; 겔 16:8; 잠 2:17).

Ⅱ. 왼편의 성경구절들을 읽고 오른편에 있는 설명들과 연관되는 번호를 쓰시오.

_____ 1. 말라기 2:14　　a. 이스라엘 민족과 맺으신 하나님의 언약은 결혼 관계에서의 언약과 비교된다.

_____ 2. 에스겔 16:8　　b. 하나님은 당신이 결혼을 통해 맺는 언약의 증인이시다.

_____ 3. 잠언 2:16-17　　c. 신실하지 못한 배우자는 하나님 앞에서 맺은 결혼 언약을 무시하는 것이다.

우리는 하나님의 좋은 선물인 결혼생활에 들어감과 동시에 우리를 향한 하나님의 언약관계처럼 우리도 부부간에 그러한 언약적 관계의 삶을 살아갈 책임을 부여받습니다.

우리는 흔히 언약을 오로지 권리와 책임에 토대를 둔 일종의 동의 또는 약속으로서의 계약 개념에 한정해서 생각하는 경향이 있습니다. 이 시대의 문화 속에서 결혼은 하나의 법적 계약 정도로만 인식되고 있습니다. 즉 법적인 자격요건을 구비하면 계약이 시작되고 법적인 절차를 밟으면 계약이 끝나는 그러한 법적 계약 개념입니다. 그러나 성경적인 언약 개념은 이와 전혀 다릅니다.

성경에서 보여지고 있는 인간들 사이의 언약이나 이스라엘 민족과 야웨 하나님과의 언약은 변치 않는 사랑과 신의, 그리고 온전한 헌신에 근거한 관계의 외적 표현이었습니다. 언약의 핵심은 권리 주장이나 책임 수행에 있는 것이 아니라 영원히 지속되는 하나님의 변함없는 사랑에 있었던 것입니다(애 3:22). 권리와 책임은 이러한 언약에서 발전되어 나오는 것이며, 언약적 관계를 확인하고 운용하여 드러내는 것과 관련이 있습니다.

성경은 우리에게 언약에 관한 많은 이야기를 하고 있습니다. 우리는 제1과에서 성경이 묘사하고 있는 인간 사이의 언약을 검토하고, 제2과에서는 하나님과 인간 사이의 언약을 공부하게 될 것입니다. 이제 당신은 성경 인물들 간에 맺어졌던 언약을 잘 살펴봄으로써 다음과 같이 오늘날 우리의 언약결혼 관계가 나아갈 방향을 제시해 주고 있는 유용한 지침들을 발견하게 될 것입니다.

언약은 사랑과 신뢰의 관계로 말미암은 열매이다

부부의 관계는 결혼 서약을 함으로써 시작되는 것이 아닙니다. 결혼 서약은 연애하고 약혼한 기간 동안에 서로의 사랑과 헌신이 깊어지면서 그 결과로 생겨난 것입니다. 룻과 나오미(룻 1:1-17), 그리고 다윗과 요나단(삼상 18:1-3)의 언약을 자세히 살펴보면 언약적 맹세는 그들 사이에 이미 형성된 변함없는 사랑과 신의에 근거한 관계 속에서 비롯된 것임을 알 수 있습니다. 이와 같이 언약은 결혼 상대자들이 시간이 지남에 따라 서로에 대한 헌신이 깊어지면서 발전하게 됩니다. 단순히 결혼식 때 하객들 앞에서 서약하는 것과는 다른 것입니다.

Ⅲ. 룻기 1:16-17에 기록된 룻과 나오미의 언약관계를 읽고, 이 구절이 결혼식 때 자주 낭독되거나 노래로 불리는 이유가 무엇인지 당신의 생각을 적으시오.

이스라엘 민족은 그들의 역사를 통해 출애굽 사건과 시내산 언약에서 절정을 이룬 하나님과의 관계에 대해 재차 언급하였습니다. 그들은 이러한 사실들을 반복하여 언급함으로써 하나님과의 지속적인 언약관계를 기념하였던 것입니다(신 8:2; 11:2-7). 이와 마찬가지로 우리도 언약결혼 생활을 하기까지 서로에 대한 사랑과 헌신을 쌓게 해준 지난 경험들을 기억하고 기념할 필요가 있습니다.

Ⅳ. 다음의 질문들에 답하면서 그동안 당신 배우자에 대한 사랑과 관심이 성장되어 온 과정을 생각해 보시오.

1. 제일 처음 배우자에게 매력을 느낀 것은 무엇 때문이었습니까?

---

2. 사랑하고 있다는 느낌을 처음으로 가진 때는 언제였습니까?

---

3. 결혼을 약속하던 날, 당신의 생각과 느낌은 어떠했습니까?

어떤 사람들은 전통적인 결혼 서약을 통해 그들의 언약을 표현합니다. 개중에는 스스로 서약서를 작성하여 서로에 대한 사랑과 헌신의 의미를 새기는 사람들도 있습니다. 그러나 사실상 그것이 어떤 서약이든지 평생을 통한 부부관계의 언약을 대변해 주지는 못합니다. 이스라엘 민족이 광야 생활을 하는 가운데 하나님과 맺은 언약사건을 기념하기는 하였지만 하나님의 신실하시고 변함없는 사랑에 대한 그들의 이해는 성경 전체를 통하여 발전되고 깊어졌습니다. 하나님과 그 택하신 백성간의 관계에 있어서 시내산 언약은 매우 의미심장한 것이었습니다. 그러나 언약으로 맺어진 그 관계는 계속해서 성장하고 변화되었습니다. 하나님과 인간 사이의 언약적 관계는 "새언약"에 이르기까지 그 발전을 계속하였습니다(마 5:17). 그것은 처음부터 하나님과의 언약에서 발전되어 나온 것이며 그 성취의 결과로 나온 것이었습니다.

결혼하기 전에 당신 부부가 맺었던 관계를 돌이켜보십시오. 또 결혼을 통해 서로에게 자신의 전부를 주기로 약속했던 이유들을 생각해 보십시오. 그 때부터 지금까지 당신의 결혼생활에 어떤 변화가 있었습니까? 분명히 눈에 띄는 변화가 있을 것입니다. 서로에 대한 헌신과 신뢰의 정도가 지금과는 다를 것입니다. 이처럼 결혼의 언약은 시간의 흐름에 따라 점점 발전하고 변화되어 갑니다.

Ⅴ. 결혼하기 전에 당신이 결혼생활에 대해 가졌던 생각들을 돌이켜보고, 다음의 질문들에 대답해 보시오.

1. 결코 이것만은 하지 않으리라고 다짐했던 것:

____

____

2. 결코 이것만은 말하지 않으리라고 다짐했던 것:

____

____

3. 결코 이 점만은 변하지 않으리라고 다짐했던 것:

____

____

Ⅵ. 위대한 그리스도인 작가인 루이스(C. S. Lewis)는 "놀라운 기쁨(*Surprised by Joy*)"이라는 제목으로 자신의 구원에 관한 책을 썼습니다. 당신의 배우자가 당신에게 있어서 놀라운 기쁨이 되고 있습니까? 당신을 향한 배우자의 사랑과 헌신 가운데 결혼 당시에는 전혀 기대하지 못했던 것 두 가지를 써 보시오.

1. ____

2. ____

언약부부는 자신들의 행동에 책임을 진다

영호의 동생은 자기 사업을 시작하기 위해 얼마간의 자본이 필요했습니다. 영호는 동생을 신뢰하였으므로 아들 철이의 교육을 위해 저축한 돈을 은행에 그대로 두는 것보다는 동생 사업에 투자하는 것이 훨씬 더 많은 이윤을 남길 수 있는 좋은 기회라고 생각했습니다. 그러나 아내 선희는 이것을 탐탁치 않게 여겼습니다. 시동생을 믿을 수도 없을 뿐더러 그렇게 힘들게 일해 저축한 돈을 시동생의 사업에 투자하는 것은 현명치 않다고 생각했기 때문입니다. 하지만 선희는 남편의 판단에 의문을 제기해 그를 실망시키거나 화나게 하고 싶지 않았기 때문에 남편의 제안에 동의했습니다. 그러나 불행하게도 영호의 동생은 파산하게 되었고, 영호 부부는 자신들이 저축했던 모든 돈을 잃고 말았습니다.

이 일의 책임은 과연 누구에게 있습니까? 영호에게 책임을 지우기 원하는 사람도 있을 것입니다. 하지만 선희는 어떤 결과가 올 것인지 예상하고 있으면서도 남편과 다투지 않기 위해 자신의 의견을 말하지 않았습니다. 남편에 대한 사랑과 신의를 다해 남편의 뜻에 따랐습니다. 그러나 그 결과는 식구 전체에 좋지 못한 영향을 끼쳤습니다. 영호는 투자하기로 결정한 데 대한 책임이 있으며, 선희는 그 결정에 반대하지 않기로 결정한 책임이 있습니다. 아무도 다른 사람을 비난할 수 없습니다.

언약적 부부는 자신이 하는 일에 대해 책임을 져야 합니다. 비록 그것이 배우자와의 언약적 관계에 대한 표현으로 행해진 것이라 해도 궁극적인 책임은 자신에게 있습니다. 우리는 구약성경을 통해 결혼관계가 아닌 친구와의 관계에서도 이러한 언약적 관계의 책임 원리가 적용되고 있는 것을 볼 수 있습니다. 요나단은 자기 아버지인 사울 왕이 다윗을 미워함에도 불구하고 사랑하는 친구 다윗을 아버지의 위협으로부터 지켜줄 것을 결심했습니다. 그는 다윗 때문에 아버지가 그렇게 화를 내고 자기에게 난폭한 반응을 보였을 때에도 결코 다윗을 원망하지 않았습니다(삼상 20:30-34). 룻의 경우도 그러합니다. 룻은 비록 남편을 잃었지만 홀로 된 시어머니 나오미와 동고동락할 것을 선택하였습니다. 심지어 나오미가 자기 고향 친척이 있는 곳으로 떠나기로 결정했을 때에도 룻은 함께 갈 것을 택하였습니다. 그리고 극심한 가난을 견디며 함께 살았습니다. 룻은 자기를 먼 이국 땅에 데려와 해뜰 때부터 해질 때까지 하루 종일 밭에 나가 먹을 것을 줍게 한다고 나오미에게 불평하거나 원망하지 않았습니다(룻 2:7). 언약적 관계에서는 자신이 어떠한 일을 하든 그것 때문에 결코 상대방을 비난하는 일이 있을 수 없습니다. 상대방에 대한 사랑과 신의의 표현으로 그렇게 했다 할지라도 그 책임은 자신이 감당해야 하며 상대방을 탓할 수는 없는 것입니다.

Ⅶ. 결혼생활을 하면서 당신이 상대방에게 했던 원망의 말에 밑줄을 그으시오. 이외에 당신이 자주 하는 말을 적으시오.

1. 당신이 좀더 내게 신경을 썼다면 내가 이렇게 행동하지는 않았을 거예요.
2. 당신이 간섭하지만 않았더라면 벌써 이 일을 끝내 놓았을거요.
3. 당신이 계속 주장했다면 나는 그렇게 했을거요.
4. ____________________

침실에 새 카페트를 깔고 있던 동준이가 아내에게 커피를 끓여다 줄 것을 부탁했습니다. 그런데 커피를 가지고 침실에 들어오던 아내는 다리가 엉켜 넘어지면서 커피를 새 카페트 위에 엎질렀습니다. 그들이 언약적 관계에 있다면 이러한 경우 서로에 대해 어떤 태도를 취해야 한다고 생각합니까?

Ⅷ. 당신이 동준이라면 이러한 경우 어떻게 하겠습니까? 해당되는 사항에 ○표 하시오.

______ 1. 아내에게 왜 이런 멍청한 짓을 했는가 나무라고 그녀의 부주의한 행동을 비난한다.

______ 2. 괜찮다며 아내를 위로하고 함께 청소한다.

______ 3. 먼저 짜증을 낸 후 어쨌거나 커피를 가져다 주려 했던 것에 대해 고맙다는 말을 한다.

______ 4. 그 외

____

____

당신이 동준의 아내라면 이러한 경우 어떻게 하겠습니까? 해당되는 사항에 ○표 하시오.

______ 1. 울면서 뛰쳐나간다.

______ 2. 자신의 실수에 어색하게 웃으며 더러워진 것을 치운다.

______ 3. 동준에게 먼저 사과한 후에 그를 위해 특별한 것을 준비한다.

______ 4. 그 외

____

____

언약은 선택의 자유에 그 근거를 둔다

성경 인물들 사이의 언약관계를 보면, 아무도 상대방에 의해 어떤 방식으로 행동할 것을 강요당하지 않았음을 보게 됩니다. 변함없이 신실한 사랑을 베풀어 준 사람들은 대개의 경우 상대방이 도움을 필요로 할 때 어떤 면에서든지 그들을 도울 수 있는 위치에 있었던 사람들이었습니다. 그것은 상대방이 더 힘이 있으니까 시키는 대로 행하는 그런 종류의 종속적인 관계에서 비롯된 것이 아니었습니다. 다윗이 요나단에게 도움을 요청한 것은 그가 사울의 위협 앞에서 속수무책이었을 때였습니다(삼상 20:1-17). 룻은 동서 오르바처럼 친정 집으로 돌아갈 수도 있었습니다(룻 1:8-14). 이와 같이 하나님은 우리의 언약적 헌신을 결코 강요하시지 않습니다. 비록 실패할지라도 우리에게 선택의 자유를 주시는 것입니다.

언약결혼 관계에서는 어느 누구도 상대방에게 어떻게 행동하라거나 어떻게 살라고 강요할 수 없습니다. 부부간에 때로는 무엇을 부탁하거나 자신의 필요를 상대방에게 잘 설명할 수도 있을 것입니다. 그렇지만 자신이 바람직하다고 생각하는 방향으로 상대방을 억지로 몰고 가려 하는 것은 진정한 언약 관계에서 비롯된 것이 아닙니다. 순종은 자유로이 행하는 것이지 강요에 의해 되는 것이 아닙니다(엡 5:21). 순종은 두려움이나 억지에서가 아니라 존경심에서 우러나오는 것입니다.

Ⅸ. 에베소서 5:21을 읽고 본문의 중심 진리를 가장 잘 설명하고 있는 문장에 밑줄을 그으시오.

· 배우자가 원하는 것이나 필요로 하는 것이 있으면 무조건 그 뜻에 따르라.
· 배우자가 관심을 갖고 있는 것이 무엇이든지 그것을 존중해 주라.
· 교대로 가장의 위치에 서서 결정권을 사용하라.
· 당신 부부를 향한 하나님의 뜻에 따르라.

대부분의 사람들은 "하지만 저는 제 배우자에게 복종할 것을 강요하지 않습니다!"라고 말할 것입니다. 그러나 자기 배우자를 인위적으로 변화시키려 하고 선택적인 삶의 반경을 제한하려 한다면 이미 그렇게 하고 있는 것입니다. 아내는 남편이 자신에게 좀더 많은 대화의 시간을 할애하고 함께 일상생활의 관심사들을 나누기 원합니다. 부부의 성생활에 있어서도 여자는 자신의 욕구를 직접적으로 드러내지 않습니다. 남편이 부드러운 사랑의 대화로 자신의 마음문을 열 때 비로소 성적인 관계에 관심을 표하게 됩니다.

물론 완벽한 결혼생활이란 없습니다. 모든 사람들은 때때로 자기 배우자에게 변화가 생겨서 서로에 대한 관계가 좀더 깊어지기를 원합니다. 부부간에 서로가 필요로 하는 것이나 원하는 것이 무엇인지 묻는 것은 잘못된 일이 아닙니다. 그렇지만 자기가 원한다고 해서 배우자의 삶에 어떤 제한을 가하거나 강요하는 것은 변화를 위한 적절한 전략이 아닙니다. 언약적 관계에서의 변화는 그런 방식으로 되어지지 않습니다.

우리는 제8과에서 상대방의 자유를 제한하기보다는 존중함으로써 변화를 유도하는 방법들에 대해 살펴보게 될 것입니다.

Ⅹ. 동기 부여는 부부간에 서로에게 바람직한 목표들을 성취하도록 도와줍니다. 그러나 인위적인 조작은 개인의 목적을 위해서 다른 사람을 이용하는 것입니다.

1. 부부 공동의 목표를 달성하기 위해 배우자에게 동기 부여를 했던 경험이 있습니까?
   · 목표 : ____________________
   · 당신의 동기 부여 : ____________________
2. 당신의 목표를 위해 당신 배우자에게 어떤 것을 강요했던 경험이 있습니까?
   · 목표 : ____________________
   · 당신의 강요: ____________________

언약은 감정이 아니라 행동에 의해 실천된다

대부분의 결혼은 가슴이 두근거리고 온종일 그 사람만을 생각하여 그 사람 외에는 다른 것에 집중할 수 없는 그러한 관계에서 시작됩니다. 우리는 이것을 소위 "사랑"이라고 말합니다. 하지만 감정은 언제라도 뜨거워졌다가는 식어지게 마련입니다. 그리하여 마침내는 더이상 늘 함께 있는 것을 원하지 않게 되는 때가 옵니다. 귀엽고 사랑스럽게만 보였던 조그만 익살들이 이제는 지루해지고 대화도 시들해집니다. 우리가 지금은 이와 같이 느끼지 않더라도 함께 살아가노라면 언젠가는 이러한 어려운 순간들이 닥쳐올 수 있는 것입니다.

언약적 사랑은 이처럼 결혼 초기에 오는 환상적인 감정이 아닙니다. 결혼생활을 하면서 새롭게 발견한 기쁨의 순간도 아닙니다. 그것은 한순간의 감정에 근거한 부부간의 어떤 상호관계나 행동에서 오는 것이 아닙니다. 룻이 자기의 고향 친척을 떠나고 싶었겠습니까? 요나단이 자기 아버지를 그렇게 분노하게 하고 싶었겠습니까?

언약에는 변함없는 신실한 행동이 암시되어 있습니다. 성경은 네 이웃을 네 몸같이 사랑하라고 말씀합니다. 여기에는 물론 자신의 배우자도 포함되어 있습니다. 사랑을 단순히 감정의 차원에서만 이해한다면 이 말씀은 실천 불가능한 것입니다. 감정상의 느낌이 실제적인 삶 속에서 어떤 구체적인 행동으로 변화되기를 기대하기란 어려운 일입니다. 우리가 할 수 있는 것은 단지 행동상의 변화입니다. 우리는 자신이 하고 싶은 것을 선택할 수 있습니다. 그러나 감정의 문제는 선택할 수 있는 영역 밖의 것입니다. 예수님은 다른 사람을 위해 죽는 것보다 더 큰 사랑이 없다고 말씀하셨습니다(요 15:13-14). 그런데 누가 그렇게 하기를 원하겠습니까?

그러므로 언약적 사랑에는 상대방에게 변함없이 신의를 다하여 사랑하고 대할 것을 선택하는 자유로운 결단이 그 바탕에 흐르고 있습니다. 여기에는 이를 갈면서도 지켜야 하는 의무조항은 없습니다. "당신이 무엇을 하든지 나는 당신과 함께할 거예요."라고 말하는 것과도 다른 이야기입니다. 의무감에서 오는 헌신은 언약적 사랑과는 다릅니다.

그러면 더이상 배우자에 대해 사랑의 감정을 느낄 수 없을 때 무엇을 해야겠습니까? 사랑의 감정이 언약결혼의 기본 골격을 구성하는 요소는 아닐지라도 이것은 부부관계의 문제와 필요, 그리고 건강함의 정도를 측정하는 중요한 척도가 됩니다. 둘 다 직장 생활을 하면서 갓 태어난 아이와, 곁에서 간호해야 할 병드신 부모님을 모시고 사는 젊은 부부가 있다고 합시다. 그들은 이러한 일상생활 속에 얽매임으로써 점점 소원해지는 부부관계에서 오는 갈등과 고독감에 민감한 주의를 기울일 필요가 있습니다. 마치 자동차의 계기판처럼 감정은 언제 사전 정비와 연료의 재충전이 필요하며, 언제쯤 심각한 국면에 직면하게 될지의 여부를 가르쳐줍니다. 그러나 이러한 것이 작동하지 않아 어느날 연료가 다 떨어져 연료가 필요하다거나 차의 엔진이 너무 가열되었다 해서 차를 내다 파는 사람은 거의 없을 것입니다

XI. 다음 중에서 근본적인 치료가 필요한 문제의 증상이 있는 것에는 ○표, 시간이 흐르면 자연히 변화될 일시적인 감정을 나타내는 것에는 ×표 하시오.

______ 1. 은아는 재규가 3일째나 계속해서 저녁시간에 늦어 화가 났다.

______ 2. 재규는 두 살짜리 아이에 대한 은아의 끊임없는 집착을 좋아하지 않는다

______ 3. 재규는 은아가 자기 차 뒤에 자전거를 세워 놓았을 때 화가 났다.

하나님은 이스라엘 백성으로 인해 자주 실망하시고 분노하셨습니다(민 11:1, 10 참조). 하나님은 이러한 감정을 부인하지 않으셨으며 그렇다고 해서 이스라엘을 버리시지도 않았습니다. 그 대신 하나님은 이스라엘 백성들에게 관계 개선을 위해 변화될 것을 촉구하셨습니다. 언약은 상대방에 대한 변함없는 신의와 헌신에 근거하고 있습니다. 감정은 일상생활 속에서 부부가 서로의 언약관계와 그 성숙에 관심을 갖게 하는가 하면, 둘 사이에 주목해야 할 어떤 문제나 어려움들을 지적해 주기도 합니다. 그러므로 부부는 매일의 삶에서 경험하는 감정들을 잘 이해하고 이용할 수 있어야지, 그것에 의해 둘 사이의 언약이 영향을 받거나 좌지우지되어서는 안됩니다.

지난날 도저히 어찌할 수 없을 것 같았던 문제들 앞에서 모든 것을 포기하고 싶었던 순간들을 되새겨 보십시오. 그리고 그 때마다 끝까지 포기하지 않고 함께 문제들의 터널을 뚫고 나왔던 일들을 생각해 보십시오. 때론 이러한 순간들을 회상하는 것은 서로의 언약관계를 기념하는 한가지 방법이 됩니다. 내가 상대방을 위해서 어떠한 희생을 치렀는가 하는 것보다는 상대방이 내게 보여준 변함없는 사랑과 헌신에 초점을 맞추십시오. 그러면 감정이 아닌 언약에 근거한 당신들의 결혼생활을 더 풍성하게 기념할 수 있을 것입니다.

XII. 당신의 배우자가 자신의 감정과는 상관없이 언약적 사랑으로 당신을 대했던 경우들을 생각해 보십시오. 여기에 몇 가지 경우들이 있습니다. 이외에도 생각나는 경우들이 있습니까? 그 때 당신의 배우자는 어떠한 반응을 보였습니까?

· 당신이 병들었을 때
· 당신이 상대방의 행동방식에 반대했을 때
· 당신이 특별히 바빠 일에 매달려 있을 때

· 당신의 배우자가 자신의 필요보다 당신의 필요에 더 우선순위를 부여했을 때

반응 : ____

____

____

언약부부는 자신들의 관계를 잘 유지하고 성숙시킨다

언약결혼은 종종 배우자에게 적당히 대하고 잘못을 범해도 언제나 문제가 없도록 보장해 주는 신분증 정도로 잘못 인식될 때가 있습니다. 그것은 상대방의 헌신을 당연하게 받아들이는 데에서 비롯됩니다. "당신의 마음을 상하게 한 것은 내가 잘못했소. 하지만 당신은 좋을 때나 나쁠 때나 늘 나와 함께 있겠다고 서약했잖소!" 그러나 성경적인 언약관계에서는 어느 누구도 상대방을 당연한 것으로 받아들이거나 그렇게 인식하지 않습니다. 어느 누구도 언약을 구실로 상대방이 자신을 용서해야 한다고 주장하지 않는 것입니다. 언약은 결혼을 파국으로부터 지켜주는 안전 보호막이 아닙니다.

결혼생활에 있어서의 부정한 행위는 흔히 결혼을 파국으로 몰고가는 치명적인 요소로 인식되어 왔습니다. 그러나 실상은 그것이 아니라 부부가 매일의 삶 속에서 서로를 당연한 것으로 간주할 때 결혼에 문제가 생기기 시작합니다. 그래서 직장동료에게는 정중하게 대하면서도 자신의 배우자에게는 그렇게 하지 않습니다. 친구들에게는 친절하게 대하면서 집에 오면 퉁명스럽게 화를 내며 언성을 높입니다. 이러한 크고 작은 일들이 날마다 지속됩니다. 그러나 여전히 양심의 가책도 없고 용서를 구해야겠다는 마음도 없습니다. 여기에는 나름대로의 이유가 있습니다. 즉 배우자와 함께 있을 때는 안전감을 느끼기 때문에 그렇다는 것입니다. 친구나 동료들에게 배우자에게 대하는 것처럼 대한다면 우리는 당장 제멋대로이고 불친절하며 골치 아픈 사람으로 낙인 찍힐 것입니다. 그리고 이내 사람들이 주위에서 하나 둘 떨어져 나가게 될 것입니다. 배우자와의 삶에 관계된 모든 것을 당연하게 여기는 것이 자연스러운 일일지는 몰라도 그것이 진정한 부부간의 관계를 형성해 주지는 않습니다.

XIII. 배우자의 헌신과 그 관계를 당연하게 받아들이는 것에 대해 당신은 어떻게 생각합니까? 다음의 실험을 24시간 동안 해보십시요. 당신이 배우자에게 하는 정중하면서도 친절한 대화와 무례하고 거친 대화의 내용을 기록하십시오. 종이를 반으로 접어 왼쪽 상단에는 정중하며 친절한 대화, 오른쪽 상단에는 무례하고 거친 대화라고 표기하십시오. 그리고 대화 중에서 각각의 난에 해당되는

구체적인 말들을 기록하고 그에 따른 반응들을 표시하십시오.

언약결혼은 부부가 서로를 당연하게 여기는 것이 아니라 서로를 위해 관심을 갖고 돌볼 때 성장합니다. 성경 인물들간에 언약관계를 보면, 상대방의 필요를 돌봄에 따라 그 언약이 생명력 있게 되었습니다. 그 예로 다윗과 요나단의 관계에서 다윗이 도움을 필요로 할 때 요나단이 그 필요를 채워줌으로써 그들의 언약관계는 성숙되었습니다. 부부는 서로의 필요를 상대방에게 알리고 도움을 요청할 수 있어야 합니다. 이처럼 서로의 필요를 알리고 그 필요를 사려깊은 사랑으로 채워주면서 언약관계는 점점 성장하며 깊어지는 것입니다.

언약은 조건없는 헌신에 근거한다

"당신이……할 것을 약속하면 저도 이 일을 하지요."라든가 "나는 매일 주고 또 주었지만 당신은 내게 해 준 것이 아무것도 없잖아요." 식의 태도는 언약적 관계를 형성하는 데 전혀 도움이 되지 않습니다. 목숨을 걸고 이스라엘 정탐꾼을 도왔던 라합도 이렇게 말하지 않았습니다. "자, 내가 당신을 위해 이 모든 일을 했으니 당신들도 이 성을 치러 올 때 나를 보호해 주어야 합니다." 그녀는 정탐꾼들이 요청한 그 절박한 필요를 채워주었을 뿐이며, 이제는 그들처럼 그녀도 자신의 필요를 제시하여 도움을 요청했던 것뿐입니다. 언약적 관계에서는 서로 상대방의 헌신을 기대하지만, 그렇다고 해서 그 실행 여부를 일일이 기록하고 따지지는 않습니다. 룻은 시어머니 나오미를 정성껏 모시고 부양했지만 그렇다고 해서 그녀가 자신의 효성과 노력에 대해 나오미가 보상해 줄 것을 기대하고 그렇게 한 것은 아니었습니다(룻 2:7).

한 마디로 요약하면, 언약은 계약과 다릅니다. 언약은 어떠한 결과나 보상에 상관없이 서로 변함없는 사랑으로 행할 것을 두 사람이 약속하고 헌신하는 것입니다. 하지만 유감스럽게도 결혼은 흔히 계약적 관계로 전락하고 맙니다.

XIV. 당신은 자신의 결혼생활에 대해 손해보는 느낌을 받으면서 어떤 점수를 매기고 있지 않습니까? 그것을 어떻게 알 수 있습니까? 일반적으로 당신만 더 많은 일과 책임으로 억눌려 있는 느낌을 받으며 감사하는 마음이 없다면 당신은 이미 점수를 매기고 있는 것입니다. 이러한 상태를 바꿀 수 있는 한가지 방법은 당신의 배우자가 당신의 필요를 채워주기 위해 노력하고 있는 모습을 의식적으로 집중하여 보는 것입니다. 당신 배우자가 일상생활을 통해 당신을 위해 행하고 있는 좋은 점 다섯 가지 정도를 나열하시오.

1. ______________________________
2. ______________________________

3. ____
4. ____
5. ____

언약과 계약의 차이

계약은 언약보다 우리에게 더욱 친숙한 개념입니다. 당신은 과거에 한번쯤은 얼마간의 급료를 받고 직장에서 일하기로 약속하는 고용 계약서에 서명한 적이 있을 것입니다. 법적인 차원에서 보면 결혼은 일정한 권리와 책임을 수반하는 하나의 계약입니다. 그러나 법적인 차원에서의 결혼과 언약적 차원에서의 결혼을 혼동해서는 안됩니다. 법적인 결혼은 두 사람간의 계약으로서, 한 사람이 계약 조건에 부합하는 삶을 살지 않는다면 언제라도 이혼으로 끝날 수 있는 관계입니다. 하지만 언약결혼은 조건없이 언제까지나 사랑과 신의로 상대방에게 헌신하는 관계입니다. 계약은 "만약에 ……하면, 나도 ……"식의 관계에 근거하고 있습니다. "당신이 나를 사랑하면 나도 당신을 사랑할 거예요", "당신이 내게 신실하게 대하면 나도 당신에게 신실하게 대하겠어요", "당신이 허물없이 내게 대하고 대화한다면, 나도 당신에게 마음의 문을 열겠어요."

계약은 언약관계의 기초가 될 수 없습니다. 그렇다고 해서 계약이 언약과 전혀 관계없는 것이라는 의미는 아닙니다. 하나님께서는 이스라엘 민족과 계약을 맺으셨습니다. "너희가 너희 하나님 나 여호와의 말을 청종하고 나의 보기에 의를 행하며 내 계명에 귀를 기울이며 내 모든 규례를 지키면 내가 애굽 사람에게 내린 모든 질병의 하나도 너희에게 내리지 아니하리니 나는 너희를 치료하는 여호와임이니라"(출 15:26). 이것은 계약이었지 분명히 언약은 아니었습니다. 하지만 이스라엘 민족이 그 합의사항대로 살지 못한다고 할지라도 하나님과의 관계는 결코 끊어지지 않을 것이었습니다. 실제로 이스라엘 민족은 자신들에게 부여된 책임을 다하지 못한 때가 수없이 많았습니다. 그럼에도 불구하고 하나님은 끝까지 그들과의 언약적 관계를 유지하셨습니다(신 7:9; 9:6).

계약은 부부가 함께 살아가는 데에 있어서 유용한 도구가 될 수 있습니다. "나는 세탁을 할테니 당신은 부엌을 치우구려"식의 약속들을 서로 실천함으로써 부부는 끊임없이 나오는 집안 일들을 좀더 쉽게 해낼 수 있을 것입니다. "내가 5시부터 5시 30분까지 조깅을 하는 동안 당신이 아이를 봐주면 부엌 정리는 내가 해서 당신의 시간을 갖게 해주겠소"와 같은 약속은 흔히 스트레스 쌓이는 정신없는 일상생활에 질서와 안정을 가져다 주는 일종의 계약입니다.

여기에 언약적 관계에 사는 부부가 종종 적절한 계약을 맺어 서로의 관계를 향상시킬 수 있는 몇 가지 기본 지침들을 소개합니다.

1) 계약을 언약과 혼동하지 말라.

계약의 초점은 특별히 서로의 관계를 증진시키거나 결혼생활에서 오는 어려운 문제들을 함께 해결하기 위한 데에 있습니다. 부부간의 언약관계는 여기에서 결코 흥정의 대상이 될 수 없습니다. 부부간의 사랑과 관심, 후원, 신의는 상대방의 행동에 대한 보상으로 주어지는 그런 성질의 것이 아닙니다. 부부의 변함없는 사랑을 협상 대상으로 내어 놓는 것은 이미 언약적 관계를 부인하는 것입니다. "당신이 ……하면, 당신 곁에 있겠어요"식의 계약은 언약결혼에 해당되지 않습니다.

2) 계약은 긍정적인 변화를 위한 것이어야 한다.

계약을 맺을 때 둘 사이에 무언가 새로운 관계를 가져다 줄 수 있는 약속을 하십시오. 과거의 부정적인 관계를 제거하기 위한 수단으로 계약을 맺지 마십시오. 예를 들면 "당신이 너무 일에 매여 있지 않으면 좋겠어요" 보다는 "적어도 일주일에 하루는 저녁시간을 저와 함께 보내면 좋겠어요"와 같은 계약을 맺는 것이 좋습니다. 이와 같이 계약의 초점을 긍정적인 변화의 가능성에 두어야지 문제에 두어서는 안됩니다.

3) 계약은 구체적인 행동으로 실천되어야 한다.

계약은 일반적인 어떤 태도나 행동의 변화를 막연하게 약속하는 것이 아닙니다. 당신의 배우자가 어떤 말을 하고 어떻게 하기를 원하는지 당신의 생각을 정확하고 구체적으로 밝히는 것입니다. 예를 들면 "당신이 좀더 나와 함께 있었으면 좋겠어요", "당신이 좀더 내게 관심을 가져주면 좋겠어요" 같은 말보다는 "저녁식사 시간에 뉴스를 시청하는 대신 당신에게 일어난 하루의 일과를 말해주고, 저도 제가 하루를 어떻게 살았는지 당신에게 이야기하는 그런 대화의 시간을 가지면 좋겠어요"와 같은 구체적인 행동을 유발하는 계약을 맺는 것이 좋습니다.

4) 계약은 부부가 서로 새롭고 긍정적인 것을 제시하는 것이어야 한다.

부부관계의 변화를 원하는 당사자는 자신이 직접 부부가 함께 지키고 따를 새롭고 긍정적인 행동방안을 제시하는 것이 좋습니다. 자기 배우자에게 요구하는 것만이 아니라 그 요구에 상응하는 새롭고 구체적인 행동을 자신이 해야 합니다. 즉 쌍방간의 계약이 만족할 만한 것이 되어야 합니다. "…… 그러면 나는 저녁식사 후에 당신을 도와 설거지를 하겠소", "그러면 저는 재미있고 여유있는 저녁시간을 계획해서 당신이 새로운 기분으로 일할 수 있도록 할게요." 부부간의 계약이 "그렇게 하지 않으면 더이상 설거지를 하지 않겠소", "그렇게 하지 않으면 후회하게 될 거예요" 식으로 되어서는 안됩니다. 계약은 언제나 부부 쌍방간에 현재의 관계를 보다 성숙시키는 기회가 되어야지, 그것을 위협하는 요소로 작용되어서는 안됩니다.

XV. 다음의 계약들을 보다 긍정적이고 구체적인 것으로 재구성하시오.

1. 나는 당신이 돈을 쓰는 데 있어서 좀더 책임감이 있고 신중하면 좋겠어요.

____

2. 나는 당신이 좀더 집안일을 도와주면 좋겠어요.

____

5) 계약은 일정 기한을 놓고 시도하는 것이다.

계약은 부부가 그들의 관계에 변화를 가져올 수 있는 새로운 기회를 제공합니다. 서로가 노력함으로써 부부간의 새로운 관계는 그들 생활의 일부분이 될 수 있습니다. 계약을 맺을 때에는 일주일이나 한 달 정도의 시간 제한을 두어 그 결과를 평가하는 시간을 갖는 것이 좋습니다. 영호와 선희는 저녁식사를 할 때 텔레비전을 보는 것보다는 하룻동안의 일에 대해 서로 대화하고 식사 후에 함께 설거지를 하는 것이 서로의 부부생활에 매우 중요한 요소가 된다는 사실을 발견할 때 계속해서 그렇게 생활하기로 결정할 수 있습니다. 이렇게 되면 저녁식사를 하면서 누가 설거지를 할 것인가에 대해 더이상 왈가왈부할 필요가 없는 것입니다.

XVI. 배우자와 함께 긍정적이면서도 구체적인 계약을 발전시키도록 연습하십시오. 당신이 배우자에게 기대하는 조그마한 행동의 변화와 그에 상응하여 당신이 변화되기를 원하는 것 한가지를 적어보시오. 아래의 계약서에 내용을 적으시고 서명하십시오.

당신이 ______________________________ 하면

나는 ______월 ______일부터 ______월 ______일까지 일주일간

______________________________ 하겠습니다.

서명 ____________

다음 그룹 모임 때 당신의 배우자와 함께 이 계약서의 내용을 나누십시오.

계약의 위험과 그 증상

계약은 결혼생활에 창조적인 변화를 가져올 수 있는 기회를 제공합니다. 그

러나 올바로 인식되고 사용되어야 합니다. 계약은 여러 가지 면에서 볼 때 부부간에 행해지는 하나의 게임과 같은 것입니다. 그런데 이 게임은 자칫하면 부부관계를 이어주는 한가지 유일한 통로처럼 되어 부부의 모든 관계를 이 계약관계로 이해하고 실천하려고 하는 위험을 수반합니다. 이것을 다른 말로 표현하면 "잠복된 계약의 위험"이라고 할 수 있습니다.

만약 우리 마음속에 다음과 같은 질문이 일어난다면 우리는 이미 그러한 위험의 증상을 드러내고 있는 것입니다. 내가 결혼생활에서 얻어야 할 것을 제대로 얻고 있는가? 다른 사람과 결혼했다면, 일에 좀더 몰두했다면, 자식을 돌보거나 친구관계에 더 많은 에너지를 투자했다면 현재보다는 더 나은 결과를 얻을 수 있지 않았을까? 나의 배우자로 하여금 좀더 내 기대에 부응하는 삶을 살게 할 수 없을까?

우리가 이러한 질문들 중 하나에라도 "그렇다"라고 대답한다면 배우자와의 언약을 새롭게 갱신할 필요가 있습니다. 여기에는 자격 여부를 떠나 아무런 조건 없이 서로를 변함없는 사랑으로 사랑하고 헌신할 것을 다짐하는 의식적인 결단이 있어야 합니다. 동시에 하나님께서 이 언약의 증인이 되시고 계속적인 기도를 통하여 인도해 주시기를 구해야 합니다. 그리고 언약결혼의 여섯 가지 원리를 함께 매일의 삶 속에 실천하는 구체적인 행동변화가 따라야 합니다.

요점정리

결혼은 많은 점에서 하나님과 인간, 즉 이스라엘 백성과의 언약이나 성경 인물들간의 언약과 유사한 언약관계가 될 수 있습니다. 하나님과 이스라엘과의 언약이 변함없는 사랑에 기초한 것처럼, 부부는 결혼을 통하여 서로에 대해 변함없는 사랑과 무조건적인 헌신으로 대할 것을 언약하는 것입니다. 이 헌신의 관계는 점차적으로 시간의 흐름과 더불어 성숙하며 발전해 갑니다. 언약은 계약이 아닙니다. 비록 계약이 언약관계를 유지하는 데 도움이 될 수도 있지만 이 둘 사이에는 근본적인 차이가 있습니다.

언약결혼을 시작하거나 새롭게 갱신하기 위해서는 서로가 어떠한 조건이나 자격 여부에 상관없이 변함없는 사랑으로 사랑할 것을 약속하는 의식적인 결단과 헌신이 있어야 합니다. 그리고 매일의 삶 속에서 함께 언약결혼의 여섯 가지 원리를 실천하는 삶을 살아야 합니다.

연습문제

이 연습문제는 당신이 제1과의 학습목표를 달성했는지의 여부를 스스로 점검하도록 준비되었습니다. 각 물음에 성실하게 답하시기 바랍니다. 정답은 마지막 질문 다음에 있습니다.

1. 다음 중에서 언약에 해당되는 것에는 "언약", 계약에 해당되는 것에는 "계약"이라고 쓰시오.

_____ ① 법적으로 맺어진 관계
_____ ② 어떠한 조건에도 구애받지 않는 관계
_____ ③ 협상의 대상이 될 수 없는 관계
_____ ④ 일종의 권리와 책임을 동반하는 관계
_____ ⑤ 변함없는 사랑과 신의에 기초한 관계

2. 빈 칸을 채워 언약관계의 여섯 가지 특성을 완성하시오(필요하면 교재를 참조하시오).

① 언약은 ____________과 ____________의 관계로 말미암은 열매이다.
② 언약적 부부는 자신들의 ____________에 ____________을 진다.
③ 언약은 선택의 ______________에 그 근거를 둔다.
④ 언약은 __________이 아니라 __________에 의해 실천된다.
⑤ 언약적 부부는 자신들의 __________를 잘 ____________시킨다.
⑥ 언약은 조건없는 ______________에 근거한다.

3. 아래의 각 사항에 "참" 또는 "거짓"으로 대답하시오.

결혼의 언약은 하나님과 그의 백성과의 언약과 같다. 왜냐하면

_____ ① 변함없는 사랑에 기초하기 때문에
_____ ② 동등한 관계이기 때문에
_____ ③ 계약을 포함할 뿐만 아니라 그 이상의 것이므로
_____ ④ 부부 중 어느 누구에 의해서도 깨어질 수 있으므로
_____ ⑤ 시간을 통해 점차적으로 발전하기 때문에

4. 서론 시간에 작성했던 당신 배우자와의 언약을 점검하시오. 제1과에서 얻어진 새로운 이해의 토대 위에서 그 언약 중 변화시키기를 원하는 부분이 있습니까? 있다면 그 내용을 아래에 기록하시오.

____

____

____

당신의 답과 비교해 보시오.

1. ① 계약 ② 언약 ③ 언약 ④ 계약 ⑤ 언약

2. ① 사랑, 신뢰 ② 행동, 책임 ③ 자유 ④ 감정, 행동 ⑤ 관계, 유지하고 성숙 ⑥ 헌신

3. ① 참 ② 거짓(결혼관계에서의 각 개인은 서로 동등하지만 하나님과 동등할 수는 없다) ③ 참 ④ 거짓 ⑤ 참

4. 스스로의 답

예습

결혼은 하나님의 언약적 사랑을 모델로 하고 있습니다. 그렇다면 결혼생활 가운데에서 어떻게 그 사랑을 나타낼 수 있을까요? 제2과에서는 하나님께서 그 사랑하시는 백성들과 맺으신 언약을 살펴봄으로써 언약결혼 생활에 대한 지침을 알아볼 것입니다. 그리고 스스로에게 질문할 것입니다. 배우자와의 언약관계를 위해 내가 지불해야 할 대가가 무엇인가? 언약결혼에 헌신함으로써 얻어지는 결과가 무엇인가?

제1단원: 결혼을 위한 하나님의 계획

제2과

약속으로서의 결혼

우리는 제1과에서 특별히 구약성경 인물들간의 언약관계를 통해 성경적인 언약관계를 살펴보았습니다. 그리고 언약관계의 특성을 공부했습니다. 그것들을 기억할 수 있겠습니까? 당신 부부의 언약관계에 대해 살펴보십시오. 그것이 지난 한 주 동안 당신의 매일의 삶 속에 어떤 영향을 끼쳤습니까? 그리고 당신 부부가 앞으로 새로운 관계를 맺고 살아가는 것과 어떤 연관성이 있다고 생각하십니까?

개관

우리는 제2과에서 하나님의 약속에 초점을 맞추어 성경적인 언약관계를 좀 더 다루게 됩니다. 하나님의 언약으로 말미암은 사랑에 근거한 결혼에서 우리가 찾을 수 있는 약속은 무엇입니까? 언약관계를 위해 우리가 지불해야 할 대가는 무엇입니까?

제2과를 공부하면서 당신은 사랑과 신의와 은혜 가운데 자신의 배우자와 부부생활을 하는 데에서 오는 축복들을 발견하게 될 것입니다.

학습목표

· 언약결혼을 통한 가능성을 설명할 수 있다.
· 성경에 근거한 언약결혼의 다섯 가지 성격들을 묘사할 수 있다.
· 언약결혼의 성격에 비추어 나의 결혼생활을 평가할 수 있다.
· 언약결혼의 가능성을 향한 세 가지 방법을 설명할 수 있다.
· 언약결혼의 성취를 위한 방향을 설정하고 실천할 수 있다.

언약결혼의 성격

신구약 성경 기자들은 이 땅의 사람들을 향한 하나님의 사랑을 묘사할 때 자주 결혼관계에 빗대어 설명하였습니다. 예를 들면, 사도 바울은 교회를 향한 사랑과 그 관계(엡 5:32)를 묘사하기 위해 에베소서 5:21-30에 걸친 남편과 아내 사이의 관계를 사용하였습니다.

그러나 우리의 부부관계가 하나님과 우리와의 관계를 반영하고 있는 것이 되려면 그 결혼에는 반드시 우리를 향한 그리스도의 사랑이 반영되어야 합니다.

이것은 아무 결혼이나 되는 것이 아니고 하나님의 언약적 사랑을 모델로 하고 있는 결혼, 즉 하나님의 사랑을 드러내는 것이어야 합니다(엡 5:21-32). 언약결혼을 이해하려면 1과에서 살펴본 사람 사이의 언약관계만 보아서는 안됩니다. 하나님의 언약관계, 곧 그 언약관계를 통해 말씀하시는 하나님의 약속들을 알아야 합니다.

우리는 하나님께서 그 사랑하시는 사람들과 맺으신 언약을 살펴봄으로써 언약결혼 안에서 살아가는 데 필요한 지침들을 얻을 수 있습니다. 그러면 하나님의 언약적 사랑을 모델로 하고 있는 언약결혼의 성격이 무엇인지 함께 살펴보겠습니다.

언약결혼은 영원하다

하나님의 사랑은 결코 중단되지 않습니다(애 3:22). 아무것도 우리를 "하나님의 사랑에서 끊을 수 없습니다"(롬 8:38-39). 하나님의 사랑은 상처와 실망중에도 오래 참고 오래 견딥니다. 이처럼 결혼은 결코 나눌 수 없는 "한 육체"(엡 5:31)와 같이 영원한 관계입니다. 언약의 핵심은 계약과는 달리 그것이 무조건적이라는 데에 있습니다. 여기에는 요구조건이 충족되지 않으면 그 관계가 끝나는 것과 같은 법적 구속력이나 책임이 없습니다.

이미 이혼의 상처를 경험한 사람에게 있어서 이 말은 얼마나 잔인합니까? 도대체 우리의 한계와 불완전성, 이런 속성을 전혀 고려하지 않은 말처럼 보입니다. "하나님이 짝지어 주신 것을 사람이 나누지 못할지니라"(막 10:9; 마 19:6)라고 하신 예수님의 말씀은 두 사람을 갈라놓는 최악의 상황에서도 반드시 그 관계 속에서 함께 살아야만 한다는 말씀입니까? 이러한 질문들을 염두에 두고서 다음의 두 가지 질문들을 살펴보겠습니다.

첫째, 정신적인 면과 상호관계적인 차원에서 부부의 관계는 끊어지지 않습니다. 함께 사는 것이나 대화하고 보는 것 등은 중단할 수 있으나 관계는 그렇지 않습니다. 부부는 함께 살아온 지난 역사와 더불어 서로가 자신들의 한 부분이 되기 때문입니다. 우리는 이혼한 사람들이 이혼의 충격 속에서도 자녀의 양육이나 친지들과 계속적인 관계를 유지하는 경우를 얼마든지 볼 수 있습니다.

20년의 결혼생활 끝에 이혼하는 아픔을 겪은 사람이 있었습니다. 그는 자신의 생활에서 결혼의 흔적을 다 지워버리려고 애썼습니다. 그러던 어느날 저녁 그는 엄숙한 마음으로 수년 동안 간직해 왔던 가족 여행 사진들을 하나하나 불속에 던져 태우기 시작했습니다. 바로 그때 그는 한가지 현실적인 사실에 직면해야 했습니다. 즉 자기 아내를 기억나게 하는 모든 것들을 제거하려고 하는 것은 곧 자신의 과거와 뿌리, 많은 아름다운 추억들, 그리고 궁극적으로 자신의 존재의식까지도 제거하려는 것임을 알게 되었던 것입니다. 그의 대인관계, 사고방식, 잠자는 습관까지도 모두 아내와의 결혼생활을 통해 형성되어 왔기 때문입니다. 다시는 아내를 만나지도 못하고 대화도 할 수 없지만, 그녀는 전에도 그랬던 것처럼 지금도 항상 그의 삶의 한 부분으로 남아있었던 것입니다.

둘째, 지금 우리는 언약결혼에 대해 이야기하는 것이지 모든 결혼이 하나님이 언약적 사랑을 모델로 한 변함없는 사랑과 무조건적인 헌신의 언약에 근거하고 있다는 것을 말하는 것이 아님을 기억해야 합니다. 언약결혼은 부부가 예수 그리스도께 자신들을 헌신하고, 나아가서 서로에 대해서도 그렇게 할 때 비로소 가능하게 됩니다. 언약결혼은 예수님이 교회를 위해 자신을 주신 것 같은 사랑과 헌신의 삶을 사는 것을 의미합니다. 그러므로 단순히 영원하다고 말하는 것은 언약관계에서 오는 제한없는 무조건적인 헌신을 설명하기에 충분하지 않습니다. 그리고 결혼이 영원하다고 하는 것은 단지 결혼에 관한 사실을 기술한 것만이 아니라 언약결혼의 궁극적인 이상이기도 한 것입니다.

우리는 제1과에서 결혼식장에서 서약하는 것이 곧 언약을 의미하는 것이 아님을 알았습니다. 그것은 둘 사이에 이미 존재해 왔고 앞으로도 계속 발전되고 깊어갈 언약을 공식적으로, 법적으로 발표한 것뿐이라는 것을 생각해 보았습니다. 결혼이 바로 언약인 것은 아닙니다. 한편, 이혼은 이미 깨어진 언약을 공식적으로 법적으로, 확인하는 사망 진단서라 할 수 있습니다. 우리는 법적 이혼과 언약을 파기하는 것과의 차이를 혼돈하지 말아야 합니다. 여기에 모든 부부들이 주의해야 할 것들이 있습니다. 그것은 이혼을 생각조차 해보지 않은 사람들에게도 해당되는 경고입니다. 우리는 부부간의 언약을 타협하여 적당히 살아가거나 언약을 계약관계로 탈바꿈시키지 않도록 주의해야 합니다. 우리는 법적으로 결혼상태에 머물러 있으면서도 영적으로는 이미 이혼 과정에 있을 수 있습니다. 법적인 부부로서 함께 살면서도 다른 한편으로는 자신을 변함없이 헌신적으로 주기로 약속한 결혼의 언약을 파괴하는 죄를 지을 수도 있는 것입니다.

Ⅰ. 법적으로는 결혼관계에 있으면서 다른 한편으로 결혼의 언약을 깨는 것들을 몇 가지 적어보시오.

____

____

언약결혼에는 대가가 따른다

이스라엘 민족이 하나님과의 언약관계에 들어갔을 때, 그들은 다른 우상신들을 다 내어버리고 야웨 하나님을 따라 광야 생활을 했습니다. 물론 그들은 어려울 때마다 주저하지 않고 애굽의 풍성한 식탁을 포기하고 모든 것이 불확실한 광야로 따라왔다는 것을 모세와 야웨 하나님께 불평하며 알리곤 했습니다(출 16:2-3).

언약결혼도 이와 같습니다. 거기에는 우리에게 익숙한 생활을 떠나 알지 못하는 앞날을 다른 사람과 함께 변함없이 사랑하며 헌신하며 살아가기로 결단하는 위험이 수반됩니다. 성경은 두 사람이 한 몸의 관계가 되는 조건을 부모 곁을 떠나는 것이라고 말합니다(엡 5:31). 무슨 뜻입니까? 과거 포장마차를 타고 서부를 향해 달려가던 서부시대의 개척자들처럼 다시는 가족들을 보지 못할 곳으로 떠나는 것입니까? 그렇지 않습니다. 대부분의 부부는 결혼 후에도 부모님이나 다른 친지들과 계속하여 긴밀한 관계를 유지합니다. 다만 이제는 더이상 삶의 중심을 자신이 태어나 성장한 가정에 두지 않습니다. 어떠한 상황이 닥친다 해도 언약관계로 맺어진 자신의 배우자와 함께 불확실한 미래를 향해 선택하고 그것을 직면해 가는 것입니다.

Ⅱ. 당신은 정신적으로도 완전히 부모님 곁을 떠나 배우자와 한 몸이 되었습니까?

예 _____

아니오 _____

만약에 아직 그러하지 못했다면 부모님 곁을 떠나기 위해 당신이 해야할 것은 무엇입니까?

____

____

____

우리는 결혼을 통해 부모님을 떠나는 것만이 아니라, 계속적인 언약결혼의 관계 속에서 때로는 다른 선택의 가능성을 희생하면서라도 함께 인생을 선택하고 살아가야 합니다. 나오미와 언약관계에 있었던 룻에게 있어서 그것은 자신에게 익숙한 환경을 떠나 새롭고 낯선 곳으로 이사가는 대가가 따르는 것이었습니다. 사실상 우리는 자신이 자란 곳에서 결혼생활을 한다 해도 여전히 새로운 생활 습관을 익혀야 하고 혼자였을 때와는 다른 선택을 하며 살아가야 합니다. 둘 다 직장생활을 하는 부부의 경우에는 때로 직장에서 좋은 기회가 온다 해도 서로의 결혼생활을 위해 포기해야 할 때도 있습니다. 즉 결혼생활을 통해 부부는 서로의 헌신된 언약관계 속에서 기꺼이 선택에 따르는 대가를 지불하며 살아가야 하는 것입니다.

언약결혼에는 자유와 책임이 공존한다

유대인들은 하나님께서 그들과 언약을 맺으셨다 해도 그들에 대한 어떤 의무도 갖고 계시지 않다는 교훈을 뼈저린 경험들을 통해 배웠습니다. 예수님은 자신의 특별함을 과시하는 사람들을 대하시는 과정에서 이러한 사실을 잘 보여주셨습니다.

하나님은 길가의 돌들로도 언약의 자손을 만드실 수 있는 것입니다(눅 3:8). 하나님은 언약을 맺고 그것을 실천할 것을 선택하셨습니다. 그 언약관계에는 언약 상대방으로 하여금 변함없는 신의와 사랑으로 헌신할 것을 강요하는 계약이 들어 있지 않습니다.

그러므로 우리가 배우자에게 헌신과 사랑을 강요한다면 이미 언약관계의 본질을 범하는 것입니다. 사람들은 흔히 자신의 책임과 헌신에 관심을 기울이기보다는 자기 배우자의 눈 속에 있는 조그마한 티끌만을 문제삼아 그것을 빼내려 합니다. 우리가 배우자에게서 무엇을 얻을까에만 관심을 기울인다면 그 관계는 이미 계약관계로 변질되고 맙니다. 이러한 사람의 관심은 자신이 무엇을 주기보다는 받아 누릴 권리에 가 있습니다.

Ⅲ. 다음의 질문들에 답하시오.

1. 당신의 배우자가 거부함에도 불구하고 당신을 위해 행하도록 강요한 것이 있습니까?

____

____

2. 당신의 배우자에게 당신의 뜻에 순응하도록 요구할 수 있는 권리가 당신에게 있습니까?

예 ______

아니오 ______

3. 당신의 배우자에게 자유를 줌으로 인해 당신의 기대에 부응하지 못한다면 이러한 것이 서로의 관계에 어떤 영향을 미치겠습니까?

____

____

한편, 언약결혼에도 지켜야 할 요구사항이 있습니다. 우리가 하나님의 거저 주시는 은혜를 누리지만 동시에 열매맺는 그리스도인으로서 살아야 하는 역설이 결혼관계에도 적용됩니다. 언약결혼에서 자유하다는 것은 자기 마음대로 하고 싶은 것을 하며 살아도 된다는 것을 의미하지 않습니다. 다만 사랑과 헌신으로 상대방을 대하는 데 있어서의 자유를 의미하는 것입니다. 어떠한 결혼이든지 거기에는 부부간의 정절이라든지 다정한 사랑의 관계와 같이 부부가 서로 언약적 관계의 한 부분으로서 선택하고 받아들여야 할 기본적인 요구사항이 있는 것입니다.

부부간의 결혼관계에 있어서 그들이 결혼생활의 기본적인 요구사항으로 선택하는 것은 부부들마다 다 조금씩 다릅니다. 왜냐하면 이러한 선택에는 각 사람들마다 서로의 필요를 충족시키기 위한 자신들의 의도가 다분히 반영되기 때문입니다. 성우는 자신들의 문제에 대해 전혀 이야기하지 않는 부모 밑에서 성장하였습니다. 그는 부모님 사이에 흐르는 길고도 차가운 침묵을 잊을 수 없었습니다. 그리고 그 압도적인 침묵 속에서 식사할 수 없었으며, 거기에서 벗어나기 위해 혼자 방에서 놀았던 것을 분명하게 기억하고 있었습니다. 성우와 결혼한 영순이는 이내 그 침묵이 성우에게 얼마나 고통스러웠던 것인가를 알게 되었습니다. 그래서 그들은 어떤 문제나 화가 나는 일이 있을 때마다, 비록 당장 문제를 해결할 수 없다 하더라도, 그것을 터놓고 대화하기로 하였습니다. 이와 같이 그들은 서로의 필요를 위해 언약의 한 부분으로서 결혼생활의 기본적인 요구사항을 형성해 갔던 것입니다.

Ⅳ. 당신이 결혼 전에 본 부모님의 관계에 영향을 받아 그와 같은 것을 배우자에게도 기대했던 적이 있다면 어떤 역할을 기대했는지 그 한 예를 적으시오. 예를 들면, 아버지가 늘 쓰레기를 버리셨으니까 남편도 그렇게 해줄 것을 기대하는 것과 같은 경우를 말합니다.

모든 결혼은 저마다 서로를 위해 선택하는 독특한 요구사항이 있습니다. 이러한 것들은 흔히 부부의 필요라든가 서로를 향한 관계에 대해 굳이 말로써 합의를 보지 않는다 해도 자연스럽게 이루어집니다. 그동안 당신의 배우자가 당신에게 보여준 헌신적인 사랑과 신뢰의 삶을 생각해 보십시오. 서로를 향한 언약의 삶을 더 풍성하게 기념할 수 있을 것입니다.

Ⅴ. 당신의 배우자가 언약결혼에서의 기본적인 요구사항을 어떻게 실천하며 살았는지 생각해 보시오. 예를 들면, 친구들에게 부부간의 문제를 이야기하지 않는 것, 경제 사정을 잘 조절하여 당신으로 하여금 치열 교정을 할 수 있게 한 것 등 여러 가지가 있을 수 있습니다. 이에 대한 당신의 반응은 무엇이었는지 적으시오.

언약결혼은 일대일의 인격적인 관계이다

예수님께서 우리를 가장 놀라게 하신 것 중의 하나는 아마도 하나님을 가리켜 "아바", "아버지"라고 부르셨던 사건일 것입니다. 예수님은 자신의 사역을 통해 인격적이신 하나님을 분명하게 소개하셨습니다. 하나님은 손을 씻는 어떤 의식이나 예배를 위한 특별한 장소에 찾아가는 등의 특별한 규율을 따라야 만날 수 있는 그러한 분이 아닙니다. 하나님과의 관계는 그러한 규율이 필요없습니다. 그 대신 우리는 끊임없이 기도하며 우리가 필요로 하는 것이 무엇이든지 하나님께 그것을 구하면서 하나님과의 관계를 가질 수 있습니다. 지극히 높은 하늘에 계신 하나님, 정교한 의식적 절차를 통해서만 나아갈 수 있는 그런 하나님과의 형식적이고 법적인 관계와 얼마나 다릅니까?

이와 마찬가지로, 언약결혼도 일대일의 인격적이고 개인적인 관계입니다. 어떤 규율에 근거해서 그것에 의해 살아가는 그런 관계가 아닙니다. 언약결혼은 어떤 권위나 특정한 역할에 대한 기대에 의해 좌우되지 않습니다. 서로의 관계에 있어서도 남녀간의 적법한 행동 규준에 의해서가 아니라 서로의 은사와 필요에 의해 그 성격과 행동이 결정됩니다.

Ⅵ. 부부가 감당해야 할 여러 가지 책임 중에서 다음에 제시된 것들을 누가 해야할지 적절히 분류하여 아래에 배열하시오.

〈아기 보기, 설거지, 각종 청구서 지불, 쓰레기 치우기, 물건 구입, 병원에 자녀 데려가기〉

남편	아내	남편과 아내

하나님의 백성들은 자주 하나님과의 관계에 대한 중요성은 망각한 채 어떤 형식이나 규례에만 신경을 쓰곤 했습니다. 하나님은 처음부터 언약은 곧 하나님과 이스라엘 상호간의 교제이며 헌신임을 분명히 하셨습니다. 그러나 그들은 여러 가지 율법과 제의적인 행사로 하나님을 바르게 경배하는 것을 대치함으로써 언약을 파괴하였습니다. 그들은 더이상 하나님을 듣지 않았습니다(렘 7:21-26).

상대방의 말에 귀를 기울여 듣는다는 것은 곧 언약관계의 핵심이라고 할 수 있습니다. 서로의 필요를 충족시키기 위해서는 서로를 잘 알아야 합니다. 듣지 않고는 알 수가 없는 것입니다. 나의 남편은 다른 모든 가정의 남편들과 같지 않습니다. 나의 아내는 다른 모든 가정의 아내들과 다른 점이 있습니다. 부부의 필요나 은사는 저마다 다 다른 것입니다. 우리는 처음에 결혼하면서 남편과 아내의 관계에 대한 나름대로의 판단과 생각을 갖고 살아갑니다. 부부관계에 대한 이러한 관념은 부모님의 결혼생활을 통해 얻은 것일 수도 있고, 텔레비전에서 본 결혼관계에서 영향을 받은 것일 수도 있습니다. 그러나 서로에 대한 진실한 관심과 헌신에 의한 언약부부는 이내 다른 사람의 결혼관계를 단순히 모방하며 따라 살 수는 없음을 깨닫게 됩니다.

Ⅶ. 당신과 부모님의 결혼생활에 어떠한 차이가 있는지 적어보시오.

· 권위의 문제에 있어서 : ____________________

____

· 맡은 일과 책임의 문제에 있어서 : ____________________

____

언약결혼에는 중요한 목적이 내포되어 있다

신 · 구약 성경은 역사를 통해 전개되는 하나님의 섭리를 보여줍니다. 하나님께서 이스라엘과 맺으신 언약은 모든 민족들을 구속하시기 위한 하나님의 의도에서 비롯되었습니다. 또한 하나님은 교회와 언약을 맺으심으로써 우리에게 이 세상에서의 사역을 통해 열매 맺기를 촉구하십니다. 이처럼 언약관계에는 목적이 있습니다. 거기에는 언약 당사자들간의 교제만이 아니라 세상에서 열매를 맺기 위한 의도가 깔려 있는 것입니다.

열매를 맺는 관계는 곧 성장하는 관계입니다. 언약결혼에는 그 결혼관계가 나아가야 할 분명한 방향이 있습니다. 하나님의 은혜와 사랑을 증거하는 관계로 나아가야 합니다. 언약결혼의 목적은 사람을 변화시키는 능력이 되는 하나님의 사랑을 드러내는 것입니다. 이것은 결코 끝나지 않을 언약결혼의 중대한 과업입니다.

Ⅷ. 당신 부부가 처음 만나 데이트한 경험과 결혼 역사를 다음의 선 위에 그려보시오. 부부가 함께 겪은 인생의 굴곡을 표시하십시오. 다음의 예를 참고하시오.

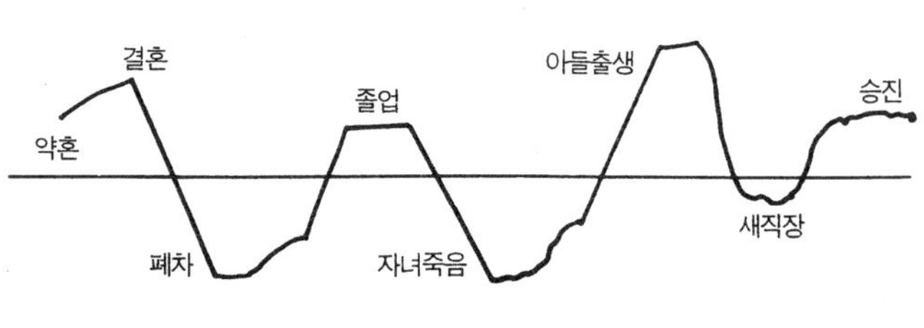

여기에 당신의 결혼역사를 표시하시오.

우리들 대부분이 하나님과의 언약에 있어서 결혼의 중요성을 인식하지 못했다면 누구도 본서를 읽으려 하지 않을 것입니다. 우리는 서로의 언약을 견고히 하는 가운데 지금 우리가 어디에 와 있는지, 또 어디로 가야 하는지 점검할 필요가 있습니다. 우리는 종종 결혼생활에 있어서 서로에 대해 잘못을 범하거나 외부의 문제로 인해 관계가 악화되는 경우를 피할 수는 없습니다. 하지만 이 모든 것에도 불구하고 언약결혼은 무조건적인 은혜, 곧 변함없는 사랑과 헌신의 약속에 기초하고 있습니다.

Ⅸ. 이러한 다섯 가지 성격을 갖고 있는 언약결혼에 비교할 때 당신의 현재 결혼생활은 어떻습니까? 당신의 생각에 해당되는 번호를 동그라미 하시오.

(1=매우 만족스럽다, 2=만족할만하다, 3=개선이 필요하다.)

1. 언약결혼은 영원하다.	1	2	3
2. 언약결혼에는 대가가 따른다.	1	2	3
3. 언약결혼에는 자유와 책임이 공존한다.	1	2	3
4. 언약결혼은 일대일의 인격적인 관계이다.	1	2	3
5. 언약결혼에는 중요한 목적이 내포되어 있다.	1	2	3

전체 점수를 합산하시오. 10점 이하이면 당신은 양호한 상태입니다.

이제까지 본 바와 같이 언약결혼은 엄청난 헌신을 요구합니다. 그러나 헌신만 있는 것은 아닙니다. 거기에는 열매가 따릅니다. 그러므로 당신의 언약적 삶에 이 약속된 열매들이 맺히고 있는지 점검하는 것은 매우 중요한 일입니다.

언약결혼의 약속

무조건적인 사랑

언약결혼의 당사자들은 결혼을 함으로써 마침내 한 가족의 구성원이 됩니다. 어떤 것과도 상관없이 그들은 서로에게 속해 있습니다. 바울은 이 사실을 다음과 같이 아름답게 묘사했습니다. "사랑은 언제까지든지 떨어지지 아니한다"(고전 13:8). 이것은 물론 자기 마음대로 자기가 원하는 것을 하면서도 상대방의 무조건적인 용납을 당연한 것으로 기대해도 좋다는 것을 뜻하지 않습니다. 그렇지만 언약결혼의 관계는 완벽하지 못하다 해서, 어느 한쪽이 좀 부족하다 해서, 그것 때문에 깨지는 그러한 관계가 아닙니다.

Ⅹ. 고린도전서 13:4-7을 읽고 무엇이 사랑이고, 무엇이 사랑이 아닌지를 설명하는 구절들의 목록을 작성하시오.

사랑은 ________ 입니다. 사랑은 ________ 않습니다.

용서

무조건적인 사랑 중 하나는 용서하는 것입니다. 용서는 부부관계를 상처와 실패로부터 보다 견고한 언약관계로 나아가게 할 수 있습니다. 아울러 용서는 우리를 향한 하나님의 사랑을 증거하는 방법 중의 하나입니다(엡 4:32).

ⅩⅠ. 다음 중에서 당신이 동의하거나 당신의 상태를 묘사하고 있다고 생각되는 내용에 표시하시오.

1. _____ 나는 상처를 당하면 상대방에게도 그렇게 해주고 싶다.
2. _____ 용서한다. 그러나 우선 당분간은 분노가 치민다.
3. _____ 상대방이 다시는 그렇게 하지 않겠노라고 약속하면 용서한다.
4. _____ 용서하면서 상대방이 그에 대한 보상을 해주기를 기대한다.
5. _____ 상대방을 진심으로 용서하기 위해서는 그 모든 사건을 철저히 잊어버려야 한다.

언약결혼에서의 용서의 특징은 무엇입니까?

용서는 보복이 아니라 관계를 회복하는 것에 그 초점이 있습니다(마 5:38-39; 벧전 3:9-12; 롬 12:17-21 참조). 사람들이 상대방으로부터 어떤 상처를 입을 때 대개의 경우 보이는 반응은 자기도 똑같이 상대방에게 보복하여 상처를 주려는 것입니다. 자신을 보호하려는 것은 자연스러운 본능입니다. 상대방에게 자신의 상처와 분노를 알리는 것은 중요한 일입니다. 그러나 상대방에게 보복하여 상처를 주는 것으로는 어떠한 것도 해결할 수가 없습니다. 언약결혼은 "한 몸"의 관계이기 때문에 상대방에게 상처를 준다는 것은 결국 자기 자신에게 상처를 주는 것입니다. 보복은 금이 간 관계를 치료하는 방법이 아니라 서로의 사이에 있는 상처와 분노의 늪을 더 깊어지도록 할 뿐입니다. 물론 자신의 상처와 분노를 알려야 합니다. 하지만 상대방에게 상처를 주고 분노함을 목적으로 해서는 안됩니다. 그것은 상대방으로 하여금 이유를 붙여 자신을 방어할 뿐 함께 문제를 찾아 푸는 데에는 전혀 도움이 되지 않습니다.

용서는 무조건적으로 하는 것이지 조건을 내세운 계약으로 하는 것이 아닙니다. 용서는 상대방이 다시는 그런 일을 하지 않겠다고 약속하거나 변화를 보일 때 그것에 근거해서 하는 것이 아닙니다. "앞으로 당신이 내게 속한 물건을 마음대로 내버리지 않겠다고 약속하면 이번에 일어난 모든 일들에 대해서는 용서하고 잊어버리겠어요."라고 말하는 것은 용서가 아닙니다. 이것은 상호간에 계약상의 거래를 하는 것입니다.

용서는 각각 자신의 행동에 책임을 지는 것입니다. 용서는 값없이 주어질 수 있습니다. 그러나 그것은 값싸다는 말이 아닙니다. 파기된 언약과 지켜지지 않은 약속들에 대해서 그에 따르는 대가는 자신이 져야 합니다. 하나님은 죄를 눈감아주시지 않습니다. 자신이 한 일에 대해서는 자신이 책임져야 합니다. 동시에 언약결혼의 당사자들은 자신이 하는 일에 대해 서로 책임을 져야 합니다.

대영이는 지난달에 여러 번이나 집에 전화도 없이 직장에서 늦게 돌아왔습니다. 선미는 최근에야 남편 대영이가 자기와는 상의도 없이 새 차를 샀으며, 멀리 떨어진 도시로 중책을 맡아 전근가게 되었음을 알았습니다. 이런 일은 전에 없던 일이었습니다. 그들은 항상 함께 결정을 내렸었습니다. 이제 선미는 어떻게 해야 합니까? 그녀는 남편이 과중한 업무에 시달리고 있음을 알고 있습니다. 어쩌면 중요한 일들을 남편 혼자 결정하는 문제에 대해서도 어떻게 할 도리가 없을지도 모릅니다. 어쩌면 남편의 위치에 있는 남자들이 다 이렇게 하는지도 모릅니다. 그렇다면 그녀는 이러한 상황에 적응하며 살아가는 것을 배워야 할지도 모릅니다.

정말 그렇습니까? 이러한 상태를 그대로 수용하고 살아간다면 선미는 그의 그런 행동을 피할 수 없는 것으로, 그녀로서는 어쩔 수 없는 것으로 체념하면서 남편에게 있는 책임을 전혀 도외시하는 것입니다. 선미가 남편에게 자신의 느낌을 이야기한다면 어떤 일이 일어나겠습니까? 그들은 자신들의 관계와 서로에 대한 헌신, 매일의 삶에 대해 함께 의논할 기회를 갖게 될 것입니다. 이렇게 하여 서로를 이해할 때, 선미는 남편을 용서할 수 있게 됩니다. 그러나 부부가 어떤 상황에 대한 책임 소재를 상대방에게 돌리고 또 서로가 그것을 인정한다고 해도 이러한 방식으로는 피상적인 용서 이상의 어떠한 결과도 가져다 주지 못합니다.

용서는 관계 회복의 한 단계로서, 서로에 대한 고백과 변화가 함께 수반되어야 합니다. 선미가 자기 감정을 그대로 지닌 채 남편을 대하고 또 이에 대해 대영이가 "그래서 어쨌다는 거요?"라는 태도로 맞선다면 어떻게 되겠습니까? 선미는 새 차와 전근 문제에 대한 남편의 독자적인 선택의 책임을 그에게 돌리고 있습니다. 이렇게 할 때 그들의 언약관계는 여전히 금이 간 채로 남아있습니다. 선미는 남편을 용서할지 모릅니다. 그러나 용서만으로는 둘 사이의 벌어진 간격을 메꾸지 못합니다. 언약은 상호적이어야 합니다. 한 사람이 용서를 통하여 언약을 새롭게 할 기회를 찾을 때 상대방은 언제라도 그 제안을 거절할 수도 있습니다. 하지만 이러한 가능성에도 불구하고, 부부가 서로 자신의 삶에 있는 문제점들을 고백하고 서로의 관계 갱신을 위해 변화될 때 부부의 언약관계는 그 모든 아픔과 상처를 넘어 더욱 깊고 견고하게 성숙되어가는 것입니다. 용서는 계약의 개념에서 보듯 어떤 행동에 대한 보상을 요구하지 않습니다. 도리어 문제 속에서 함께 배우고 성장하는 것입니다. 하지만 이것이 꼭 회복된 관계를 보장해 주는 것은 아닙니다.

언약은 지나간 과거를 단순히 잊는 것이 아니라 그것을 기억함으로써 도리어 미래를 기념하는 것입니다. 용서한 것을 잊어버린다는 것은 언약관계에서 꽃핀 아름다운 사랑의 열매를 내버리는 것입니다. 부부가 함께 살아가는 가운데 생기는 죄나 문제들을 극복하는 것은 언제나 기념할 만한 요인이 됩니다. 이스라엘 민족이 반복하여 자신들의 죄에 대해 하나님께서 신실한 사랑으로 용서하시고 인도하셨음을 기념한 것처럼, 우리는 지난날의 어려움과 그 가운데에서의 승리를 기억하고 기념함으로써 내일에 대한 소망을 가질 수 있는 것입니다.

XII. XI 문제에 대한 당신의 답변을 다시 읽고, 보다 많이 용서할 수 있는 사람이 되기 위해 변화되어야 할 부분이 무엇인지 점검하시오.

위로

언약결혼에서 얻을 수 있는 세번째 약속은 바로 배우자를 통해 오는 위로입니다. 언약은 서로가 서로를 돌아보고 인생의 기쁨과 슬픔을 함께 나누며 세상에서 피곤해진 심신을 포근하게 감싸주는 안전한 포구가 될 것을 약속합니다. 어떻게 하면 서로에게 좋은 위로자가 될 수 있을까요?

위로하는 사람은 큰 위로자 되신 성령님께서 우리의 내적인 탄식소리에까지 귀기울이고 들으시듯이 상대방에게 귀기울여 듣는 사람입니다. 상대방의 말뿐만 아니라 감정과 말로 드러내지 않은 속생각에까지 귀기울여 듣습니다. 상대방을 위로할 때 자신의 전부를 다하여 그 사람이 경험하는 것을 이해하려고 합니다. "당신의 느낌이 어떨지 저도 압니다. 바로 지난주에 이와 똑같은 일이 내게도 일어났으니까요. 이 문제에 대해 잠시 말씀을 드리지요……." 와 같은 것은 위로가 아닙니다. 이러한 말은 위로는커녕 도리어 그것을 빼앗아 가는 것입니다. 진정한 위로를 하기 위해서는 자신이나 자신의 경험이 아닌 위로가 필요한 당사자에게 초점을 맞추는 것입니다.

위로하는 사람은 "내가 그렇다고 말했잖소"와 같은 말을 하지 않습니다. 부부간에는 이러한 말을 할 필요가 없습니다. 우리 모두 "내가 그렇다고 말했잖소"와 같은 냉소적인 위로를 경험한 적이 있을 것입니다. 왜 그렇게 쉽게 이러한 말을 합니까?

아마도 내가 사랑하는 배우자가 슬퍼하고 상처당하는 것을 보는 것보다 더 안타까운 일은 없을 것입니다. 그래서 무엇인가를 해주기 원합니다. 상처를 당한 사람에게 있어서 위로가 되는 것은 상대방이 그 고통스러운 현실에 대해 함께 아파하며, 그 이야기를 귀기울여 들어줄 때입니다. 하지만 "내가 그렇다고 말했잖소"와 같은 것은 자신의 능력을 인식시키려는 것입니다. 나는 상처로부터 내 배우자를 보호할 수 있다는 것을 과시하려는 것입니다. 즉 다음부터는 내 말을 듣기만 하면 된다는 인식을 심어주려는 것입니다.

이 말은 여러 가지 면에서 잘못된 사랑의 표현이 될 수 있습니다. "내가 그렇다고 말했잖소"와 같은 말은 위로보다는 책망하는 말처럼 들리기 때문입니다.

위로하는 사람은 상대방이 원할 때에만 조언을 하거나 그의 일에 관여합니다. "내가 그렇다고 말했잖소"와 같은 말처럼 아무 때나 상대방의 상황에 끼어들어 충고하는 것은 흔히 그의 고통에 대해 자기가 어떻게 할 수 없다는 것을 은폐하려는 또하나의 시도에 지나지 않습니다.

어느날 동진이가 은숙이에게 자신이 직장에서 겪은 어려움을 이야기했습니다. 그러자 그녀는 이내 다음과 같은 반응을 보였습니다. "그 사람이 어떻게 그러한 말을 할 수 있담! 그 사람은 마땅히 당신에게 감사할 줄 알아야 해요. 내일 당당하게 가서 그 사람에게 따지세요. 그리고 내 생각에는 당신이 그 직장을 그만두고 당신을 인정해 줄 다른 곳을 찾으면 좋겠어요." 나중에 그녀는 동진이 동료에게 전화를 걸어 이러한 자신의 심정을 이야기하겠다고까지 주장했습니다. 그녀는 더이상 어떻게 상황이 개선되기가 어렵다는 것을 알고 가만히 듣고만 있을 수가 없었던 것입니다. 이로 말미암아 동진이는 위로받기는커녕 도리어 은숙이를 위로해 주어야 했습니다. 그리하여 그는 걱정되거나 화가 나는 일이 생겨도 더이상 그녀에게 이야기하지 않게 되었습니다.

이처럼 상대방이 원하지도 않는데 그의 상황에 마음대로 관여하거나 충고하는 것은 상대방의 자유와 책임을 제한하려는 것입니다. 자유와 책임, 이것은 언약결혼에 있어서 반드시 필요한 두 가지 요소인 것입니다.

XIII. 다음 중에서 위로가 되는 말에 체크하시오.

_____ 나도 전에 그러한 일을 당했는데 괜찮았어요.

_____ 다음부터는 거기에서 기름을 넣지 마세요.

_____ 그런 일을 당하고도 가만 있을 수 없지요. 당신의 생각을 그들에게 알리세요.

_____ 그런 일이 일어나다니 가슴이 아프군요. 기분이 매우 안 좋으셨겠어요.

_____ 제가 뭔가 도울 수 있으면 좋겠어요.

소 망

마지막으로 언약결혼에는 소망이 있습니다. 여기에는 세 가지 근거가 있습니다.

언약은 두 사람의 관계가 언제까지나 지속적이며 승리할 것을 약속합니다. 우리는 살아가면서 폭풍도 만나고 은혜와 용서를 체험하기도 합니다. 언약관계에 있어서 지난날의 언약과 그 생활을 기억하고 기념한다는 것은 매우 중요한일입니다. 현재 어떠한 어려움이 있을지라도 우리는 그것을 지속적인 언약관계와 변함없는 사랑과 헌신으로 일관된 지난날들의 연장선상에서 보게 됩니다.

언약은 우리가 할 수 없는 것이 아니라 할 수 있는 것에 초점을 맞춥니다. 우리가 무기 경쟁을 중단시키거나 빈곤을 추방하기란 불가능한 일입니다. 그러나 우리의 언약관계를 통해 자녀들과 가족 친지들, 지역사회에 어떠한 변화를 가져올 수는 있습니다. 우리의 관계는 단순히 우리 자신의 필요를 채우기 위한 것이기보다는 모든 인간들을 향하신 하나님의 구속적 은혜와 언약의 약속을 증거하는 것이어야 합니다.

XIV. 성경적 소망은 단지 생각으로만 무엇을 원하는 것이 아니라 그 결과에 대해 강력하게 기대하고 기다리는 것입니다. 당신의 결혼에 있어서 당신에게 소망을 주는 것이 무엇인지 적어보시오.

· 과거에 함께 해낸 어떤 일을 생각할 때,

____

· 지금 함께 경험하고 있는 일을 생각할 때,

____

언약은 우리가 이 세상에서 확장되고 있는 하나님 나라의 한 부분임을 증거하고 있습니다. 하나님은 우리에게 은혜와 자비로 축복하셔서 우리가 능히 서로의 약점과 죄된 성품들을 극복해 나갈 수 있도록 인도하실 것을 약속하십니다. 그리고 우리의 모든 문제보다 더 크신 하나님께서 우리의 언약에 증인이 되십니다. 이 얼마나 놀라운 약속입니까!

XV. 당신의 결혼이 언약결혼의 가능성을 성취하기 위한 세 가지 방법을 열거하시오.

1. ____
2. ____
3. ____

XVI 언약결혼의 성취를 위해 당신이 이번주에 취할 수 있는 한가지 구체적인 단계를 적으시오.

____

요점정리

우리가 자신의 배우자와 함께 성숙한 언약결혼의 관계 속에서 살고자 할지라도 모든 결혼에는 하나님의 언약적 사랑을 반영하는 몇 가지 성경적 요소들이 반드시 있어야 합니다.

언약결혼은 영원하며, 대가가 따르며, 중요한 목적을 내포하고 있습니다. 그리고 자유와 책임이 공존하며, 다른 사람들의 기대에 의해서가 아니라 당사자들의 인격적 관계에 의해서 특징지워집니다.

언약결혼은 인간관계에 하나님의 사랑의 능력을 드러내는 것에 그 목적을 두고 있습니다. 우리는 하나님의 은혜로 말미암아 서로의 사랑을 깊고 견고하게 하는 가운데 우리가 나아갈 방향을 찾게 됩니다.

언약결혼에서 요구되는 전적인 헌신은 서로의 언약적 삶속에서 드러나는 약속된 열매들로 인해 균형을 이루게 됩니다. 이 약속된 헌신의 결과들은 곧 무조건적인 사랑과 용서, 위로, 그리고 소망입니다.

연습문제

이 연습문제는 제2과의 학습목표를 달성했는지의 여부를 스스로 점검하도록 준비되었습니다. 각 물음에 성실하게 답하시기 바랍니다. 정답은 마지막 질문 다음에 있습니다.

1. 다음 빈 칸에 언약결혼의 성격들을 채워 넣으시오.

① 언약결혼은 ______________하다.
② 언약결혼에는 ______________가 따른다.
③ 언약결혼에는 ___________와 ___________이 공존한다.
④ 언약결혼은 ___________의 ___________인 관계이다.
⑤ 언약결혼에는 __________________이 내포되어 있다.

2. 다음 중 제2과에서 공부한 바 언약결혼이 약속하는 것 네 가지를 체크하시오.

사랑	소망	용서
행복	안전	성취
위로	동반자관계	평화

3. 다음 문장 중에서 사실인 것에는 ○표, 사실이 아닌 것에는 X표 하시오.

_____ ① 용서는 우리로 하여금 서로의 아픔과 감정을 솔직하게 나누게 한다.
_____ ② 용서는 상대방이 다시는 그런 일을 하지 않겠다고 약속할 때 가능하다.
_____ ③ 용서는 언약을 파기하는 것을 관용하고 눈감아주는 것이다.
_____ ④ 용서는 잘못을 저지른 상대방에 의해 거부당할 수도 있다.
_____ ⑤ 용서는 상대방으로 하여금 잘못을 고백하고 변화될 수 있는 여지를 준다.
_____ ⑥ 용서는 그 고통을 잊을 때 가능하다.

4. 다음의 문장들을 본문에서 공부한 바 있는 적합한 문장으로 고쳐 쓰시오.

① 위로하는 사람은 자신이 경험한 비슷한 이야기를 해주는 사람이다.

____

② 위로하는 사람은 "내가 그렇다고 말했잖소"라고 말하는 사람이다.

____

③ 위로하는 사람은 항상 조언이나 충고를 하는 사람이다.

____

5. 다음 중 언약결혼에 있어서의 소망의 근거가 되는 것 세 가지를 포함하고 있는 내용들을 골라 체크하시오.

_____ ① 부부가 함께 나눈 지난날의 승리의 경험들을 기억하는 것.
_____ ② 과거는 잊고 오직 앞날만 바라보는 것.
_____ ③ 함께할 수 있는 것에 초점을 맞추는 것.
_____ ④ 이 세상 일에 변화를 가져오는 것.
_____ ⑤ 자신들이 하나님 나라의 한 부분임을 인식하는 것.

당신의 답과 비교해 보시오.

1. ① 영원 ② 대가 ③ 자유, 책임 ④ 일대일, 인격적 ⑤ 중요한 목적
2. 사랑, 용서, 위로, 소망
3. ① O ② X ③ X ④ O ⑤ O ⑥ X
4. ① 위로하는 사람은 귀기울여 듣는 사람이다.
   ② 위로하는 사람은 "내가 그렇다고 말했잖소"와 같은 말을 하지 않는다.
   ③ 위로하는 사람은 상대방이 원할 때에만 조언을 하거나 그의 일에 관여한다.
5. ①, ③, ⑤

예습

우리는 이제부터 제2단원, "결혼에 대한 내적 고찰" 부분을 살펴보게 됩니다. 제3과에서는 특별히 언약관계에 있는 각 당사자들의 독특성에 대해 공부하게 됩니다. 당신에게 주어진 독특한 선물들은 무엇입니까? 당신 배우자는 어떠한 축복들을 갖고 있습니까? 제3과에서는 이러한 선물들을 어떻게 개발하며 증진시킬 것인가를 다루고 있습니다. 이러한 선물들은 당신 부부의 언약관계를 더욱 견고하게 하는 중요한 수단이 됩니다.

제2단원: 결혼에 대한 내적 고찰

제3과

독특성을 존중함

우리는 제1단원에서, 성경적 모델에 근거한 언약관계로서의 결혼에 따르는 몇 가지 축복들을 살펴보았습니다. 그 가운데에서 우리는 언약관계의 여섯 가지 특성에 근거하여 배우자와 새롭게 관계를 구축하는 방법들과 그 적용원리들을 알게 되었습니다.

그리고 하나님의 언약적 사랑에 기초한 결혼생활을 하기로 헌신하는 사람들에게 하나님께서 어떠한 축복들을 주시기로 약속하시는지에 대해서도 생각해 보았습니다. 언약결혼에의 헌신으로 말미암은 축복된 약속들은 무조건적인 사랑, 용서, 위로, 그리고 소망입니다.

개관

제2단원 "결혼에 대한 내적 고찰"은 결혼한 각 사람의 장점들을 증진시켜 주는 요소로서의 언약관계에 중점을 두고 있습니다. 당신은 제3과에서 언약관계에 있는 당신 부부에게 주어진 선물들을 발견하고 확증하게 될 것입니다.

서로의 독특성을 존중한다는 것은 무슨 뜻입니까? 이 독특성이 무시될 수 있습니까? 각자의 개별성이나 상호간의 연합을 지나치게 강조하다 보면 그렇게 될 수 있겠습니까? 어떻게 하면 날마다 당신의 배우자를 하나님의 특별한 선물로 인식하며 선택해 갈 수 있겠습니까?

학습목표

- 한 사람의 인격적인 존재가 된다는 의미를 정의할 수 있다.
- 언약관계에 있는 각 사람이 전인격적인 존재임을 인식한다.
- 한 사람의 인격적 존재로서의 나의 자질들을 발견하고 확인한다.
- 한 사람의 인격적 존재로서의 나의 배우자의 자질들을 발견하고 확인한다.
- 나와 배우자에게 주어진 선물, 즉 각종 자질들을 개발하고 증진시킨다.

모든 가능성 중에서 서로를 선택함

당신의 배우자를 보고 이 사람이야말로 내가 결혼하기 원했던 그런 사람이라고 결정했던 때를 기억하십니까? 당신을 그렇게 만든 것은 무엇이었습니까? 그것이 무엇이었든 당신은 이 사람이야말로 나를 위해 예비된 특별한 한 사람이라고 느꼈을 것입니다.

Ⅰ. 당신의 마음이 끌렸던 배우자의 특징 중 한가지를 써보시오.

____

최초의 선택

여러 측면에서 볼 때, 한 사람을 선택하여 결혼하기로 결정하는 것과 그리스도인이 되기로 결정하는 것에는 유사점이 있습니다. 어떤 사람들은 바울이 다메섹 도상에서 경험한 것과 같은 사건을 경험한 후 그리스도인이 되기도 합니다. 바울은 본래 적극적으로 그리스도인들을 핍박하던 사람이었으나, 다메섹 도상에서 살아계신 주님과의 개인적인 만남을 체험한 후 곧 그리스도인이 되었습니다(행 9:1-9).

부부들 가운데에는 처음에는 서로 싫어했다가도 나중에는 어떤 상황의 변화에 따라 서로를 새로운 시각으로 보게 되면서 좋아하게 된 경우가 많이 있습니다. 전에는 알지 못했던 어떤 다른 특별한 것을 느꼈기 때문입니다. 첫눈에 반하여 사랑을 느끼는 사람들도 있습니다.

하지만 대부분의 경우, 결혼에 대한 선택과 결정은 마치 젊은 청년이 교회 안에서 성장하며 점점 자신의 인생에 대한 하나님의 주권을 인식해 가면서 결국 그리스도께 자신을 헌신하는 것과 같은 과정을 따르게 됩니다. 많은 사람들은 오랜 기간의 교제를 통해 서로의 관계가 점점 깊어지면서 서로에게 깊이 끌리고 헌신하게 되는 것을 발견합니다. 이처럼 헌신의 정도가 깊어짐에 따라 두 사람은 자기들도 모르는 사이에 자연스럽게 결혼할 것을 결심하게 됩니다. 그리하여 나중에 언제 결혼하기로 결정했던가 하는 것을 뒤돌아보면 그에 대한 서로의 생각이 엇갈리기도 합니다.

Ⅱ. 당신의 결혼 결정은

______ 상대적으로 빠르고 갑작스러운 것이었습니까?

______ 오랫동안의 교제 관계가 성숙됨으로 인한 결과였습니까?

서로를 선택함에 있어서 우리가 항상 그 선택에 대한 이유들을 분명하게 알고 그렇게 하는 것은 아닙니다. 사랑은 눈을 멀게 한다는 말이 있지만, 사실상 사람들은 의식적이든 무의식적이든 여러 가지 복합적이면서도 중요한 이유들 때문에 서로를 선택합니다. 이러한 선택의 이유를 알 때, 우리는 좀더 구체적으로 자기 배우자의 특별한 어떤 요소, 즉 그 독특성을 인식할 수 있습니다. 우리는 모두 결혼에 대한 어떤 이상과 기대, 중요한 가치의 부여, 소망, 결혼생활에 대한 낭만적인 꿈, 그리고 상대방이 채워주기를 바라는 바람들과 필요들을 가지고 결혼합니다. 당신은 결혼에 임하면서 가졌던 결혼생활에 대한 당신의 이상이나 기대를 재검토하고 재구성함으로써 무엇이 당신으로 하여금 처음에 현재의 배우자를 보고 "바로 이 사람이다"라고 느끼게 했는지를 알 수 있습니다. 여기에 당신이 어떠한 생각을 가지고 결혼에 임했는지를 알게 해주는 몇 가지 질문들이 있습니다.

Ⅲ. 다음의 질문들을 읽고 마음속으로 대답하거나 다른 종이에 답을 쓰시오.

① 당신들이 처음 만났을 때, 서로 비슷한 관심과 같은 활동들을 즐겼습니까?

② 당신이 현재의 배우자와 만나 교제하던 시기에 당신이 인생에 대해 가졌던 꿈과 목표들은 무엇이었습니까? 이 문제에 대해 서로 대화를 나누었습니까? 그것들은 서로 비슷했습니까? 아니면 서로 달랐습니까?

③ 당시에 당신들의 대화는 어떠하였습니까? 무슨 내용의 대화를 하였습니까? 서로 대화가 잘된다고 느꼈습니까?

④ 당신과 당신 배우자와 다른 점은 무엇이었습니까? 그 차이들에 대해 어떻게 생각했습니까?

⑤ 당신이 좀더 개선하기를 원하는 당신의 약점들은 무엇입니까? 당신의 배우자가 이러한 문제를 돕기 위해 어떠한 사람이 되어야겠다고 생각했습니까?

⑥ 당신 부모님의 결혼생활에서 특징적으로 당신의 기억에 남는 것은 무엇입니까? 당신은 부모님의 결혼관계와 같은, 또는 그와는 다른 보다 나은 관계를 엮어가는 데에 있어서 당신 배우자가 어떠한 면으로 당신을 도와주기를 기대했습니까?

⑦ 당신 배우자에 대한 당신의 가족들이나 친구들의 생각은 어떠하였습니까? 그들의 생각이 당신에게 어떠한 영향을 주었습니까?

⑧ 당신이 결혼에 있어서 가장 조심하고 피하려 했던 것은 무엇입니까?

이 문제들에 답하면서 당신은 서로에 대해 많은 것을 알고 있었음을 느꼈을 것입니다. 비록 당시에는 서로에 대해 그렇게 매력을 느끼게 한 이유들에 대해 별로 생각하지 않았을지라도 말입니다. 당신의 목표들과 가치관은 당신 배우자의 그것들과 어우러져 서로에게 영향을 주었고 당신으로 하여금 결혼을 결정하도록 압력을 가하였습니다. 당신 배우자는 참으로 독특하고 특별한 존재였기 때문입니다.

계속적인 선택

다른 모든 사람들을 제치고 특별한 존재로서 서로를 선택하는 과정은 단순히 결혼식장에서 당신이 "네"라고 대답하는 것으로 끝나는 것이 아닙니다. 언약관계의 가장 중요한 특징 중의 하나는 언약을 맺는다고 해서 그 시간으로부터 모든 선택의 과정이 끝나는 것이 아니라는 점입니다. 언약 당사자들은 서로에 대해 변함없는 신의를 지켜야 합니다. 하지만 그들은 여전히 선택의 자유를 갖게 됩니다.

우리는 매일의 삶속에서 서로를 특별한 존재로서 인식하고 선택하는 과정을 지속합니다. 어쩌면 처음에도 그랬던 것처럼 배우자를 자기 인생에 특별한 존재로서 인식하거나 서로를 선택하는 과정을 구체적으로 의식하지는 못한다 할지라도 여전히 선택을 계속합니다. 우리는 서로를 신뢰하고, 의지하고, 미래를 함께 설계할 것을 선택합니다. 우리의 삶과 생각들을 함께 나누는가 하면 부분적으로는 자기 혼자만의 것으로 간직할 것을 작정하기도 합니다. 선택은 단순히 결혼관계를 지속하는 것에만 한정되지 않습니다. 테니스 경기를 하든, 세상사에 관한 의견을 나누든, 또는 문제를 해결해 나가는 과정에 있어서 언제나 상대방을 자신의 동반자로 선택하는 것입니다. 선택은 스스로에게 "나는 ……를 선택한다"라고 말하는 계속적인 과정입니다.

Ⅳ. 당신이 오늘뿐만 아니라 영원한 결혼 배우자로 선택하는 사람에게 다음과 같은 고백을 하시오. 하나님을 증인으로 모시고 다음 문장을 지금 큰 소리로 반복하여 읽으시오.

나, __________는 __________를 오늘뿐만 아니라 남은 여생의 영원한 언
(당신의 이름) (배우자의 이름)
약 동반자로 선택합니다.

당신이 매일 당신의 배우자를 새롭게 선택하는 이유 중에는 당신들이 처음에 가졌던 관계에 기인하는 것들도 있습니다. 당신의 배우자는 처음에 기대했던 대로 당신에게 있었던 꿈과 필요들을 변함없이 잘 충족시켜 주었을 수도 있습니다. 그러나 이러한 꿈이나 필요들은 점점 변하게 마련이며 사람들도 저마다 그와 함께 변하게 됩니다. 전에는 당신에게 특별하게 다가왔던 배우자에 관한 어떤 것이 이제는 당신들의 결혼생활이나 부부가 함께 변화됨에 따라 그것도 자연스럽게 변합니다.

그러므로 우리는 종종 서로에게 연애시절에 있었던 달콤한 순간들을 기억하게 할 필요가 있습니다. 그 때 서로에게 얼마나 특별한 존재였는가를 회상하며 음미할 수 있도록 해야 합니다.

그리고 우리는 왜 여전히 다른 모든 사람들을 제치고 오직 당신만을 선택했는지에 대해서도 이야기할 필요가 있습니다. 이 세상에 자신의 배우자와 같은 사람은 하나도 없습니다! 당신의 배우자가 오늘 당신의 필요를 충족시키는 데 있어서 그 양상이나 방법이 처음과 여전히 동일할 수도 그렇지 않을 수도 있습

니다. 현재 당신의 배우자가 다른 모든 사람과 구별되는 특별한 존재입니까? 어떤 면에서 그렇습니까?

Ⅴ. 다음의 각 질문을 읽고 스스로에게 대답해 보시오.

① 요즈음 당신의 마음을 끄는 당신 배우자의 매력은 무엇입니까? 당신 부부가 함께 공유하는 관심이나 활동은 무엇입니까?

② 당신 부부가 함께 나눈 바 있는 현재 당신의 인생에 대한 꿈과 목표들은 무엇입니까?

③ 당신 배우자와의 대화 관계를 설명하시오. 가장 대화하기 좋은 때는 언제입니까?

④ 당신 배우자와 당신과 다른 점은 무엇입니까? 그 차이점들에 대해 어떻게 생각합니까?

⑤ 당신이 고치기를 원하는 약점들은 무엇입니까? 당신 자신이 원하는 사람이 되도록 당신 배우자가 어떻게 도와주고 있습니까?

⑥ 당신의 결혼은 당신 부모님의 결혼과 비교해 볼 때 유사합니까, 아니면 다릅니까?

⑦ 당신의 배우자 선택에 대한 가족들이나 친구들의 의견은 어떠했습니까? 그들의 반응이 배우자에 대한 당신의 느낌에 어떠한 영향을 끼쳤습니까?

⑧ 당신의 결혼생활에 대해 당신이 가장 염려하고 두려워하는 사태가 일어나지 않도록 조치를 취하고 있습니까? 그러한 두려움이 미래를 생각할 때마다 여전히 당신을 압도하고 있습니까?

언약결혼에 있어서 중요한 점은 부부가 서로의 독특성을 인정하고 존중해 주는 것입니다. 그러나 서로에게 독특하고 특별한 존재가 된다는 것이 곧 연애시절이나 결혼 초기 때처럼 두 사람이 전적으로 서로에게만 집착하고 몰두하는 것을 뜻하지는 않습니다. 그 때를 돌이켜보십시오. 그 때에는 상대방이 하는 한마디 한마디에 신경을 곤두세우고 듣지 않았습니까? 상대방의 눈과 행동들을 뜨겁게 주시하면서 서로에 대한 사랑의 흔적을 찾으려 하곤 했었습니다. 오로지 둘만이 함께 있기를 원했었습니다. 그 외의 어떤 것도 중요하게 여겨지지 않았습니다.

연애 시절이나 당신의 결혼 초기의 생활이 이와 같았을 것입니다. 그러나 그 이후로도 언제까지나 서로만이 이 세상의 전부인 양 생각하고 또 그렇게 되기를 기대한다면 당신의 결혼생활은 결국 두 가지 문제에 직면하게 될 것입니다.

1. 상대방의 말이나 행동 하나하나에 지나치게 예민한 반응을 보인다.

상수는 이사회에 보고할 보고서를 작성하기 위해 지난 며칠 동안 집에서 작업을 해왔습니다. 사무실에서 보고서 작성을 하면 방해받기가 쉬우므로 그것을 피해 집에서 했던 것입니다. 그리고 이제 내일이면 보고를 해야 하므로 오늘 모든 준비를 끝내야 했습니다.

그런데 2시에 어떤 사람이 집에 벌레가 있는지 검사한다며 와서 그의 일을 방해했습니다. 그후 2시 30분에는 일곱 살 난 아들 준이의 선생님으로부터 준이가 열이 있다는 전화를 받고 학교에 갔다가 아이를 데리고 소아과 병원으로 데려가야 했습니다. 그리고 진찰과 처방약을 받고 집에 돌아와 쉬게 하고 있는데 네 번이나 초인종이 울렸습니다. 근처에 살고 있는 친구들이 준이가 놀러 나가지 않으니까 왜 그런가 싶어 찾아온 것입니다.

그의 아내 진영이가 5시 30분에 집에 왔습니다. 그녀는 이내 남편의 기분과 상태가 별로 좋지 않다는 것을 눈치챘습니다. 그녀는 남편이 작업하는 동안 그가 좋아하는 음식을 정성껏 요리하여 저녁식사를 준비했습니다. 상수는 식사를 하는 동안 거의 말을 하지 않았습니다. 진영은 무엇이 잘못되었는지 그 이유를 도대체 알 수가 없었습니다.

준이가 잠자리에 든 후에, 진영이는 다시 보고서 준비를 끝마치기 위해 방으로 들어가는 상수와 거실에서 마주쳤습니다. 진영은 남편을 껴안았습니다. 그러나 그는 그러한 그녀의 팔을 풀며 지나가려 했습니다. 그녀는 한 대 얻어맞은 것 같은 느낌이었습니다. "왜 그렇게 화난 사람처럼 쌀쌀맞게 대하시죠? 제가 뭘 어쨌게요?" 그러자 상수가 대답했습니다. "화나지 않았소. 그냥 할 일이 많아 그런 것뿐이오." 진영이가 되받아 말했습니다. "나를 알아주는 의미에서 잠시 껴안고 저녁식사 잘했다는 말도 못해 주세요? 그것이 그렇게 어려운가요? 당신이 나를 사랑한다면 최소한 제게 왜 화를 내고 있는지 말 좀 해 보세요." 상수가 퉁명스럽게 대답했습니다. "당신도 날 사랑한다면 최소한 내가 어떠한 압박감에 시달리고 있는지 정도는 알고, 나를 힘들게 하기보다는 뒷바라지를 좀더 잘 해줄 수 있을거요."

이 대화를 잘 보면 상수와 진영이가 상대방의 말과 행동에 아주 예민하게 반응하고 있는 것을 알 수 있습니다. 두 사람은 상대방이 "나는 지금 당신과 함께 있고 싶지 않소"와 같이 말하는 것으로 들었습니다. 두 사람의 필요는 전혀 충족되지 못한 채 겉돌았습니다. 두 사람은 관계의 장애를 느꼈고 그것은 상대방이 배우자로서 할 일을 제대로 하지 않은 데에서 기인한 결과라고 생각했습니다.

자기 배우자의 행동 하나하나를 아주 예민하게 받아들이는 데 있어서의 문제는 오늘날 대개의 부부들이 자신들만이 아니라 저마다 다른 많은 사람들과 일들에 관계해야 한다는 사실에 있습니다.

우리는 때때로 직장에서 원치 않는 좌절을 맛보기도 하고, 집안일이 계획대로 되지 않을 때도 있습니다. 어린 자녀들이나 몸이 불편하신 연로한 부모님들로 인해 걱정하기도 합니다. 그리고 이 외에도 다른 많은 문제들이 당신의 배우자로 하여금 짜증스럽고 화난 것처럼 거리감을 느끼게 할 수 있습니다. 아침에 상쾌한 기분으로 활기차게 일어나 남편에게 말을 거는 아내의 경우에 남편이 자고 일어난 후 두 시간 동안은 그럴 기분이 들지 않는 사람이라면 그녀는 아마 자신이 사랑받고 있지 않다고 느낄 것입니다. 그녀가 자신의 상냥한 아침인사에 남편이 무뚝뚝하게 반응하는 것을 너무 예민하게 받아들인다면 그로 인해 상처를 받게 될 것입니다.

우리는 "당신이 나를 사랑한다면, …… 할 거예요"라고 말할 때, 자신이 상대방의 전부가 되기를 기대하고 있기 때문에 그렇게 말한다는 것을 알아야 합니다. 우리는 서로의 기대와 때로 그 기대에 부응하지 못할 때에 오는 갈등을 잘 이해하고 조절할 필요가 있습니다. 그리고 기억해야 할 것은 이러한 것들이 자기 배우자의 사랑과 헌신을 테스트하는 척도가 되어서는 안된다는 것입니다. 상수와 진영이는 자신이 다른 문제들로 인해 마음의 여유를 잃거나 중압감을 느낄 때, 또는 잘 준비된 식탁에 대해 칭찬할 필요가 있을 때 자신의 생각을 상대방에게 어떻게 전달해야 하는지 배울 필요가 있습니다. 또 잠시 동안이라도 서로를 껴안고 다독거리거나 서로의 생각들을 간단히 나눌 줄도 알아야 합니다. 이러한 것은 "나를 사랑하세요"와 같은 문제가 아니라 서로의 필요와 기대를 채우기 위해 어떻게 함께 노력하는가의 문제입니다.

Ⅵ. 당신을 향한 당신 배우자의 사랑을 시험하기 위해 "테스트형 질문"을 하게 되었던 사건 중 한가지를 소개하십시오.

____

다음 중에서 당신은 어떤 방법으로 이러한 상황을 개선할 수 있겠는지 있는대로 골라 체크하시오.

이런 문제가 다시 발생한다면,

______ 나의 배우자가 나를 깊이 사랑하고 있다는 사실을 생각하겠다.

______ 감정적이기보다는 이성적인 태도로 반응하겠다.

______ 나의 태도를 점검하고 관계 테스트형의 사건으로 몰고 가지 않겠다.

______ 천천히 하나에서부터 열까지 세며 마음의 여유를 갖겠다.

______ 배우자에 대한 특별한 사랑과 인내를 달라고 기도하겠다.

_____ 배우자에게 내가 왜 사랑과 관심을 받지 못하고 있는 것처럼 느끼는지 에 대해 이야기하겠다.

2. 서로에게만 집착하여 주변세계에 대해 무관심하거나 멀어진다.

하나님은 이스라엘 민족과 언약을 맺으실 때 그들로 하여금 제사장적인 나라가 되어 주변 세계의 모든 민족들을 섬기게 하려는 의도를 갖고 계셨습니다(출 6:5). 하나님과만 유일하고 개별적인 관계를 갖도록 부르신 것이 아니었습니다. 언약결혼은 세상으로부터 둘만의 세계로 은거하는 것이 아니라 세상을 향한 협동 사역의 전진기지가 되어야 합니다. 언약결혼의 사역은 한 부부로서, 또 개별적인 부르심을 받은 한 개개인으로서 서로를 돕는 가운데 수행됩니다. 제5과와 6과에서는 한 부부로서의 협동 사역에 대해 초점을 맞추고 있습니다. 그리고 여기에서는 서로의 개별적 소명을 돕는 언약결혼의 역할에 대해 공부하고자 합니다.

언약부부는 저마다 그리스도인인 한 개인으로서의 부르심을 받은 개별적 존재들입니다. 예수님은 안드레와 베드로, 야고보와 삭개오를 부르신 것처럼 우리들도 개별적으로 부르십니다.

그러므로 언약결혼의 당사자들에 있어서 그들이 해야 할 중요한 역할은 한 개인으로서 부르시고 소명을 주신 하나님의 그 부르심에 순종하고 소명을 성취해 가도록 서로를 격려하고 지원하는 일입니다.

Ⅶ. 부부가 서로 상대방을 독차지하고 그의 전부가 되려 하는 데에서 오는 두 가지 문제를 다음 빈 칸에 써 넣으시오.

① 상대방의 _______이나 _______하나하나에 지나치게 ________을 보인다.

② 서로에게만 ________하여 _______에 대해 _________하거나 멀어진다.

개별적인 존재로서의 언약부부

우리는 하나님께서 주신 여러 가지 선물들과 그에 따르는 책임들에 대해 단독적으로 그 앞에 나아가 응답해야 합니다. 하나님은 우리를 보시며, "너는 네 남편 동준의 반쪽이구나"와 같은 식으로 말씀하시지 않습니다. 우리는 누구도 하나님 앞에서 자신이 하나님의 뜻에 합당한 삶을 살지 못한다고 하여 배우자를 향해 그 책임을 묻거나 그를 비난하는 등의 일을 할 수는 없습니다. 우리는 각기 그리스도 몸의 개별적인 존재들로서의 지체들입니다(고전 12:27). 당신과 당신의 배우자는 각각 그리스도 몸의 지체로서 다른 어떠한 사람과도 구별되는 독특한 존재입니다. 아울러 각각 하나님의 일을 하는 데 사용되도록 필요한 자질과 재능들도 부여받았습니다(고전 12:4-5).

Ⅷ. 다음은 당신의 재능과 자질에 대한 지각정도를 알아보려는 것입니다. 각 빈 칸에 "예"나 "아니오"로 대답하시오.

_____ ① 나는 최소한 두 가지 정도의 재능을 갖고 있다고 생각한다.

_____ ② 나는 종종 내게 주신 능력들에 대해 하나님께 감사드린다.

_____ ③ 나는 다음과 같은 문장에 쉽게 대답할 수 있다. "나는 ……때문에 특별한 존재이다."

_____ ④ 나는 내 자신이 가족을 위해 기여하고 있는 세 가지 중요한 일들을 말할 수 있다.

_____ ⑤ 나는 교회에서 여러 방면으로 나의 은사들을 사용하고 있다.

만약 당신이 세 가지 이상에 "예"라고 대답했다면 하나님과 자신과 다른 사람들에 대해 바른 사랑의 관계를 맺고 있는 것입니다.

예수님은 우리의 온 마음과 목숨과 뜻과 힘을 다하여 주 하나님을 사랑하라고 명령하셨습니다. 그러나 우리는 모두 서로 다른 독특한 존재이기 때문에 우리 각자가 어떻게 그 사랑을 실천해 보여야 하는지에 대해서는 구체적으로 언급하지 않으셨습니다. 우리는 철저하게 우리의 모든 것을 다하여 하나님을 사랑해야 합니다. 즉 놀랍게 만들어진 우리 모습 그대로, 그 다양한 차이들을 다 동원하여 저마다 하나님을 사랑하고 섬겨야 합니다. 한 개개인으로서 삶의 전 영역을 통해서 하나님을 향한 우리의 사랑을 표현해야 합니다. 마가복음 12:29-30을 읽고, 하나님을 "……을 다하여" 사랑하라는 그 말씀이 당신 개인에게 어떠한 의미를 주는지 생각해 보십시오.

· 나의 마음을 다하여 - 나의 정서적인 감정과 느낌을 다하여 하나님을 사랑한다. (나는 어떠한 사랑과 열정과 때로는 분노를 가지고 다른 사람과의 관계나 내 주변 세계의 변화를 위한 일에 뛰어드는가?)

· 나의 목숨을 다하여 - 내 인생의 궁극적인 의미와 목적으로서 하나님을 사랑한다. (내 인생의 우선순위를 차지하는 목표들이 나를 향하신 하나님의 의도와 일치하는가?)

· 나의 뜻을 다하여 - 내 지성과 생각을 다하여 하나님을 사랑한다. (나는 텔레비전을 보거나 책을 읽거나 공부할 때 어떤 내용의 것을 택하는가? 나는 배움의 기회들을 어떻게 사용하고 있는가? 또 배운 것들을 삶에 어떻게 적용시키는가?)

· 나의 힘을 다하여 - 내 몸을 다하여 하나님을 사랑한다. (나는 음식 조절과 운동, 휴식 등을 통하여 나의 몸을 충분히 잘 관리하는가? 나의 몸이 영적인 상태, 즉 하나님과의 관계와도 밀접한 연관성을 지니고 있다는 사실을 인식하는가?)

Ⅸ. 앞에서 제기된 문제들을 공부하는 과정에서 당신은 여러 영역에서 개인적인 성장이 필요하다는 것을 인식했을 것입니다. 당신이 변화되기를 원하는 것 두 가지를 적으시오.

① ________________________________

② ________________________________

이러한 변화를 위해 배우자에게 도움을 요청하시겠습니까? 그렇다면 당신 배우자가 어떻게 당신을 도울 수 있겠습니까? 구체적으로 적어보십시오.

① ________________________________

② ________________________________

우리의 모든 것을 다해 하나님을 사랑하는 것은 매우 중요합니다. 그러나 이것만으로는 가장 중요한 계명이 무엇이냐는 질문에 대한 예수님의 대답을 다 충족시킬 수 없습니다. 예수님은 하나님을 향한 사랑에 대해 이웃을 자기 몸처럼 사랑하라고 말씀하셨습니다(막 12:31).

우리는 저마다 한 개인으로서 이웃, 즉 자신의 배우자를 포함하여 모든 사람들과 더불어 자신의 인생을 살아가도록 부르심을 받았습니다. 우리가 이렇게 하기 위해서는 먼저 자기 자신을 사랑할 수 있어야 합니다. 먼저 하나님의 선물로서 자기 자신의 가치를 인정하고 받아들이지 않는다면 배우자나 세상을 향한 희생적 사랑도 있을 수 없습니다. 그러므로 부부가 해야 할 중요한 책임 중의 하나는 서로의 가치를 존중해 주고 "자기 자신을 사랑"하도록 서로가 격려하는 것입니다.

Ⅹ. 당신은 지난주에 어떻게 당신 배우자의 가치를 확인시켜 주었습니까? 어떤 구체적인 경우를 떠올릴 수 없다면 오늘 그렇게 할 것을 작정하지 않으시겠습니까?

예 ______ 아니오 ______

어떻게? ________________________________

하나님을 사랑하고 또 이웃을 사랑하라는 예수님의 이 두 가지 명령을 연결하여 언약결혼에 적용하는 데에는 여전히 좀더 생각해 보아야 할 중요한 문제들이 남아있습니다. 예수님은 이 두 계명을 동전의 양면과 같은 것으로 생각하셨습니다. 우리는 이웃을 사랑하지 않고서 하나님을 사랑할 수 없습니다. 아울러 하나님을 사랑하지 않고서는 이웃도 사랑할 수 없습니다. 사랑의 이러한 두 측면은 결혼관계에서도 창조적인 긴장을 가져다 줍니다. 하나님에 대한 사랑은 우리의 개별성을 강조합니다. 그러나 이웃에 대한 사랑은 서로의 관계를 강조합니다. 결혼관계의 성장은 바로 이러한 두 가지 측면의 균형을 잘 유지하는 데에서부터 비롯됩니다.

핵심적인 두 가지 측면

마음을 다하고, 목숨을 다하고, 뜻을 다하고, 힘을 다하여 하나님을 사랑한다고 하는 것은 한 개인의 성장, 곧 그 사람을 향해 하나님께서 의도하고 계시는 삶으로 그가 나아가는 문제를 다루고 있는 것입니다. 다시 말하면 개별성의 문제는 우리 각자가 한 개개인으로서 하나님께서 원하시는 사람이 되어가기 위한 도전입니다.

그러나 이것이 우리 삶의 유일한 목표가 될 수는 없습니다. 이것은 이웃을 자기 몸같이 사랑하는 것과 균형을 이루어야 합니다. 즉 개별성의 성숙은 서로의 필요를 돌아보고 서로의 관계를 보양하는 것과 병행되어야 합니다. 개별성의 성숙이나 상호관계의 성숙, 어느 것도 이 두 가지가 조화를 이루는 것보다 더 바람직한 것은 없습니다.

이러한 양상은 결혼생활에서 상호 긴장관계에 있는 듯하지만 서로 조화와 균형의 관계를 유지하고 있는 두 가지 측면의 과정으로 나타나고 있습니다. 그 중 하나는 한 개개인으로서의 독특성이고, 다른 하나는 한 부부로서의 연합입니다.

개별성

두 개의 서로 다른 나라가 상호간의 자원과 유익을 위하여 동맹국가가 되는 것처럼, 언약결혼도 어떤 의미에서는 부부간의 동맹에 의한 결속이라 할 수 있습니다. 부부는 결혼 후에도 한 개별적인 존재들로서 자신의 독특성을 그대로 유지합니다. 저마다 직장, 친구들, 취미생활, 교회나 사회에서의 활동과 그에 따른 책임 등 자기만의 고유한 영역을 간직합니다. 부부는 자신의 개인적인 은사 내지는 재능들을 사용하고 개발하면서 서로를 격려하고 지원합니다. 배우자가 "자기 자신을 사랑"하도록 격려합니다. 이것은 곧 서로를 사랑하는 한 과정이기도 합니다. 서로를 돕고 성원합니다. 항상 같이 행동하고 활동하지는 않지만 상대방이 하는 일에 특별한 관심을 갖고 주시하며 동참합니다.

개별성은 언제나 결혼생활에 어떤 변화를 가져올 수 있는 가능성을 제공해 줍니다. 부부는 각자의 개별성을 통해 보다 유연하고 융통성 있는 관계를 형성할 수 있습니다. 어렵고 힘든 상황에 직면한다 할지라도 두 사람의 재능과 각자의 독특한 특성들에 의해 좀더 그 상황을 잘 극복할 수 있는 가능성과 경험적인 여유를 얻을 수 있습니다. 우리 각자는 자신의 결혼생활에 어떤 변화를 가져올 수 있습니다. 당신은 한 사람의 개별적인 존재로서 부부가 함께 직면하는 불완전한 일들과 문제들에 대해 흔히 하는 것과는 다른 예상치 못했던 당신만의 방법으로 그것들을 다루어 갈 수 있습니다.

개별성에는 신뢰가 수반되어야 합니다. 부부가 각각 자기를 향한 부르심에 따른 삶을 살고 자신의 재능을 개발하기 위해서는 서로에 대한 신뢰가 있어야 합니다. 도움이 필요할 때면 언제나 함께 있어 도움을 주며, 함께 있지 않을 때에라도 서로의 언약에 충실할 것을 신뢰할 수 있는 마음이 서로에게 있어야 합니다.

XI. 당신이 혼자 하기를 원하는 것들은 무엇입니까? 이처럼 당신이 혼자 행동하는 것에 대해 당신의 배우자는 어떻게 생각하고 있습니까? 당신의 배우자로 하여금 소외감을 느끼지 않게 하기 위해 어떻게 하면 당신의 개별행동에 대해 좀더 많은 것을 나눌 수 있겠습니까?

연합

결혼에 있어서 연합의 과정은 두 나라가 하나로 되어 한 국민이 되는 것처럼 "당신과 나"가 "우리"로 되는 과정입니다. 연합은 두 사람이 함께 어떤 일을 해나가고, 가정의 중대한 일들을 함께 결정해가는 과정을 통해 이루어집니다. 서로의 생각과 태도, 삶의 공간을 함께 나누며 이루어 갑니다.

연합은 서로의 일체감을 구축해 줍니다. 연합은 두 사람의 부부관계를 더 심화시켜 줍니다. 함께 기억에 남는 삶을 창출해 갑니다. 부부는 삶을 함께 경험하고 나누는 과정을 통해 서로를 잘 이해하게 됨에 따라 상대방이 어떤 말을 하기 전에 이미 그 심중을 헤아려 눈치채게 됩니다. 우리는 혼자가 아닙니다. 함께 세계를 향해 부딪혀 가고 그에 따르는 모든 문제와 슬픔, 기쁨을 함께 체험하며 살아갑니다.

연합은 서로의 차이를 극복하는 능력을 필요로 합니다. 부부가 저마다 한 개인으로서 활동하며 살아간다면 그들은 의견의 차이에 잘 적응할 것입니다. 그러나 한 부부로서 모든 문세를 함께 처리하며 살아가려 할 때 그러한 차이들은 문제가 될 수 있습니다. 재정 지출이나 자녀 양육의 문제에 있어서 어떤 부부들은 각자의 일을 분담하여 그에 대한 책임을 집니다(개별성). 이 모든 일을 함께 처리해 가려 할 때 서로가 어떤 합의에 도달하기란 그리 쉬운 일이 아닙니다(연합).

XII. 당신이 다른 사람과 조화를 이루어 어떤 일을 함께 해 나갈 수 있는 능력의 정도를 스스로 평가해 보시오. 당신의 판단에 따라 적합한 번호에 동그라미 하시오.

	그렇다	때때로	대개	전혀 아니다
① 상대방의 견해를 알아본다	1	2	3	4
② 의심의 여지를 둔다	1	2	3	4
③ 이유없이 반대한다	1	2	3	4
④ 용서한다	1	2	3	4
⑤ 주고 받고, 지시하고 지시받는다	1	2	3	4
⑥ 상황이나 관계 당사자의 변화에 따라 다시 절충한다	1	2	3	4
⑦ "내가 틀렸다"라고 말할 용의가 있다	1	2	3	4
⑧ 문제를 풀어나가되 상대방을 비난하지 않는다	1	2	3	4

당신이 동그라미한 점수를 합해 보시오. 16점 이하이면 당신은 다른 사람과 함께 일을 잘할 수 있는 많은 가능성을 가지고 있는 것입니다.

부부간의 개별성과 연합에 의해 파생되는 관계 유형을 이해하기 위해, 방에 도배를 하는 문제를 생각해 봅시다. 개별성을 강조하는 부부라면 한 사람이 도배지를 사오는 동안 다른 사람은 벽에 걸린 사진을 떼고, 벽에 난 구멍을 메꾸는 등 도배할 준비를 합니다. 그리고 나서 한 사람은 도배를 하고 다른 사람은 아기를 보는 등의 일을 할 것입니다. 그들은 함께 일을 하되 각자의 능력에 맞게 그것을 개발시키거나 사용하는 방향으로 일을 분담하여 할 것입니다. 그리하여 많은 시간을 따로 떨어져서 일하기도 합니다.

그러나 이 일을 연합하여 처리하기를 원하는 부부는 도배지를 사러 갈 때도 함께 갈 것입니다. 한 사람은 붙잡고 다른 사람은 자르고, 한 사람은 풀칠하고 다른 사람은 붙이고, 한 사람은 도배지 위쪽을, 다른 사람은 아래쪽을 잡아 붙이는 등 모든 일들을 함께할 것입니다. 그들은 한 기계의 두 부분이 같이 작동하는 것처럼 함께 일처리를 합니다.

어느 것이 더 좋은 방법이겠습니까? 그 대답은 어느 것도 그 하나만으로는 좋지 않다는 것입니다. 우리는 많은 경우에 어느 한 방법을 통해 그것들을 처리하려 합니다. 그러나 건강한 결혼을 위해서는 이 두 가지 방식이 다 필요합니다.

때에 따라서는 부부가 함께 일처리를 하고, 때론 개별적으로 할 때도 있어야 합니다. 하지만 대부분의 부부는 이 둘 중 어느 하나에 편중해 있는 것이 사실입니다. 어떤 부부는 서로를 깊이 사랑하는 가운데 자신들의 생각과 느낌을 허심탄회하게 털어놓는 것을 좋아합니다. 그러면서도 그들의 에너지와 시간의 대부분은 저마다 자신들의 필요에 따라 분리하여 사용합니다. 반면에 어떤 부부들은 모든 것을 함께하기를 좋아합니다. 그들은 서로 떨어질 수 없고 떨어져서는 아무것도 할 수 없을 것 같은 부부들입니다.

XIII. 다음 중에서 당신 부부가 개별적으로 맡아 하는 일에는 ○표, 함께하는 일에는 △표를 하시오.

______ 자동차 관리	______ 청구서 지불
______ 집안일	______ 아기 보기
______ 잔디 가꾸기	______ 시장 보기
______ 교회 일	______ 사회 참여

당신의 결혼생활은 당신 부부가 어느 유형에 강조를 두느냐에 따라 크게 달라질 것입니다. 개별적인 성향을 가진 부부에게 있어서의 개별적인 일처리는 그들로 하여금 많은 일들을 잘할 수 있게 할 것입니다. 이들은 분담을 통해 일처리를 하는 사람들입니다. 아내는 잔디를 가꾸고, 남편은 집안을 손질하고 고장난 곳을 수리합니다. 반면에 부부의 연합을 강조하는 부부들은 매일의 삶속에서 일어나는 구체적인 일들을 함께함으로써 일체감을 맛봅니다. 그들은 함께 시장보러 다니고, 함께 세탁물을 정리합니다. 이처럼 함께 일하면서 서로의 생각과 느낌을 나누는 시간을 갖습니다.

어떤 사람들은 지나치게 어느 특정한 장점만을 고려하여 한가지 방법만을 고수하는 경우가 있습니다. 그렇게 되면 그 장점은 그 부부에게 있어서 도리어 약점이 될 수 있습니다. 개별적인 행동 방식만을 강조하는 부부들은 그 결혼 생활이 분리되어, 밤에 스치고 지나가는 배와 같은 느낌을 받게 될 수도 있습니다. 더이상 함께 공유하고 있는 것이 없다고 생각할지도 모릅니다. 그들은 점점 멀어지게 됩니다.

연합만을 강조하는 부부들은 생활하고 일을 하는 데 있어서 경직된 관계 유형을 발전시키므로 서로의 필요나 환경이 변화될지라도 여전히 그 방식은 변화시키기가 어렵습니다. 예를 들어, 한 사람이 아프거나 없으면 다른 상대방은 아무것도 제대로 할 수가 없습니다. 상대방이 없이는 어떤 결정이나 행동을 취하지 못합니다. 상호간의 의견 불일치나 갈등은 치명적인 영향을 주어 두 사람의 관계를 위험하게 합니다.

XIV. 다음 질문에 당신의 말로 답하시오.

개별성만을 강조하는 부부에게 있어서의 잠재적인 위험성은 무엇입니까?

연합만을 강조하는 부부에게 있어서의 잠재적인 문제점은 무엇입니까?

이러한 두 가지 방식의 균형을 정확하게 유지할 수 있는 부부는 없습니다. 서로를 향한 부부관계는 결혼생활의 각 단계에 따라 조금씩 달라질 수 있습니다. 예를 들어, 갓 결혼한 부부는 대개 연합의 정도가 매우 강합니다. 그들은 모든 일을 함께 처리합니다. 조그만 갈등이라도 큰일처럼 여깁니다. 그러나 어린 자녀들을 둔 부부들은 대개 연합적 관계보다는 협력적 관계를 유지합니다. 책임을 가지고 일을 분담하여 하지 않는 한 점점 증대되는 가정 일들을 감당할 길이 없기 때문입니다. 개별성이나 연합이나 어느 것도 하나만으로는 충분하지 않습니다. 균형을 이루어야 합니다.

XV. 다음의 연장선상에 당신 부부가 처음 결혼했을 때의 관계 유형을 나타내는 적합한 위치에 조그마한 점을 찍으시오.

개별적 연합적

그리고 연장선상에 현재의 관계 유형을 X로 표하시오.

당신 부부의 기본적인 관계 유형에 어떤 변화가 있었습니까? 있다면 보다 바람직한 변화였습니까, 아니면 바람직하지 못한 변화였습니까?

어느 추운 겨울밤에 두 마리의 고슴도치가 함께 잠을 청하고 있었습니다. 그들은 서로의 체온으로 몸을 녹이기 위해 가능한 한 가까이 붙어 자기를 원했습니다. 그러나 가까이 붙으니까 몸에 난 가시가 그들을 서로 찔렀습니다. 그래서 멀리 떨어지니까 매우 추워졌습니다. 그래서 그들은 오랜 시간을 통해 가까스로 서로의 체온을 유지하면서 가시로부터의 고통도 줄일 수 있는 적당한 위치와 자세를 찾을 수 있었다고 합니다.[1]

XVI. 당신 부부가 함께 합의한 바 있는 한가지 목표를 생각해 보시오. 그 목표를 여기에 적으시오.

---

① 당신의 재능 중에 이 목표를 달성하는 데에 도움이 될 수 있는 재능은 무엇입니까?

---

② 이러한 목표를 위해 당신의 배우자가 사용하고 있는 재능은 무엇입니까?

③ 이러한 목표달성을 위해 당신이 택할 수 있는 최선의 단계는 무엇입니까? 개인적으로?

함께?

④ 당신은 이러한 과정을 통해 드러나는 당신 배우자의 공헌을 어떻게 확증할 수 있겠습니까?

1. 조셉 W. 맥스웰, "결혼생활 향상을 위한 합리적 - 정서적 접근", 「가정을 견고하게 함: 실천을 위한 청사진」, 닉 스티넷, 바바라 체서, 존 디프레인 편(링컨: 네스래스카 대학 출판부, 1979).

요점정리

결혼한 사람들이 처음에 어떠한 이유들 때문에 서로를 선택했든지 간에 현재 지향적인 언약관계를 유지하기 위해서는 계속적으로 서로를 선택하는 과정이 따라야 합니다. 언약부부는 상대방의 말이나 행동 하나하나에 지나치게 예민한 반응을 보여서 대화가 상대방의 사랑을 시험하는 질문형식으로 되지 않도록 해야 됩니다. 동시에 서로에게만 집착함으로써 주변 세계에 대해 무관심하거나 멀어져서도 안됩니다.

결혼관계는 일의 성격이나 상황에 따라 개인적인 노력과 공통의 연합적인 노력을 하는 두 가지 방식을 수용해야 합니다. 언약부부는 개별성과 연합의 균형적인 관계를 추구함으로써 가정 생활의 책임을 적절히 나누어야 할 것입니다.

부부는 두 사람의 관계 속에서 서로의 재능과 자질을 존중하고 돌봐주어야 합니다. 그로 말미암아 그들은 저마다 이 세상을 향한 하나님의 종으로서의 독특한 부르심을 이루어 갈 수 있게 됩니다.

연습문제

이 연습문제는 당신이 제3과의 학습목표를 달성했는지 여부를 스스로 점검하도록 준비되었습니다. 각 물음에 성실하게 답하시기 바랍니다. 정답은 마지막 질문 다음에 있습니다.

1. 다음 중 전인격적 존재로서 결혼관계를 유지하는 사람이 되는 것의 의미를 가장 잘 정의한 것은 무엇입니까?

① 나의 존재 전체로 하나님을 사랑하는 것이다.

② 자신을 중요한 목적과 가치를 지닌 존재로 인식하고 사랑하는 것이다.

③ 자신을 사랑함으로 배우자에게 사랑으로 대하는 것이다.

④ 위의 모든 것이다.

2. 다음 중에서 언약결혼의 관계에 있는 전인격적인 부부의 특성에 해당되지 않는 것은 무엇입니까?

① 자기 배우자를 "보다 나은 다른 한 쪽"으로 간주한다.

② 서로가 이 세상의 모든 것이 되기를 기대한다.

③ 개인적인 자기 완성과 영적 성장에 집착한다.

④ 위의 모든 것이다.

3. 다음 중에서 당신 부부의 은사 내지는 재능을 가장 잘 유지, 발전시킬 수 있는 유형은 무엇입니까?

_____ ① 개별적으로만 행동한다.

_____ ② 한 부부로서 언제나 함께 행동하려 한다.

_____ ③ 개별성과 연합의 관계에 잘 조화를 이룬다.

_____ ④ 개별적으로도, 연합적으로도 행동하지 않는다.

4. 다음 중에서 당신의 결혼 배우자의 독특성을 존중해 주는 것에는 ○표, 틀린 것에는 X표 하시오.

_____ ① 배우자의 행동이나 말 하나하나를 예민하게 받아들인다.

_____ ② 배우자의 개인적인 소명을 존중하고 지원해 준다.

_____ ③ 배우자를 날마다 자신의 특별한 사람으로서 새롭게 선택한다.

_____ ④ 배우자와 함께 있기 위해 다른 모든 것으로부터 멀어진다.

5. 다음의 각 빈 칸에 당신 부부의 은사 내지는 재능들을 각각 나열하시오.

	배우자의 은사	나의 은사
①	__________	__________
②	__________	__________
③	__________	__________

당신의 답과 비교해 보시오.

1. ④ 2. ④ 3. ③ 4. ① X ② O ③ O ④ X 5. 스스로의 답

예습

두 사람이 어떻게 한 몸이 될 수 있습니까? 다음 과에서는 결혼을 통한 한 몸 됨에 대한 성경적 개념을 살펴보게 됩니다. 당신 부부는 서로간에 어떠한 필요들을 충족시켜 주고 있습니까? 서로의 약점이나 필요를 어떻게 보충시켜 주고 있습니까? 제4과에서는 이러한 호혜적인 언약관계를 언약결혼의 중요한 특성이자 장점 중의 하나로 설명하고 있습니다.

제2단원: 결혼에 대한 내적 고찰

제4과
하나됨을 기념함

개관

하나님의 형상으로 창조됨

육체나 혈통보다는 권위와 책임의 차원에서

강제가 아닌 사랑의 차원에서

나가 아닌 우리의 차원에서

하나 + 하나 = 하나

한 부부로서의 독특성

부부의 실상

부부의 두 가지 관계 유형과 그 조화

상이성의 원리

유사성의 원리

부부관계의 조화

한 부부로서의 특성와 변화를 기념함

요점정리

연습문제

예습

다른 사람으로부터 사랑받는 것보다 더 기분 좋은 일이 있을까요? 당신은 제3과, "독특성을 존중함"에서 당신 배우자의 인생에 있어서 당신이 참으로 특별하고 독자적인 위치를 차지하고 있다는 고백을 들을 기회가 있었을 것입니다. 반대로 당신도 당신 배우자에게 그러한 고백을 하였을 것입니다. 그리고 각각 한 사람의 개별적인 존재로서, 또 하나된 한 부부로서 앞날에 서로의 독특한 재능과 은사들을 유지, 증진시킬 수 있는 기회들을 함께 생각해 보았을 것입니다.

하나님께서 부르시고 의도하시는 바 그러한 사람이 되도록 서로를 돕기 위해 당신이 제안한 방법들을 생각해 보십시오. 언약관계의 삶을 산다는 것은 새로운 사고방식과 느낌, 서로 나누고 섬기는 삶으로의 흥미진진한 여행임을 기억하십시오.

개관

제4과는 기념하고 축하하기 위한 것입니다. 본 과를 통해 결혼한 부부로서의 하나됨을 기념하게 될 것입니다. 최근에 결혼을 통해 한 몸 되는 원리, 그 기적을 생각해 보신 적이 있습니까? 전혀 다른 두 사람이 하나되어 한 삶을 살게 하신 하나님의 놀라운 계획은 참으로 기뻐할 만한 이유를 제시해 주고 있습니다.

부부로서의 두 사람의 관계와 가정, 자녀, 지난 날의 추억들에 대해 이야기할 때, 우리는 이미 결혼을 통해 부부를 하나로 연결해 주는 요소들을 언급하고 있는 것입니다.

당신 부부는 서로를 위해 어떠한 필요들을 충족시켜 주고 있습니까? 어떻게 서로를 섬기며 부족한 점을 채워주고 있습니까? 당신 부부를 하나로 연결시켜 주는 요소들은 무엇입니까? 언약결혼의 원리를 적용시킴으로써 어떻게 하면 당신의 결합을 더 견고하게 할 수 있겠습니까?

학습목표

- 부부됨의 의미를 정의할 수 있다.
- 결혼을 통한 하나됨의 성경적인 개념을 설명할 수 있다.
- 결혼관계를 통해 어떤 필요들을 충족시킬 수 있는지 알게 된다.
- 현재 결혼을 통해 서로를 어떻게 보완해 주고 있는지 그 방법들을 평가할 수 있다.
- 현재 결혼관계를 견고하게 해주는 요소들이 무엇인지 함께 확인할 수 있다.

하나님의 형상으로 창조됨

하나님이 자기 형상 곧 하나님의 형상대로 사람을 창조하시되 남자와 여자를 창조하시고(창 1:27). 인간에게 있어서 남자와 여자 사이의 관계보다 더 기본적인 것은 없습니다. 그리고 남자와 여자는 물론이고 우리는 다 하나님의 형상을 입은 사람들입니다. 여기에 낯익은 하나의 연결고리가 있습니다. 우리는 제1단원에서 결혼이 성경 전체를 통해 어떻게 하나님의 언약적 사랑을 반영하고 있는가 하는 것을 살펴본 바 있습니다. 그런데 이제 우리는 창조역사를 통해서도 하나님이 어떠한 분이신가를 설명해 주는 존재로서의 남자와 여자를 보게 됩니다.

우리 안에 하나님의 형상을 닮은 요소들은 과연 무엇입니까?

Ⅰ. 다음 중에서 우리로 하여금 하나님의 형상을 닮게 하는 것은 무엇인지 적합한 말에 밑줄 치시오.

· 우리의 존재모습　　　　· 지성
· 옳고 그름의 지식　　　　· 힘
· 사랑할 수 있는 능력　　　　· 창조성
· 공의를 향한 갈망　　　　· 감정

육체나 혈통보다는 권위와 책임의 차원에서

"저것봐, 자기 아버지의 입을 꼭 빼닮았네!" 한 할머니가 갓 태어난 손자를 보고 기뻐하며 탄성을 자아냅니다. 우리는 어린아이들이 자기 부모를 "닮았다"고 말할 때에 대개의 경우 눈이나 머리색깔, 커다란 손과 길쭉한 코와 같은 부분들을 가리키며 그렇게 이야기합니다. 이것은 육체적, 혈통적 의미에서 "닮았다"라고 말하는 것입니다.

그러나 사람들이 부모를 닮는 것에는 이러한 것 말고 다른 여러 가지 면에서도 닮을 수 있습니다. 때때로 우리는 어린아이들의 행동을 보고 부모를 닮았다고 말합니다. "저 애는 낙천적이고 사교성이 많은게 꼭 제 엄마를 닮았어", "그 애는 커서 자기 아버지처럼 농부가 될거야."

창세기 1:26을 보면, 하나님께서 이렇게 말씀하셨습니다. "우리의 형상을 따라 우리의 모양대로 우리가 사람을 만들고 그로 바다의 고기와 공중의 새와 육축과 온 땅과 땅에 기는 모든 것을 다스리게 하자." 하나님께서 이렇게 말씀하시지 않은 것에 주목하십시오. "우리가 사람을 만들되 그들에게 우리처럼 두 개의 눈과 한 개의 심장을 갖게 하고, 따뜻한 피가 흐르는 동물이 되게 하자." 하나님의 말씀은 바로 이것이었습니다. "우리와 같은 사람을 만들어 내가 창조한 이 세상을 다스릴 권위와 책임을 주자."

우리가 온 세상의 피조물 위에 권위를 갖고 그것들을 돌보는 일에 책임있게 그 권위를 사용하는 면에 있어서 우리는 하나님의 형상을 입고 있는 사람들입니다. 이 세상과 우리가 이 땅에서 맺는 모든 관계들은 우리로 하여금 마음대로 사용하도록 소유물로 우리에게 주어진 것이 아닙니다. 모든 것의 소유주 되신 창조자 하나님은 우리를 창조하시되 하나님의 것들을 잘 돌보고 보살피는 자로 만드셨습니다. 그런데 우리의 주변 세계를 보십시오. 오염된 공기와 물, 핵무기로 인한 멸종의 위기, 가난과 궁핍 등을 볼 때 인간은 하나님이 주신 그 사명을 잘 감당하지 못하고 있습니다. 물론 그리스도인에게 있어서 가장 중심되는 사명은 세상의 이처럼 변질되고 오염된 상태에 관한 것만은 아닙니다. 우리는 이 땅에서 증인이 되어야 합니다. 우리는 세상에 있으나 세상에 속한 존재가 아닙니다(요 17:14-18).

어떻게 하면 하나님이 주신 권위와 책임 수행을 통해 이 피조된 세계에서 증인이 될 수 있겠습니까? 먼저 매일의 삶 속에서 우리가 주변 환경에 미치는 영향을 살펴봄으로써 이러한 작업을 시작할 수 있을 것입니다. 결혼한 부부들은 매일의 삶에 대한 결정들을 주로 함께 내리며 자신들의 삶을 형성해 가고 있습니다.

Ⅱ. 당신 부부가 이 세상을 좀더 살기 좋은 곳으로 만들기 위해 얼마나 노력하고 있는지 그 참여 정도를 체크해 보시오.

(1 = 참여하지 않는다. 2 = 보통이다. 3 = 적극적으로 참여한다.)

· 환경오염 방지를 위해	1	2	3
· 에너지 보존을 위해	1	2	3
· 천연자원 보존을 위해	1	2	3
· 멸종위기에 처한 각종 생명체들의 보호를 위해	1	2	3
· 기아 구호 활동을 위해	1	2	3
· 교회활동의 참여를 위해	1	2	3
· 자원 선교 봉사를 위해	1	2	3

이외에 긍정적인 차원에서 우리의 권위와 책임을 바로 수행할 수 있는 다른 방법들은 무엇입니까?

은영이와 영수는 하나님의 형상을 입은 그리스도인으로서 앞날이 어떻게 될지는 모르지만 이 세상에 대한 책임의식을 가지고 살기로 작정했습니다. 그들은 이 세상을 파괴시킬 수 있는 핵전쟁의 위협을 심각하게 생각하였습니다. 영수는 기술자로서 상당한 봉급을 받고 있었지만 그가 일하는 곳이 바로 핵무기를 제조하는 곳이었기 때문에 그들 부부는 이것을 옳지 않게 여겼습니다. 영수는 그 일을 그만두고 다른 직업을 찾았고, 은영이도 이 세상에 대한 하나님의 대리인으로서의 부르심에 순종하고 또 자녀들의 양육비 등을 포함한 가정의 경제적 여건을 돕기 위해 직업을 갖게 되었습니다. 그들의 행위로 인해 핵의 위협이 사라진 것은 아니었습니다. 그러나 그들의 삶은 하나님이 창조하신 이 세상에 대한 그리스도인의 책임있는 역할을 잘 보여주고 있습니다.

우리 모두가 영수 부부의 경우처럼 극적인 결정을 하게 되는 것은 아닙니다. 그렇지만 우리는 매일의 삶을 통해 우리의 주변 세계에 영향을 끼치는 수많은 결정들을 내리며 살아가고 있습니다.

Ⅲ. 당신은 어떤 특정한 사회적, 도덕적, 윤리적 입장을 지지해 보신 적이 있습니까? 그렇다면 왜 당신에게 이러한 문제에 대한 책임이 있다고 생각하셨습니까?

우리의 책임은 세상 "저편"에뿐만 아니라 세상 이편 즉 현재의 결혼관계에까지 연결되어 있습니다. 당신의 배우자는 하나님의 창조의 한 부분입니다. 당신은 당신 배우자에 대한 하나님 창조의 놀라우신 손길을 의식하며 최고의 경의로움을 표하면서 살아가십니까? 때로는 나의 유익을 위해 사용될 수 있는 존재 정도로 인식하며 대하시지는 않는지요?

강제가 아닌 사랑의 차원에서

하나님의 속성 중의 하나는 통치 영역, 즉 창조물에 대한 권위와 책임입니다. 그러나 성경에서 이것보다 더 직접적으로 강조하는 하나님의 또다른 속성이 있습니다. 그것은 하나님은 사랑이시라는 것입니다(요일 4:8). 하나님은 그의 권위로 세상을 다스리시고 책임을 다하십니다. 그러나 하나님의 본질적인 속성은 사랑입니다. 그리고 하나님의 자녀들에게 주어진 최고의 기본적인 계명도 사랑입니다. 즉 하나님과 이웃을 사랑하라는 것입니다(막 12:28-34; 마 22:36-40; 눅 10:27).

"사랑하는 자들아 우리가 서로 사랑하자. 사랑은 하나님께 속한 것이니 사랑하는 자마다 하나님께로 나서 하나님을 알고 사랑하지 아니하는 자는 하나님을 알지 못하나니 이는 하나님은 사랑이심이라"(요일 4:7-8).

우리가 하나님을 닮은 또다른 점은 우리가 어떻게 서로를 사랑하는가에 있습니다. "사랑"은 "통치"에 앞서는 개념입니다. 예를 들어, 당신은 아마 다음과 같은 말들을 들어본 적이 있을 것입니다. "그 애는 자기 엄마를 닮아서인지 사교성이 많아. 늘 혼자 있는 사람들과 친구가 되고 그들을 도와주거든." 또는 "그 애는 자기 엄마를 닮아서인지 사교성이 많아. 항상 사람들과 어울리고 자신을 드러내기를 좋아하거든." 사교적이 되는 데에는 여러 방법이 있습니다. 다른 사람을 움직이고 이끄는 데에도 여러 가지 방법이 있습니다. 하나님은 사랑이십니다. 그리고 강제로 하시는 것이 아니라 우리 죄의 결과를 말씀하시고 다독거리시면서 우리를 통치하십니다. 하나님은 뒷짐지고 명령이나 하시는 분이 아닙니다. "하나님이 세상을 이처럼 사랑하사 독생자를 주셨으니 이는 저를 믿는 자마다 멸망치 않고 영생을 얻게 하려 하심이니라"(요 3:16). 여기에 어떤 힘이 있는 것입니다.

하나님은 우리에게 영향을 주어 우리의 삶의 태도나 방법들을 변화시키기를 원하십니다. 예수님은 하나님께서 우리에게 기대하시는 이러한 모든 변화에 대해서 상관이 없으신 분이었습니다. 하나님은 우리에게 스스로 선택할 자유를 주십니다. 물론 이러한 우리들에게 가장 강력한 영향을 주는 것은 그리스도의 삶과 죽으심, 그리고 부활을 통한 희생적 사랑입니다.

우리가 결혼한 부부로서 서로에게 영향을 끼치려 할 때도 우리를 대하시는 하나님의 방법들을 닮을 필요가 있습니다. 모든 부부들에게는 저마다 상대방의 어떤 부분들을 변화시키기를 원하는 것들이 있습니다. 30초 동안만 생각할 여유를 주어도 아마 최소한 세 가지 이상 상대방이 변화되기를 원하는 부분들을 지적해낼 수 있을 것입니다. 이러한 변화는 굴러다니는 더러운 양말을 치우는 것에서부터, 잊지 않고 가계부의 지출 합계를 정확하게 기록하는 데에 이르기까지 다양할 것입니다.

당신은 배우자의 변화를 위해 어떤 방법을 사용하고 있습니까? 때때로 하나님의 방법을 따를 때도 있을 것입니다. 즉 자신이 원하는 것을 상대방에게 이야기하고 변화되기를 기대합니다. 때로는 변화를 위해 계약을 제시하고 먼저 그 첫단계를 시작할 수도 있습니다. 그러나 때로는 "당신이 이렇게 하지 않으면, 나도 ……하겠다"라는 식의 위협을 주어 억지로 상대방을 변화시키려 함으로써 자신 안에 있는 하나님의 형상을 변질시켜 버리는 결과를 초래하기도 합니다. 이처럼 우리는 상대방을 변화에로 유도하기보다는 억지를 써서 강제로 변화시키려 할 때가 있습니다. 상대방의 자유를 존중해 주지 않고 상대방을 좁은 울타리 안에 가두어 내 뜻대로 하는 것 외에는 다른 선택의 여지가 없도록 몰아붙이는 것입니다.

Ⅳ. 다음 중에서 동의하는 것에는 O표, 그렇지 않은 것에는 X표를 하시오.

_____ 하나님은 우리에게 변화될 수도, 그렇지 않을 수도 있는 자유를 주신다.

_____ 나는 나의 배우자에게 변화될 수도 있고 그렇지 않을 수도 있는 자유를 주어야 한다.

_____ 나는 배우자가 변화되지 않을 경우 억지로라도 그 사람을 변화시킬 수 있는 권리를 가지고 있다.

_____ 변화를 위한 한가지 좋은 방법은 적절한 계약을 제안하여 스스로 그 첫 단계를 먼저 실천하는 것이다.

_____ 내가 배우자에게서 기대하는 변화는 그 사람에게는 또는 우리 두 사람에게는 마음에 썩 내키는 것이 아닐 수도 있다.

_____ 때로는 내가 원하지 않는 것이라 할지라도 상대방의 개인적인 선택에 대해 그 결정을 존중해 주어야 한다.

나가 아닌 우리의 차원에서

하나님의 형상에 대한 이해에 있어서 책임이라든가 사랑이라는 말은 이미 개인적인 영역에 속한 것이 아닙니다. 우리는 한 사람을 세워놓고 그 사람의 코와 색깔 같은 것을 얼마든지 관찰할 수 있습니다. 그렇지만 여러 사람들을 홀로 세워놓고 그들의 책임이나 사랑 등에 대해 이야기한다는 것은 있을 수 없는 일입니다. 책임이나 사랑은 개인적인 차원의 것이 아니고 관계적인 차원의 것입니다. 하나님은 창세 이전부터 아들과 관계를 맺어 오셨습니다(요 1:1-2). 창세기 1장에 보면, 하나님은 인간을 창조하시되 남자 "그리고" 여자로 만드셨습니다. 여기 "그리고"에 주목해 보십시오. 우리 사이에 있는 "그리고"의 관계, 이것이 바로 하나님의 형상입니다. 나 혼자서는 하나님을 닮을 수 없습니다. 오로지 우리로서만이 그렇게 될 수 있습니다.

하나님께서 이 세상을 돌보라고 남자와 여자에게 주신 본래의 책임은 그리스도인에게 있어서 새로운 언어로 제시되었습니다. 즉 우리는 이 세상에 선교적 사명을 띠고 있는 것입니다. 서로에 대한 우리의 사랑은 세상에 있어서 교회를 향한 그리스도의 대속적 사랑을 반영하는 것이어야 합니다(엡 5:25). 우리는 현재 어떠한 사랑의 모습을 보여주고 있습니까?

Ⅴ. 당신의 결혼생활을 그림으로 묘사한다면 다음 중 어느 것이 가장 그것에 가깝는지 하나를 고르시오.

_____ 쑥쑥 자라고 있는 식물들로 가득 찬 밭의 전경

_____ 거친 파도와 바람이 부는 바다 전경

______ 초목이 무성한 푸른 섬의 조용한 바닷가
______ 살아있는 것이 별로 없는 메마른 사막
______ 경적이 울리고 사람들로 붐비는 도시의 거리

하나 + 하나 = 하나

"이러므로 남자가 부모를 떠나 그 아내와 연합하여 둘이 한 몸을 이룰지로다"(창 2:24). 우리는 각각 독특하고도 놀랍게 지어진 한 개인들입니다. 제3과에서 언급된 바와 같이, 결혼을 해도 우리는 여전히 자신의 개별성을 유지합니다. 하지만 결혼은 두 사람이 만나 한 몸, 한 피가 되는 현실적인 사건입니다. 결혼은 단순히 결혼증서로 두 사람이 연결되어 있는 것이 아닙니다. 두 사람의 개인적인 성격이나 목표, 재능, 감정, 습관 등은 마치 화가의 화판 위에 놓여진 각기 다른 색깔들과 같습니다. 이 색깔들이 어떻게 잘 배합되어 새로운 어떤 것을 만들어 내느냐에 따라 색깔만 하나하나 볼 때에는 상상할 수도 없었던 아름다운 그림이 그려지게 됩니다. 이것이 바로 결혼입니다. 색깔은 여러 가지입니다. 그림에서 한가지 한가지의 색깔들은 집어낼 수도 있습니다. 그러나 이제는 전과 다른 것이 있습니다. 그 색깔들은 서로 상대방의 한 부분이 된 것입니다. 이와 마찬가지로, 사도 바울은 우리는 서로의 지체라고 말했습니다(엡 5:28,29). 우리가 우리 자신을 사랑하는 것처럼 서로 사랑해야 합니다. 그리고 동시에 서로의 지체의 한 부분임을 잊지 말아야 합니다.

한 부부로서의 독특성

부부는 자신들의 삶을 함께 형성해 감에 있어서 서로에게서 떼어놓을 수 없는 한 부분이라 할 수 있습니다. 이 삶은 다른 모든 부부들의 삶과 다른 별개의 것입니다. 우리가 각자 독특한 한 개개인인 것처럼 우리의 결혼은 다른 모든 결혼과는 구별됩니다. 우리는 함께 각자의 필요와 재능, 목표, 관심, 지난날의 역사 등을 하나로 엮어 어떤 사람들의 것과도 다른 결혼이라는 우리만의 그림을 그려가고 있는 것입니다. 우리와 다른 부부들 간에는 수많은 차이가 있습니다.

Ⅵ. 다음의 각 문장들을 한두 줄의 말로 채워 완성된 문장으로 만드시오.

우리가 자신이 화났음을 상대방에게 알리기 위해 사용하는 방법 중의 하나는 ____ 것이다.

우리가 함께 오랫동안 목표로 삼아오고 있는 것은 ____________________

________________________________ 을 할 수 있는 것이다.

우리가 친구들에게 즐겨 말하는 이야기는 우리가 ________________ ________________________________ 했을 때에 대해서이다.

우리는 아침에 모든 것을 제대로 시작하기 위해 내가 ______________ 하는 동안 나의 배우자는 ____________________한다.

우리는 생일을 맞이했을 때 대개 ________________________ ____________________________ 하면서 그날을 기념한다.

나의 배우자가 ________________________________을 할 때 흔히 내가 아이들을 위해 하는 것은 ________________________ 것이다.

나는 배우자에게 혼자 있기를 원한다는 것을 알리고자 할 때 __________ ____________________________________을 한다.

우리의 결혼은 친한 친구들의 결혼과도 크게 다른데 그 이유는 __________ ____때문이다.

1. **서로의 감정을 교환하는 방법.** 벽장문을 힘껏 소리나게 닫은 성희가 이내 말했습니다. "일부러 그런 것은 아니었어요." 그녀가 문을 세게 닫을 때는 대개 "내가 지금 화났으니 간섭하지 말라"는 의미로 그렇게 합니다. 모든 부부는 저마다 어떤 특별한 의미나 메시지를 담은 행동 표현을 발전시켜 갑니다. 어떤 신호들은 그 부부 외에는 아무도 눈치채지 못할 것들입니다. 어떤 부부들에게 있어서, 눈썹을 치켜 올리는 것은 "애들을 일찍 재울까요?"라는 의미가 될 수 있으며, 일그러진 미소를 띠는 것은 "나는 지금 매우 분노하고 있다"는 것을 의미하기도 합니다.

2. **서로의 꿈과 목표들.** 우리는 자신들의 생활에 직접적인 영향을 미치는 꿈들을 함께 갖고 있으면서도 그것에 대해서는 구체적으로 이야기하지 않는 것이 보통입니다. 그 꿈이나 목표에 따라 시간을 사용하고 다른 물질들을 사용하는 것이 저마다 달라집니다. 돈을 절약하는 것에 있어서도 부부마다 다 다른 이유와 의미를 갖고 있습니다. 어떤 부부는 아이들을 학교에 보내기 위해 돈을 저축하고, 집을 사거나 은퇴 후의 노후 생활을 위해 그렇게 하는 사람들도 있습니다. 이뿐만 아니라 매일매일 결정하는 것도 있습니다. 즉 부부의 하루하루 생활을 결정해 주는 것으로서 균형잡힌 몸매와 건강을 유지하기 위해 조깅을 하거나 가족 친지 등을 방문하기 위해 하루 저녁을 떼어 놓는 것과 같은 것입니다.

3. **두 사람만의 추억거리와 유쾌한 대화들.** 부부는 자신들의 생의 일부분으로서 서로 많은 이야깃거리와 농담들을 주고 받으며 함께 공유하고 있습니다. "당신 열쇠를 잃어버렸을 때 생각나요?" 여기에 얽힌 이야기를 구태여 말할 필요가

없습니다. 말하지 않아도 부부는 그때의 사건을 기억하며 함께 웃게 되는 것입니다. 이처럼 부부는 자신들만의 지난 역사를 가지고 있으며, 함께 경험했던 기쁘고 슬펐던 순간들, 기억할 때마다 새롭게 가슴에 와 닿는 이야기들을 간직하고 있습니다.

4. **구체화되고 안정된 일상생활.** 부부는 자신들의 필요와 재능, 일을 처리하는 방법 등 이러한 모든 것을 통하여 그들에게 맞는 어떤 생활 양식을 형성하게 됩니다. 몇 가지 예를 들자면, 아침에 일어나고, 밖에 나가는 것, 잡다한 집안일들을 처리하는 것, 아이들을 양육하는 것, 서로의 성적 욕구를 나누는 것 등 여러 가지 면에서 자기들만의 독특한 생활양식과 리듬을 발전시켜 가는 것입니다.

5. **특별한 기념이나 그 절차.** 부부는 자기들에게 있어서 특별한 사건이나 시간에 대해 자신들 나름의 독특한 방법으로 기념하는 법을 배워갑니다. 어떤 특별한 음식이나 행동을 통해 지난 달에 있었던 순간들을 기억하게 되며, 그러한 것들은 부부가 공유하는 역사의 일부가 되어가는 것입니다.

6. **가정일에 있어서의 책임 분담.** 모든 부부는 자기들 나름대로의 방식으로 가정에 대한 책임을 수행해 갑니다. 이러한 것은 누가 쓰레기를 밖에 갖다 치우고, 누가 편지와 크리스마스 카드를 쓰는가에 이르기까지 가정에서 일어나는 모든 일에 해당됩니다.

7. **보이지 않는 제한 영역.** 모든 부부는 가정에서 자기들만의 영역인 어떤 "보이지 않는 제한 영역"을 설정해 갑니다. 어떤 책상의 위나 부엌장의 위쪽, 또는 어떤 방에 대해서는 함부로 어떻게 할 수가 없습니다. 그 곳은 둘 중 어느 한 사람의 개인적인 공간으로 설정되어 있거나 또는 함께 잡다한 물건을 수집하여 놓는 곳일 수도 있기 때문입니다. 부부는 필요에 따라 변할 수 있는 어떤 관계의 형태를 형성하기도 합니다. 즉 언제 서로를 간섭하거나 귀찮게 하지 말아야 하고 언제 함께 있는 것을 좋아하는지 등의 것들을 스스로 발전시켜 가는 것입니다.

8. **부부를 독특하게 하는 이외의 것들.** 이외에도 부부들을 구별시키는 요소들이 많이 있습니다. 부부생활을 통하여 서로의 구체적인 관심과 정치적 신념 내지는 입장을 나누며, 교회 활동을 하는 것 등이 그 예가 될 것입니다. 이 밖에 당신이 생각할 수 있는 것들이 많이 있을 것입니다.

부부의 실상

당신 부부가 과연 어떤 사람들이며 또 당신들의 결혼이 서로의 개인적인 필요들을 채우도록 서로에게 잘 맞게, 독특하게 오늘날까지 발전되어 온 것을 함께 생각해 보십시오. 그동안 부부로서 얼마나 놀랍게 변하고 성숙되었는지 함께 기뻐하고 축하할 수 있을 것입니다. 부부로서 오늘에 이르기까지 변화되고 성숙된 것은 대부분 그런 일이 일어나고 있는지도 잘 모르는 가운데 이루어졌습니다. 물론 한편으로는 서로의 필요에 합당한 독특한 관계를 발전시켜 가려는 의도적인 노력을 기울인 까닭에 이렇게 된 것도 있습니다.

Ⅶ. 부부는 때로 서로에게 맞지 않는 관계 유형을 바꿀 필요가 있습니다. 다음 중에서 당신이 의도적인 변화를 시도해 본 적이 있는 것에 체크하시오.

· 갈등을 해결함 · 스트레스를 조절함
· 상처받은 마음을 극복함 · 운동을 함
· 슬픔을 조절함 · 여가시간을 선용함

우리는 우리만의 독특한 관계들을 살펴보면서 변화되어야 할 부분이 있는지, 있다면 그것이 무엇인지를 알 수 있습니다. 당신의 부부관계는 얼마나 선명하게 하나님의 형상을 드러내고 있습니까? 서로의 필요에 대해 사랑과 관심을 가지고 대해주기는커녕 힘의 원리에 의거해서 관계를 주도하려고 하지는 않습니까? 당신 부부의 관계는 어쩌면 그리스도인으로서의 사역을 견고하게 하기보다는 도리어 장애가 되고 있지는 않습니까?

Ⅷ. 다음 중에서 당신이 부부관계를 통하여 사용해 본 적이 있거나 사용했을지도 모를 강제적 수단에 체크하시오.

_______ "침묵 요법"
_______ 돈 주머니를 쥐고 흔듦
_______ 신체적 압도
_______ 쌀쌀하게 대함
_______ 뾰로통해짐
_______ 발끈 역정을 냄
_______ 눈물을 흘림

부부의 두 가지 관계 유형과 그 조화

남극과 북극이 서로 반대편에 위치해 있으면서 서로를 잡아당기고 있는 것같이 결혼관계에도 이와 같은 양극단의 인력이 작용하고 있습니다. 우리는 제3과에서 이미 이것들을 살펴본 바 있는데, 그중의 하나는 개별성의 극단과 연합의 극단입니다. 결혼관계가 화창한 햇살이 비치는 푸근하고 아름다운 날씨가 되려면 이 두 극단의 적당한 균형이 이루어져야 합니다. 어느 쪽으로든지 한 극단으로 치우치면 그 결혼의 기후는 그리 매력적이지 못하게 됩니다. 결혼관계가 개별성의 극단에 치우치면 그 부부는 추운 기후에 서로 떨어져 있음으로 인해 그들 사이에는 "따뜻함"이 없습니다. 반면에 연합의 극단에 치우치면 그 부부는 서로에게 너무 집착함으로써 그들의 개별성은 그 추운 기후에서 "동사"하고 맙니다. 부부는 양극단 사이에서 적절한 균형을 유지해야 합니다. 어떤 부부는 보다 연합의 극단에 가깝고 어떤 부부는 보다 개별적인 극단에 가깝습니다. 그러나 어느 경우에든지 거기에는 다른 쪽 극단의 인력이 작용하고 있습니다.

한편, 부부를 잡아당기는 양극단의 또다른 예는 상이성과 유사성의 극단입니다.

상이성의 원리

모든 부부는 저마다 결혼을 통해 서로에게 차이점이 있다는 것을 발견하게 됩니다. 당신은 처음에 현재 당신의 배우자에게서 당신에게는 없는 어떤 장점들을 보고 이 사람이야말로 당신의 부족함을 채워줄 수 있는 사람이라 생각하며 그 매력에 끌렸을지도 모릅니다. 부부라 해도 어떤 것들은 그것이 분명하게 표면에 드러나기까지는 여전히 서로의 차이를 알지 못하고 지내는 경우가 많이 있습니다.

부부간의 상이성은 위로와 안전의 근원이 될 수 있습니다("나는 도무지 숫자 계산에 소질이 없는데, 아내는 가계부 정리를 훌륭하게 하고 있지요"). 반면에 그것은 서로를 향한 짜증과 비난의 근원이 될 수도 있습니다("나는 도대체 내 아내가 왜 이렇게 지저분하게 해 놓고 사는지 이해할 수가 없어요. 모든 것을 깨끗하게 잘 정리해 놓고 살면 얼마나 좋아요").

부부간의 차이는 여러 가지 면에서 드러납니다. 여기에 그 몇 가지 예가 있습니다.

① 하루중 당신이 무엇을 하기에 가장 좋은 시간 - 아침 또는 저녁
② 생활공간 - 깨끗함 또는 지저분함
③ 인간관계 - 내향적 또는 외향적
④ 돈 - 소비형 또는 저축형
⑤ 어떤 결정의 근거 - 생각 또는 느낌
⑥ 일처리 방식 - 계획적 또는 즉흥적
⑦ 인생에 대한 태도 - 가벼움 또는 진지함
⑧ 여가 시간 - 집에 있음 또는 흥밋거리를 찾아 나섬

Ⅸ. 위에 제시된 항목 중에서 당신 부부가 함께 동의하는 항목에는 ○표, 서로의 차이를 드러내는 항목에는 △표를 하여 각각의 숫자를 세어보시오. 당신 부부는 서로 유사한 점이 많습니까, 아니면 차이점이 많습니까?

어떤 부부는 위의 여러 가지 영역에서 거의 차이가 없는 것처럼 보일 수도 있습니다. 만약 있었다면 함께 그 차이들을 극복하고 적응하는 데에 어려움을 겪었을 것입니다. 당신 부부의 경우에도 서로 다른 요소들이 있음을 알 수 있을 것입니다. 그러한 차이들은 화판 위의 색깔들과 같은 것입니다. 당신들은 한 부부로서 그러한 차이들을 어떻게 극복해 나갑니까?

부부간의 차이점들은 서로 조화와 협력하는 삶을 가능하게 합니다. 부부는 마치 같은 노래의 다른 파트를 노래하는 것처럼 서로 다른 영역에서 서로의 부족함을 채워주고 보완해 줄 수 있습니다. 어떤 차이들은 서로에게 꼭 맞아, 요리하는 것은 좋아하지만 설거지를 싫어하는 사람은 요리를 하고, 요리하는 것은 싫어하지만 설거지를 좋아하는 사람은 설거지를 함으로써 서로에게 당면한 일들을 함께 처리할 수 있습니다. 우리는 서로의 차이점들로 인해 혼자서는 할 수 없었던 일들을 함께할 수 있습니다. 이러한 면에서 우리는 서로에게 차이가 있다는 사실로 인해 감사할 수 있어야 합니다. 서로 다른 색깔들은 적절하게 배치되고 배합됨으로써 아름다운 색깔을 나타내는 것입니다.

Ⅹ. 당신 부부가 서로 친숙하게 되는 데 보완해야 할 것을 한가지 쓰시오.

____

____

부부간의 차이점들은 서로의 양보와 절충이 있어야 합니다. 부부가 서로 다르다는 것은 때로 갈등을 일으키는 원인이 되기도 합니다. 자녀 양육의 방법이나 돈을 사용하는 면에서 부부간에 차이가 있을 수 있습니다. 이러한 것들은 어떤 면으로든지 해결이 되어야 합니다. 그것은 대개 양보와 절충을 통해 해결됩니다.

양보와 절충은 부부 각자가 자신의 본래의 위치를 떠나 어떤 공통된 입장으로 나아가는 것을 의미합니다. 좀더 합의에 접근하고 비슷해지는 것입니다. 그 결과 한 개인과 개인이었던 서로의 만남과 관계를 통하여 함께 변화되고 조화와 균형을 이루게 됩니다. 서로의 약점을 보완해 줍니다. 부부라는 화가의 화판을 생각해 보십시오. 이 화가는 파랑색과 노랑색을 균형있게 배합함으로써 새로운 색깔, 즉 녹색을 만들어 내어 결혼이라는 그림에 그 풍성한 아름다움을 더해주는 것입니다.

Ⅺ. 옛 속담에 "두 사람이 모든 것을 똑같이 보면 그 중 한 사람은 필요가 없다"라는 말이 있습니다. 당신 부부의 관계에서 서로의 차이가 도리어 서로를

보완해 주고 있는 것을 한가지 쓰시오.

유사성의 원리

당신은 앞에서 제시된 바 있는 여덟 가지의 간단한 목록을 통하여 당신 부부의 유사점들을 보게 되었을 것입니다. 당신 부부에게 이외에도 여러 유사한 점들이 있을 것입니다. 예를 들자면, 정치적 신념이나 믿음의 정도, 자녀 양육 방법, 교회와 가정의 역할 등에서 유사점들을 볼 수 있을 것입니다.

부부간의 차이점들과 마찬가지로 유사한 요소들도 당신의 관계에 있어서 도전과 성장의 기회가 될 수 있습니다.

부부가 서로 닮았다는 것은 사랑과 친밀한 관계의 기초가 될 수 있습니다. 나는 세상에 홀로 있지 않습니다(창 2:18). 내 옆에는 언제나 인생의 중대한 순간마다 함께 있으면서 나와 함께 느끼고 나와 함께 생각해 주는 한 사람이 있습니다. 부부는 한마음을 가진 사람들입니다.

부부간의 유사성은 상호간의 적절한 균형을 이루어야 합니다. 부부간의 차이점들에서 본 것과 마찬가지로 부부가 너무 비슷한 것도 반드시 좋은 것만은 아닙니다. 이로 인해 어떤 문제나 어려움에 직면할 수도 있습니다. 부부가 때로 일상생활의 반복에서 벗어나 몸과 마음을 새롭게 하는 시간을 갖지 못하는 유형의 사람들이라면 그들의 삶은 한쪽으로만 치우치는 균형 잃은 삶이 될 것입니다. 우리는 어쩌면 지나치게 서로 같은 생각을 하고 같은 감정을 가지려고 하다가 둘 사이에 있는 조그만 차이들은 그냥 무시해 버리려고 하는 경향이 있는지도 모릅니다. 그렇게 함으로써 유감스럽게도 서로의 개별성을 통해 얻을 수 있는 여러 가지 유익들을 놓치고 있는지도 모릅니다. 인생을 지나치게 심각하고 엄격하게 사는 사람은 토요일 한 날을 잡아 소풍을 가려 했다가도 이내 자기들에게는 그것이 맞지 않는다고 생각되어 그러한 계획을 무시하고 마는 유형의 사람입니다.

XII. 만약 당신의 성격이나 취향에 맞지 않는 것을 당신이 어느날 갑자기 하려 한다면 배우자의 반응은 어떠하겠습니까? 해당되는 것을 체크하시오.

· 어디가 아픈가 하여 병원 응급실로 데려가려 한다.

· 혀를 찬다.

· 재미있어 한다.

· 무시한다.

· 당신의 마음이 변하기 전까지 그대로 믿고 따른다.

서로의 차이를 발견하고 발전시킬 수 있는 방법을 찾는다는 것은 중요한 일입니다. 그러한 차이들로부터 우리는 보다 균형있고 성장하는 관계를 발전시켜 갈 수 있는 것입니다.

XIII. 당신이 좋아하는 어떤 운동이나 취미가 있는데 부부가 함께 즐길 수 있는 성질의 것이 아니라고 생각하여 포기해 버린 적은 없습니까? 당신 배우자에게 어떠한 압박감도 주지 않으면서 어느 정도 시간을 투자하여 이러한 활동에 대한 당신의 관심을 다시 고조시킬 수 있겠습니까?

부부관계의 조화

모든 부부들에게는 차이점들도 있고 유사점들도 있습니다. 이 두 가지를 완벽하게 조화하여 사는 부부는 없습니다. 부부관계는 이 둘 중 어느 하나에 좀더 기울어지게 마련입니다. 당신은 앞에서 제시된 바 있는 상이성, 유사성에 관한 여덟 가지 목록을 통하여 당신 부부의 관계가 어느 쪽에 더 많이 끌리고 있는지 알 수 있을 것입니다. 여기에 이러한 것을 식별하게 해주는 두 가지 방법이 있습니다.

1. **가정일을 처리하는 방식을 통하여.** 서로의 상이성에 의해 이끌린 부부는 대체로 집에서 해야 할 여러 가지 일을 목록으로 만들어 분담하는 경향이 있습니다. 예를 들어, 이러한 부부는 한 사람은 잔디를 깎고 다른 사람은 그동안 나뭇잎의 가지를 쳐주거나 꽃들을 손질하는 부부입니다. 한 사람이 세탁을 하면 다른 사람은 요리를 합니다. 한편 서로의 유사성에 의해 이끌린 부부는 일을 해도 차례차례 번갈아 가면서 하는 경향이 있습니다. 한 사람이 이번 주에 잔디를 깎으면 다른 사람은 그 다음주에 잔디를 깎기로 합니다. 그러나 이 두 가지, 즉 상이성과 유사성의 원리를 잘 조화시키는 부부는 집안 일들을 나누어 하며 그것도 상황에 맞게 돌아가면서 하는 사람들입니다.

2. **갈등의 문제를 처리하는 방식을 통하여.** 서로의 상이성에 의해 이끌린 부부는 어떤 문제나 곤란한 상황에 직면할 때 서로를 격려하고 보완해 주는 경향이 있습니다. 한 사람은 이성적이고 사색적인데 비해 다른 사람은 느낌과 감정에 의해 좌우됩니다. 한 사람은 소리를 지르고 다른 사람은 눈물을 흘립니다. 한 사람은 계속 이야기를 늘어놓고 다른 사람은 한마디도 하지 않습니다. 한편, 서로의 유사성 때문에 이끌린 부부는 갈등의 문제를 드러내는 데에 있어서도 서로 같은 방법으로 그렇게 하는 경향이 있습니다. 그들은 서로가 말이 많거나, 소리를 지르거나, 침묵으로 서로를 대합니다. 그러나 이 두 가지 경향을 잘 조화시키는 부부는 갈등을 처리하는 데에 있어서도 대개 이 두 가지 방식을 병행하여

대처합니다.

XIV. 다음에 한쪽 끝에는 유사성, 다른쪽 끝에는 상이성이라고 쓰여진 줄이 있습니다. 당신 부부가 가정일을 처리하는 방식에서 볼 때 어느 쪽에 가까운지 적절한 곳에 O표를 하고, 갈등의 문제를 처리하는 방식에서 볼 때는 어떠한지 적합한 곳에 X표를 하시오.

유사성 ———————————————————————————— 상이성

한 부부로서의 특성과 변화를 기념함

최선의 결혼을 위한 왕도는 없습니다. 부부간의 개별성과 연합의 관계, 유사성과 상이성의 관계가 무조건 완벽한 조화를 이룬다고 해서 그것이 다는 아닙니다. 부부는 각각 자신의 필요와 은사, 자신만의 헌신과 소명에 관심을 기울여야 합니다. 이러한 과정을 통해 각 부부의 독특한 관계에 가장 적합한 관계의 유형이 형성되어 갑니다.

때때로 어떤 문제들에 직면하거나 서로의 관계에 있어서 변화되어야 할 부분이 두드러지게 드러나면 서로에게 있는 좋은 점들을 보지 못하게 됩니다. 그러나 모든 문제의 배후에는 나름대로 좋은 면들이 서로 얽혀있게 마련입니다.

은아와 재규는 나이드신 부모님을 모시는 문제로 인해 가끔 다투곤 합니다. 은아는 휴가 때나 공휴일에 부모님을 모시고 함께 지내는 것을 원하는 데 비해 재규는 은아와 단둘이 있는 시간을 좀더 갖기 원합니다. 이러한 표면적인 불화의 이면을 살펴보면 거기에는 나름대로의 좋은 점들이 있는 것을 볼 수 있습니다. 재규는 둘만의 오붓한 시간을 가짐으로써 둘의 관계를 새롭게 하는 데에 관심이 있습니다. 은아는 부부로서 자신들이 마땅히 가족들을 포함한 다른 사람들을 사랑하고 관심을 가져야 한다고 생각합니다. 이러한 관심은 결혼의 목적을 새롭게 환기시키고 결혼의 결속력을 더욱 견고하게 할 수 있습니다. 그러므로 은아와 재규의 의견차이의 배후에는 그것을 잘 사용하기만 하면 유익이 될 만한 좋은 장점들이 있었던 것입니다. 그들은 서로의 차이를 잘 조절함으로써 도리어 그 차이에 대해 감사할 수 있습니다. 그뿐만 아니라 그들에게는 서로 닮은 점도 있습니다. 그들은 함께 언약관계의 의미와 그 성취라는 공통된 관심을 나누고 있는 것입니다.

XV. 당신 부부에게 있어서 가장 문제의 근원이 되고 있는 서로의 차이점은

무엇입니까?

그것을 조절할 수 있는 한가지 방법은 무엇입니까?

· 당신의 입장에서 ______________________________

· 배우자의 입장에서 ______________________________

재규와 은아가 그들의 차이점을 지혜롭게 조절한다면 그들의 관계는 놀라운 변화를 경험하게 될 것입니다. 결혼생활은 항상 변하게 마련입니다. 다만 문제는 우리가 경험하는 이러한 문제들을 보아 바람직한 방향으로 의도적으로 이끌어 가기를 원하는가 하는 점입니다. 만약 부부가 거의 모든 점에서 일치하고 동의하는 것처럼 보인다면, 그들은 서로의 차이점을 고양하고 지혜롭게 사용하여 부부관계를 견고하게 할 수 있는 방법들을 찾아야 할 것입니다. 생각이 갑작스럽게 변하곤 하는 사람은 이러한 상이한 생각에 관심을 가지고 주의를 기울일 필요가 있습니다. 한편으로, 재규와 은아처럼, 여러 면에서 부부에게 서로 다른 점이 있다면, 어떻게 서로의 공통된 입장을 조성할 수 있는지를 체득할 필요가 있습니다. 그러나 이러한 모든 변화의 과정 속에서 잊지 말아야 할 사실은 우리의 결혼은 다 서로 다르다는 것입니다. 그리고 그것에 대해 감사해야 한다는 것입니다.

XVI 다음 중 이번 주에 당신이 당신 배우자에게 감사를 표하기 위해 행하고 싶은 것들을 골라 체크하시오.

아내로서

· 남편과 함께 시간을 가지며 그가 좋아하는 취미를 즐기게 한다.
· 남편이 좋아하는 음식을 요리한다.
· 남편에게 새로운 "애완용품"을 선물한다.
· 남편이 좋아하는 옷을 입는다.
· 남편을 자주 치켜세운다.
· 하루 날을 잡아 아이들과 함께 외출하게 한다.
· 남편의 잔일 중 하나를 대신해 준다.
· 남편을 위해 날마다 기도한다.
· 남편과 함께 성경공부하는 시간을 갖는다.

남편으로서

· 아내가 좋아하는 일을 함께한다.
· 아내와 함께 외식을 한다.
· 하루 저녁이라도 아이들에게서 벗어나 자유시간을 갖게 한다.
· 아내에게 사랑의 선물을 한다.
· 아내에게 꽃선물을 한다.
· 아내를 자주 치켜세운다.
· 수리할 필요가 있는 것들을 고쳐준다.
· 아내를 위해 날마다 기도한다.
· 아내와 함께 성경공부하는 시간을 갖는다.

요점정리

우리는 모두 하나님의 형상으로 창조되었습니다. 그러므로 모든 부부는 저마다 밖으로는 세상을 향해, 안으로는 결혼관계에 있어서 서로의 책암과 경의를 다하여 대해야 합니다. 우리는 서로 사랑할 때 가장 하나님을 닮게 됩니다. 서로에 대해 어떤 영향을 미치는 면에 있어서 우리는 우리를 대하시는 하나님의 방법을 주목하고 그것을 따라야 합니다.

부부의 관계를 특징짓는 것은 부부의 책임 준수와 사랑입니다. 결혼은 다른 어떤 사람의 결혼과도 구분되는 두 사람만의 독특한 삶을 형성하고 발전시키게 합니다. 부부는 다른 어떠한 부부와도 구별되는 독자적인 자신들만의 방법으로 서로의 필요를 채워주고 서로를 보완해 줍니다.

부부의 관계를 형성하는 두 가지 중요한 축은 부부간의 상이성과 유사성입니다. 상이성과 유사성이 잘 조화되고 발전될 때 이것은 보다 균형있고 성장하는 부부관계를 가능케 하는 장점이 될 것입니다.

연습문제

이 연습문제는 당신이 제4과의 학습목표를 달성했는지의 여부를 스스로 점검하도록 준비되었습니다. 각 물음에 성실하게 답하시기 바랍니다. 정답은 마지막 질문 다음에 있습니다.

1. 다음 중에서 부부의 독특성을 지적하고 있는 것이 아닌 것은 무엇입니까?

① 서로의 감정을 어떻게 전달하는가 하는 면에서
② 특별한 날이나 경우를 어떻게 기념하는가 하는 면에서
③ 가정일을 어떻게 분담하는가 하는 면에서
④ 다른 사람의 결혼을 어떻게 모방하는가 하는 면에서

2. 부부의 관계를 설정하는 중요한 축을 두 가지 고르시오.

① 상이성과 유사성
② 반대와 모방
③ 개별성과 연합
④ 직관과 사유

3. 부부간의 차이점이 결혼에 있어서 어떻게 장점이 될 수 있는지 다음의 빈칸을 채우시오.

① 부부간의 차이점들은 서로 _________와 __________을 가능하게 합니다.
② 부부간의 차이점들은 서로의 _________와 __________이 있어야 합니다.

4. 부부간의 유사성의 장점들을 두 가지로 설명하는 다음 문장들의 빈 칸을 채우시오.

① 부부간의 유사성은 _________과 __________의 기초가 됩니다.
② 부부간의 유사성은 __________________을 이루어야 합니다.

5. 현재 당신의 결혼관계를 주도하는 한가지 축은 무엇입니까?

상이성 _______ 유사성 _______

6. 다음 중에서 참인 것에는 O표, 잘못된 것에는 X표를 하시오.

_____ ① 결혼은 항상 변한다.
_____ ② 서로의 차이점을 해결하는 가장 좋은 방법은 화해이다.
_____ ③ 부부가 대부분의 것에 있어서 서로 동의한다면 상대방의 견해와 다른 자신의 생각은 눌러야 한다.
_____ ④ 공통된 입장을 발전시키는 한가지 방법은 갈등과 문제를 회피하는 것이다.

이제 당신의 답과 비교해 보십시오.

1. ④ 2. ①, ③ 3. ① 조화, 협력하는 삶 ② 양보, 절충 4. ① 사랑, 친밀한 관계 ② 상호간의 적절한 균형 5. 스스로의 답 6. ① O ② O ③ X ④ X

예습

다른 부부들을 보고 그들이 왜 서로를 택하여 결혼했는지에 대해 생각해 보신 적이 있습니까? 어떤 사람들은 외모로 볼 때 전혀 어울리지 않는 것 같고, 그런가 하면 반대의 성격을 가진 것처럼 보이는 부부들도 있습니다. 반면에 "완벽한 한 쌍"처럼 보이는 부부들도 있습니다.

우리는 제5과 "결혼과 그 목적"에서 결혼의 이유를 살펴보게 될 것입니다. 당신의 결혼은 어떻게 하면 좀더 목적이 분명하고 그 목적에 충실하게 될 수 있을까요? 결혼에 대한 성경적 근거가 당신의 결혼에 대해 어떻게 좀더 깊은 의미를 부여해 줄 수 있을까요?

제5과

결혼과 그 목적

우리는 제2단원 "결혼에 대한 내적 고찰"을 통해 각자 한 개인으로서 그리고 한 부부로서의 재능과 은사들을 살펴봄으로써 부부관계의 독특성을 확인하고 그것을 기념하였습니다.

당신에게서 발견된 특별한 은사와 능력들을 기억하고 계십니까? 당신 배우자에게서 발견되고 확인된 것들은 무엇입니까? 당신은 이러한 재능들을 발전시키기 위해 정기적으로 시도하고 있는 것이 있습니까?

당신의 결혼에서 발견된 독특한 특징들은 무엇입니까? 당신 부부가 각각 하나님께서 의도하신 사람이 되어가는 데 있어서 가장 적합한 관계 양상은 무엇입니까?

당신은 부부간의 개별성과 연합, 상이성과 유사성의 균형을 이루기 위해 어떠한 일을 하고 있습니까? 이러한 질문들을 염두에 두면서 지금까지 다룬 내용들을 점검해 보는 것도 좋을 것입니다.

개관

당신이 가정이라는 익숙한 환경을 떠나 전혀 알지 못하는 낯선 곳으로 여행했던 때를 생각해 보십시오. 그때의 느낌이 어떠했습니까? 아주 좋았습니까 아니면 불안했습니까? 집에 돌아가고 싶었습니까 아니면 거기에서 영원히 살았으면 좋겠다고 생각했습니까?

여행을 하는 데에는 언제나 위험요소가 수반됩니다. 여행 목적지에 무엇이 있는지, 무슨 일이 생길지 알지 못합니다. 그러나 여행을 통해 이 세계의 아름다움을 안다면 어느 누가 안전한 환경 안에만 머물러 있으면서 그 아름다움을 놓치려 하겠습니까?

우리는 제3단원에서 결혼관계라는 울타리를 넘어 밖으로 향하는 여행을 시작하려고 합니다. 당신의 결혼생활은 당신의 주변세계에 어떠한 영향을 끼치고 있습니까? 당신 부부가 집이나 교회, 지역사회에서 행하고 있는 일은 무엇입니까?

당신은 제5과에서 하나님께서 당신 부부를 결혼하게 하신 목적이 무엇인지 발견하게 될 것입니다.

학습목표

· 당신 부부가 결혼하게 된 이유를 발견하고 거기에 우선순위를 부여한다.
· 결혼하게 된 그 이유들을 나열할 수 있다.

· 결혼의 목적을 보다 분명하고 견고하게 할 수 있는 방법을 체득한다.

결혼에 대한 하나님의 의도

언약부부는 서로를 사랑하고 돌보는 가운데 하나님의 사랑을 드러내게 됩니다. 남편과 아내 사이에서 생기는 허물없는 친밀한 관계는, 예수님께서 가르치신 바, 하나님의 인격적이고 신실한 사랑을 그 안에 배태하고 있습니다. 바울은 에베소의 성도들에게 보내는 편지에서, 부부들에게 서로를 자기 몸처럼 사랑하고 돌보고 소중히 여기라고 권고하였습니다(엡 5:28).

이러한 측면에서 볼 때, 결혼한 그리스도인으로서 우리에게 부여된 소명 가운데에는 서로를 사랑하고 소중히 여기는 허물없는 관계를 갖는 것이 포함되어 있습니다. 그러므로 언약결혼의 삶을 산다는 것은 곧 서로를 사랑하고 아끼는 관계를 갖도록 부르심 받았다는 것을 의미합니다. 그리고 이러한 관계는 하나님의 어떠하심을 드러내는 것이어야 합니다.

Ⅰ. 다음 중에서 당신 부부의 친밀한 관계를 가장 잘 묘사해 주고 있는 것에 체크하시오.

· 성적 표현의 자유
· 함께 있는 시간을 많이 가짐
· 서로에 대한 친근감
· 모든 것에 대해 대화함

한편, 부부가 서로를 사랑하고 친밀한 관계를 나눈다고 해서 그것이 언약결혼의 전부인 것은 아닙니다. 하나님은 우리 모두가 청지기로서의 부르심에 순종하기를 원하십니다. 언약의 부부로서 우리는 하나님의 뜻을 이루어야 합니다. 하나님께서 이스라엘과 맺으신 언약이나 예수 그리스도를 통하여 교회와 맺으신 언약에는 다 하나님과 사람 사이의 친밀한 교제의 차원을 넘어선 목적이 있었습니다. 이스라엘은 모든 민족 가운데 빛나는 등불로서 모든 사람들을 하나님과의 교제관계로 인도하는 사명을 부여받았습니다. 교회에도 단순히 교회를 섬기는 것 이상의 목적이 있습니다. 바울은 결혼을 교회에 대한 그리스도의 관계와 견주어 그 관계를 본받아야 한다고 말하였습니다(엡 5:32). 그러므로 언약결혼에는 부부간의 친밀한 관계의 차원을 뛰어넘는 목적이 내포되어 있습니다.

브리스길라와 아굴라는 언약의 부부로서 자신들의 소명을 진지하게 받아들인

신약성경 시대의 부부였습니다. 바울은 이러한 그들을 가리켜 자신의 "동역자" 라고 불렀습니다(롬 16:3). 그들은 함께 장막짓는 일을 하면서(행 18:3) 다른 사람들을 믿음으로 가르쳤을 뿐 아니라(행 18:26), 바울을 비롯한 다른 사람들까지도 기꺼이 자신들의 집으로 영접하였습니다(행 18:3). 이들 부부의 사생활이 어떠했는지에 관한 기록은 없지만, 그들의 부부관계는 단순히 서로를 사랑하는 차원을 넘어 함께 효과적인 사역을 행할 수 있게 한 기초가 되었을 것입니다.

Ⅱ. 당신의 교회나 지역사회에 현대판 브리스길라와 아굴라가 있습니까? 그들이 어떻게 함께 사역에 임하고 있는지 설명하시오.

언약결혼은 부부가 서로 사랑하고 아끼는 것뿐만 아니라 부부로서 함께 하나님의 일을 하여 그분의 뜻을 이루는 것까지 포함하고 있습니다. 부부는 서로를 돌아보고 아껴줘야 합니다. 그러나 단순히 서로의 필요를 채워주는 단계에서 한 걸음 더 나아가 인생에 대한 방향 감각과 결혼의 목적에 대한 감각을 가져야 합니다.

부부간에 사랑과 친밀감이 없다면 어떠한 관계의 시작도 기대할 수가 없습니다. 언약결혼에는 서로의 친밀한 관계에 의해 새로워지고 보양되는 일관된 사랑이 있어야 합니다(엡 5:29). 부부는 서로의 생각과 감정, 또는 서로에게 중요한 것들을 함께 나누며 허물없는 친밀한 관계를 세워 갑니다. 이렇게 되기 위해 꼭 말을 할 필요는 없습니다. 때로는 한번의 눈짓이나 손짓, 접촉만으로도 서로의 의사를 충분히 교환할 수 있습니다. 서로의 경험을 이야기하면서 친밀감을 더하기도 하지만 대개는 서로의 눈짓이나 몸짓만으로도 이미 서로를 알고 이해하고 있음을 드러내는 것입니다. 물론 부부는 대화를 통해서 서로를 새롭게 이해할 수 있습니다.

Ⅲ. 이번 주에 이러한 방식을 통해 당신의 생각을 배우자에게 표현해 보십시오. 당신의 배우자에게 당신이 하는 말을 잘 듣고 아무런 비평없이 당신이 한 말을 정확하게 반복해 보도록 해보십시오. 그러면 당신이 자신의 생각을 얼마나 잘 전달하고 있는지 알 수 있을 것입니다. 만약에 첫번째 시도에서 당신이 원하던 결과를 얻지 못하면 당신의 배우자가 당신의 감정을 잘 말할 수 있을 때까지 반복해서 시도하십시오. 그런 다음에 당신 배우자도 이와 같은 시도를 해보도록 하십시오.

부부가 서로에 대해 가장 친밀감을 느끼는 때는 자신의 생각이나 느낌을 나누는 것만이 아니라 상대방에 대한 자신의 생각과 느낌을 함께 나눌 때입니다. 자신의 직업에 대한 자신의 느낌을 말하는 자체가 이미 친밀감의 표현이기도 하지만, 상대방에 대해 내가 어떻게 느끼는지에 대해 이야기하는 것이야말로 더 큰 친밀감의 표현이요 나눔이라 할 수 있을 것입니다. 비록 어느 정도의 위험부담이 수반되기는 하지만, 서로에 대한 긍정적인 생각이나 느낌을 나눌 때 부부는 서로의 결속력을 더욱 견고하게 다질 수 있습니다. 때로는 서로의 분노의 감정이나 좌절의 아픔을 나눌 때, 부부는 둘 사이에 있는 장벽을 뛰어넘어 서로를 연결시켜 주는 길을 트고 있는 것입니다. 물론 그러한 과정에서 다른 장벽이 생길 수도 있는 것은 사실이지만 말입니다.

Ⅳ. 다음 각각의 경우에 당신이 자신의 생각이나 느낌을 얼마나 배우자에게 잘 표현하고 있는지 그 정도를 체크해 보시오.

	거의 표현 하지 않는다	경우에 따라 가끔 표현한다	한번도 실천해 보지 않았다
1. 나를 기쁘게 하는 것들			
2. 나의 기분을 상하게 하는 것들			
3. 성적인 욕구나 즐거움			
4. 경제적 문제			
5. 도움이 필요할 때			
6. 화가 났을 때			
7. 슬플 때			
8. 직장이나 가정에서 일이 제대로 풀리지 않을 때			
9. 가족의 문제들			
10. 희망과 이상			

부부간의 허물없는 친밀한 의사소통이 중요한 반면에 실제로 결혼생활의 대부분은 매일의 삶 속에서 부딪히는 여러 가지 요소들과 일에 집중되고 있는 것이 보통입니다. 부부간의 친밀한 관계는 필요하고 중요합니다. 그러나 부부가 항상 서로에게 결혼생활에 대한 자신의 생각이나 느낌을 말하고만 있을 수는 없습니다.

부부는 하나님의 나라에 속한 언약부부로서 자신들의 소명, 자신들이 해야 할 일에 주목하고 관심을 가져야 합니다. 언약부부로서의 존재됨과 소명의 실천에 대한 살아있는 감각이 늘 있어야 하는 것입니다.

우리의 결혼과 그 목적

대부분의 사람들은 결혼하기로 결정하면서도 왜 결혼하는지, 자신들이 결혼하는 목적이 무엇인지에 대해서 별로 생각하지 않습니다. 많은 사람들에게 있어서 이성과의 친밀감은 결혼을 결정하는 매우 중요한 요소가 됩니다. 그들은 서로가 없이는 살 수 없기 때문에 결혼합니다. 어떤 사람들은 서로의 가치관이나 꿈 때문에 함께 살기로 약속합니다. 사람들이 결혼을 하고 또 결혼생활을 지속하는 데에는 이외에도 다른 여러 가지 이유들이 있을 것입니다. 대개의 경우, 처음에 결혼을 당연한 것처럼 보이게 했던 어떤 명분이나 이유들은 언젠가 사라지게 되고, 결혼생활을 지속하는 사람들에게는 그럴 만한 또다른 이유가 생기게 됩니다. 당신은 어떻습니까?

이제 당신의 결혼을 돌이켜보면서, 당신이 결혼을 결정한 이유는 무엇이며, 또 매일 결혼생활을 지속하고 있는 까닭이 무엇인지 언약결혼의 입장에서 생각해 보시기 바랍니다.

보호를 제공함

많은 사람들 중에는 어느 한 사람을 택해 그 사람과 평생의 언약을 맺고 함께 살기를 원하기 때문에 결혼하기도 하지만 자신들이 원치 않는 어떤 것으로부터 도피할 수 있는 수단으로 생각하여 결혼하는 경우도 있습니다. 어떤 이들은 부모님과 함께 살기가 싫어서 집을 나가기 위해 결혼합니다. 어른이 되자 결혼을 함으로써 자신들이 자라온 가정을 훌훌 떠나 버립니다. 어떤 사람들은 혼자 있는 것을 원하지 않기 때문에 결혼을 선택합니다. 그들은 한번도 혼자 살아보지 않았거나, 결혼하지 않으면 평생을 혼자 살아야 할지도 모른다는 사실이 두려워 그렇게 할 수도 있습니다.

한편 사람들이 자기 배우자를 선정하는 데에는, 상대방이 자기가 두려워하는 어떤 것으로부터 자신을 보호해 줄 수 있을 것처럼 생각되기 때문에 그렇게 하는 경향이 있습니다.

선미가 대영이와 결혼한 것은, 부분적으로 대영이가 강하고 항상 자기 자신에 대해 분명한 것처럼 보였기 때문이었습니다. 즉 그러한 사람이라면 매사에 불확실한 자신을 지켜줄 수 있을 것이라고 판단했던 것입니다. 대영이가 선미와 결혼한 데에도 나름대로의 이유가 있었습니다. 즉 선미는 매우 조용하고 결코 화를 내는 법이 없는 것처럼 보였기 때문에, 항상 시끄럽게 싸우고 불화하다가 결국은 이혼으로 끝나고 만 자기 부모님과 같은 전철을 밟지 않을 것이라는 생각이 들었던 것입니다.

이러한 사실을 우리 입장에 적용시켜 생각해 본다면, 우리 역시 결혼을 통해 어떤 안전을 기대한다는 것을 부인할 수는 없을 것입니다. 결혼 자체나 배우자의 어떤 특성들이 마치 험하고 막막한 인생의 대양에서 만난 안전한 포구와도 같아 보이는 것입니다.

한편, 부부가 결혼생활을 지속해 가는 이유와 처음에 결혼하게 된 이유가 같지는 않습니다. 선미는 결혼생활을 통하여 대영이가 확실하지도 않은 일에 지나치게 자신을 확신하는 경향이 있으며, 또한 그에 따른 결과들에 대해 함께 책임을 져야 한다는 사실을 알게 될 것입니다. 대영이도 선미가 비록 큰 소리로 화를 내거나 떠들어 대지는 않을지라도 때에 따라 화를 내며, 자신이 그러한 그녀의 감정에 잘 대처해야 한다는 것을 깨닫게 될 것입니다. 부부는 서로의 두려움으로부터 서로를 충분히 보호해 줄 수는 없다고 할지라도 그러한 두려움들에 대해 함께 대처해 갈 수 있습니다.

사람들이 결혼하는 여러 가지 이유 중의 하나는 물론 보호에 대한 기대 때문입니다. 그러나 이것이 결혼생활을 지속하는 유일한 이유가 된다면, 그 결혼은 이내 식상하고 공허하게 보일 것입니다. 결혼을 통해 어떤 것으로부터 보호받을 목적으로 그 생활을 지속하는 부부는 마치 헛간의 한 지붕 밑에서 휘몰아치는 폭풍우를 피하고 있는 두 사람과 같습니다. 그들이 서로 새로운 어떤 관계를 갖기 시작하거나 서로의 관심과 노력 속에 서로의 삶을 나누지 않는 한 그들은 언제까지나 빈 헛간에서 서성거리는 한 개개인으로 남아있게 될 것입니다.

Ⅴ. 다음 중에서 당신이 결혼을 통해 피하고자 했던 두려움을 체크하시오.

· 경제적 불안정에의 두려움
· 홀로 있는 것에의 두려움
· 자녀를 갖지 못하는 것에의 두려움
· 사회적 거부나 지탄에의 두려움
· 분노에 홀로 직면하는 것에의 두려움
· 자신의 모든 필요를 혼자 감당해야 하는 것에의 두려움
· 이혼 가능성에의 두려움
· 당신 자신에 대한 어떤 두려움

당신은 결혼을 통해 위에 체크한 두려움들로부터 보호를 받고 있다고 생각하십니까?

예 _____

아니오 _____

사회적 압력에 대처함

사람들이 결혼을 결정하는 데에는 경우에 따라 부모님이나 친구들 그 외 다른 사람들과의 관계가 어떤 영향을 주기도 합니다. 예를 들어 임신으로 인해 결혼하게 되는 부부들도 많이 있습니다. 그들은 결혼하지 않을 경우 주위에서 들려올 여러 가지 수군거림이나 소문으로 인해 결혼에 대한 어떤 압력을 받게 됩니다. 어떤 경우에는 "천생연분" 같아 보인다는 이유로 결혼하라고 강요하기도 합니다. 부모는 이러한 때 자기 자식이 결혼하지 못하면 다시는 이런 좋은 기회를 얻지 못할까봐 두려워 그렇게 하기도 합니다. 아니면 자기 자식이 결혼하여 안정된 생활을 하거나 빨리 손주를 보기 위해 결혼을 서두르는 경우도 있을 것입니다.

어떤 부부들은 사회적 압력 때문에 결혼 생활을 지속합니다. 그들을 붙들어 놓는 유일한 이유는 이혼할 경우 사람들이 자신에 대해 어떻게 생각하고 어떻게 대할까 하는 두려움 때문입니다.

보호에서의 경우처럼, 사회적 압력에 대처하는 것도 언약결혼의 궁극적인 목적은 되지 못합니다. 물론 사회적 압력 때문에 시작되었거나, 그것 때문에 지속되고 있는 결혼 생활도 효과적이고 사랑이 넘치는 언약관계가 될 수 있습니다. 그러나 그것은 오직 부부가 서로 친밀감을 더하고 효과적인 관계의 방향으로 나아갈 때 그렇게 될 수 있는 것입니다.

새로운 위치를 제공함

어떤 사람들은 결혼이 가져다 주는 어떤 새로운 지위나 신분 때문에 결혼합니다. 반짝이는 다이아몬드 반지나 상대방의 가족이 됨으로써 오는 명예나 안정 때문에 결혼을 결정하는 사람들이 있습니다.

새로운 위치를 얻기 위해 결혼하는 것이나 사회적 압력에 대처하기 위해 결혼하는 것 사이에는 별반 차이가 없습니다. 다만 결혼에의 압력이 다른 사람들에게서가 아닌 본인의 내부에서 우러나오고 있다는 것밖에는 차이가 크게 없는 것입니다.

사회적 압력에 대처하기 위한 것과 마찬가지로, 이러한 부부는 결혼이 가져다 주는 새로운 위치 때문에 그 생활을 지속합니다. 그들은 "이혼자"로 알려지기를 원치 않습니다. 또한 자기 배우자와의 결혼으로 말미암은 자신의 새로운 신분을 포기하고 싶지도 않은 것입니다.

Ⅵ. 당신의 배우자에 대한 당신 가족이나 친구, 교회, 또는 사회적 기대에 의해 당신이 얼마나 영향을 받았는지 그 정도를 아래에 표시해 보시오.

	많이	보통	별로
· 내가 데이트하는 상대에 관한 친구들의 생각에 대해			
· 부모님이 반대하는 사람과의 결혼에 대해			
· 노총각(노처녀)이 되는 것에 대해			
· 배우자 선택에 대한 교회의 가르침에 대해			
· 별거나 이혼에 대한 사람들의 생각을 의식하여 결혼 생활을 지속하는 것에 대해			

경제적 필요를 제공함

어떤 사람들은 경제적인 안정을 얻기 위해 결혼합니다. 물론 오늘날은 옛날의 상황과 크게 달라졌습니다. 이제는 대부분의 여자들도 일하고 경제적으로 독립할 수 있게 되었으며, 집안일을 돕는 기계들의 발달로 남자와 여자가 전통적인 가정주부의 역할이 없이도 집안일과 식사 문제를 해결하게 되었습니다. 그러나 여전히 두 사람이 함께 사는 것이 따로따로 사는 것보다 더 경제적인 것은 자명한 사실입니다. 따라서 부분적으로 이런 이유로 인해 결혼을 결정하는 사람들도 있습니다.

그러나 이러한 경제적인 이유는 처음 갓 결혼하는 사람들보다 결혼생활을 지속해오는 사람들에게 더 흔히 드러나는 요소입니다. 두 사람이 갈라져 사는 경우에 드는 비용과 특히 부양해야 될 아이들이 있는 경우에 들어가는 비용을 감당하기란 결코 쉬운 일이 아닙니다. 이처럼 경제적인 현실은 부부로 하여금 결혼생활을 지속하게 하는 요소가 되기도 합니다.

많은 부부들에게 있어서, 경제적인 필요는 그들의 결혼에 중요한 영향을 미치는 요소가 됩니다. 그들 결혼의 목적과 방향이 돈과 직결되어 있기 때문입니다. 종수와 현주의 결혼이 바로 이와 같은 경우입니다. 그들은 함께 쇼핑을 다니고, 밖에 나가 음식을 사먹으며, 가끔 영화보러 가기도 합니다. 그들은 결혼한 지 3년이 되었으며 둘 다 직장을 갖고 있었습니다. 현재 그들의 결혼생활에서 최우선순위를 차지하고 있는 것은 새로 산 집에 가구를 들여놓는 것입니다. 그들은 함께 가구점들을 돌아보며 구입할 가구들을 꼼꼼하게 계획하기 시작합니다. 이외에도 이들의 관심을 차지하고 있는 것 중의 하나는 장기간의 휴가를 받아 여행을 떠나는 것입니다.

경제적 안정을 얻고 돈을 사용하는 것이 현대인의 삶의 중요한 한 부분이기는 하지만 이것이 언약결혼의 유일한 목적이 될 수는 없습니다. 집에 가구를 들이고 여행을 가는 것이 나쁠 이유는 전혀 없습니다. 그러나 이것이 인생의 전부가 되어버린다면 우리의 결혼은 곧 자기 중심적이 되고 다른 사람들을 향한 사역에의 부르심에 귀머거리가 된다는 데에 중대한 문제가 있는 것입니다.

Ⅶ. 다음 질문에 "예"나 "아니오"로 대답하시오.

우리 가정의 경제적 상황은……

_____ 자선사업이나 기독교 단체에 기부금을 보낼 여유가 있습니까?

_____ 교회에 십일조를 낼 수 있습니까?

_____ 부모님을 모실 형편이 됩니까?

_____ 위급한 사건이 일어났을 때를 대비해 준비가 되어 있습니까?

_____ 가족 이외의 다른 사람들을 위한 배려를 하고 있습니까?

친밀한 사랑의 관계를 나눔

대부분의 사람들은 "당신들은 왜 결혼했습니까?"라는 질문에 "서로 사랑했기 때문이지요"라고 대답합니다. 이 말은 서로에 대한 이해와 애정이라는 끈으로 연결된 친밀하고 허물없는 사랑의 관계를 가졌다는 의미입니다. 그들은 자신의 배우자가 없는 인생을 원하지 않았습니다. 그들은 함께 자신들의 인생을 나누기를 원했습니다. 부부간의 친밀한 사랑의 관계는 성적인 충족과 우애를 동시에 포함하고 있습니다.

성적인 충족. 서로에 대한 성적인 욕구나 매력이 없이 시작되는 결혼은 드물 것입니다. 사도 바울은 결혼에 대한 가르침에서 이것이 결혼의 중요한 이유가 된다는 것을 분명히 밝히고 있습니다(고전 7:9, 36).

사도 바울은 고린도전서 7:1 때문에 종종 남녀간의 성관계를 반대하는 것으로 오해받곤 했습니다. 그것은 번역상의 문제로 인해 야기된 것이었습니다. "너희의 쓴 말에 대하여는 남자가 여자를 가까이 아니 함이 좋으나." 그러나 바울은 성관계를 반대한 것이 아니었습니다. 바울은 여기에서 당시 고린도인들 가운데 어떤 사람들이 주장하던 말을 인용하고 있는 것으로 보입니다. 그러므로 바울은 그의 가르침을 다음과 같이 시작하고 있는 것으로 보아야 합니다. "이제 나는 어떤 사람들이 성적인 관계를 갖지 않는 것이 더 영적이라고 주장하는 것에 대해 언급하고자 합니다."

바울은 2절에서 5절까지 계속하여, 성관계를 피하는 것이 좋다는 주장에 대해 그것이 잘못되었음을 고린도인들에게 주지시키고 있습니다. 그들은 성관계를 거부할 필요가 없었습니다. 결혼은 부부가 성적인 관계에 들어가는 것입니다. 성관계는 하나님께서 결혼의 한 부분으로 의도하시고 제정하신 것입니다. 성은 하나님의 선하신 창조 역사의 일부인 것입니다(딤전 4:1-3).

부부간의 성관계는 그리스도인 결혼의 한가지 이유가 될 뿐 아니라 그들이 계속하여 서로를 사랑하고 배우자로 선택하는 이유 중의 하나가 됩니다. 언약결혼에서의 성관계는 부부 상호간에 친밀감과 사랑에의 헌신을 더욱 견고하게 해줍니다.

"하나님의 뜻은 이것이니…… 각각 거룩함과 존귀함으로 자기의 아내 취할 줄을 알고 하나님을 모르는 이방인과 같이 색욕을 좇지 말고"(살전 4:3-5).

언약부부간의 성관계는 서로를 경의와 존귀함의 대상으로 세워주는 것이어야 합니다. 부부는 상대방을 "색욕"의 대상으로 취해서는 안됩니다. 그것은 상대방을 사랑할 대상으로 대하는 것이 아니라 이용대상으로 전락시키는 것입니다.

데살로니가전서의 말씀에서는 남자를 지칭하여 언급하였지만, 고린도전서에서 바울은 남편뿐만 아니라 아내에게도 성적인 욕구와 성관계에 대한 책임이 있음을 분명하게 지적하였습니다.

"남편은 그 아내에게 대한 의무를 다하고 아내도 그 남편에게 그렇게 할지라 아내가 자기 몸을 주장하지 못하고 오직 그 남편이 하며 남편도 이와 같이 자기 몸을 주장하지 못하고 오직 그 아내가 하나니"(고전 7:3-4).

이상에서 본 바와 같이 언약결혼의 목적 중에는 남편과 아내의 성적인 필요를 충족시키는 것이 포함되어 있습니다. 성관계는 남편과 아내 모두의 책임이지 어느 한 사람만의 책임일 수는 없습니다.

부부간의 성관계는 때로 절제할 필요가 있기는 하지만 대체로 능동적이어야 합니다. 바울은 기도시간을 위해, 또는 어떤 위기나 어려운 결정에 직면하여 성생활을 절제할 필요가 있을 때 그렇게 하기 위해서는 부부간의 합의가 있어야 한다고 가르쳤습니다(고전 7:5).

부부는 사랑하는 가까운 사람이 사망했을 때와 같은 문제가 생겼을 때에는 서로가 절제하기로 결정할 수 있습니다. 그러나 이러한 문제로 인한 절제는 그 상황이 지나가면 성관계가 다시 회복되어 결혼에 있어서의 중요한 역할을 수행해야 합니다.

Ⅷ. 당신이 처음에 배우자를 선택하는 데에 있어서 성적인 매력이 차지한 비중은 얼마입니까?

매우 크다 ______보통이다 ______ 별로 없다 ______

당신 부부의 현재의 관계에서 성적인 매력이 어떠한 역할을 하는지 해당되는 것에 체크하시오.

______ 성적인 매력은 우리의 결혼을 묶어주고 있는 핵심적인 요소이다.

______ 성적인 매력이 중요하긴 하지만 가장 중요한 요소는 아니다.

_____ 성적인 매력은 우리가 결혼생활에서 만족하지 못하고 있는 것 중의 하나다.
_____ 나의 배우자와의 성관계는 대개 만족할 만하다.
_____ 우리 부부는 내가 원하는 대로 자주 성관계를 갖는다.
_____ 우리 부부는 대개 서로에 대해 넘치는 애정을 갖고 있다.
_____ 배우자와의 성관계는 때로 아주 즐거운 경험이 된다.
_____ 배우자와의 관계는 어느 누구와의 관계보다도 더욱 가깝고 친밀하다.

부부간의 우애

부부간에 친밀한 관계는 곧 서로 친구가 되는 것입니다. 서로의 생각과 느낌과 꿈과 때로는 두려움 등도 함께 나누어 가집니다. 함께 대화하고 경험하고 추억거리를 나누면서, 또 내일이라는 미래를 향해 함께 달려가면서 부부는 친밀한 관계를 형성해 갑니다. 부부가 함께 생활하면서 오랜 세월을 두고 쌓아가는 이러한 우애야말로 때로 서로의 장점이나 재능보다도 단점이나 부족한 점이 두드러질지라도 계속해서 서로를 사랑하고 최선의 배우자로 생각하는 가장 중요한 이유 중의 하나가 됩니다.

우리는 여러 가지 면에서 친구와 같은 부부가 될 수 있습니다. 다른 누구와도 나누지 못할 자신의 아픔이나 난처함을 함께 나눌 때 부부는 친구입니다. 다른 누구에게도 말하지 못할 어떤 비밀스런 희망을 나누거나, 자신이 자랑스럽게 생각하는 어떤 것을 터놓고 자랑할 수 있을 때 그 부부는 친구입니다. 부부가 함께 여유를 갖고 웃으며, 또 그렇게 함께 즐거움을 나누며 서로에 대한 애정의 심도를 더해갈 때, 그들은 친구입니다. 그리고 다른 사람들 같으면 지루해 할 것들, 즉 관심있어 하거나 염려가 되는 것, 또는 화나게 하는 것들에 대해서도 서로 귀담아 들어줄 때 그 부부는 진실한 친구가 되는 것입니다.

Ⅸ. 다음의 각 항목을 통하여 당신 부부의 우애 정도를 테스트해 보시오.

	동의한다	부분적으로 동의한다	동의하지 않는다
1. 나는 어떤 면에서 배우자 보다 친구와 더 밀접한 관계를 유지하고 있다.			
2. 우리 부부의 성격은 아주 잘 맞는 것 같다.			
3. 우리 부부는 서로 내면의 깊은 느낌이나 개인적인 생각들을 터놓고 이야기한다.			

4. 나에게 한 사람을 택해 하루를 함께 지내라고 한다면 기꺼이 나의 배우자를 택하겠다.		
5. 우리 부부의 관계는 늘 새롭고 강렬하다.		
6. 나는 어떤 면에서 배우자보다 아이들과 더 밀접한 관계를 가지고 있다.		

공통의 목적을 달성함

마지막으로, 사람들은 자신들이 함께함으로써 보다 잘 성취할 수 있는 어떤 공통의 목적을 나눌 때 결혼합니다. 그중의 가장 일반적인 예로는 자녀를 낳고 양육하는 것을 들 수 있습니다. 어떤 사람들은 서로에게서 외국에 선교사로 가거나 도시빈민층 아동들을 대상으로 한 여름학교를 운영하거나 버려진 땅을 생산적인 농장으로 가꾸거나 하는 등등의 그것이 크든 작든 수많은 것들에 대한 어떤 공통적인 목표와 꿈을 발견하게 됩니다. 그들은 어떤 면으로는 자신들의 결혼을 통해 이 세상에 변화를 가져오고 기여할 수 있는 어떤 비전을 나눌 때 결혼을 결정하는 것입니다.

Ⅹ. 다음의 빈 칸을 적당한 말로 채우시오.

· 우리가 결혼할때 가졌던 꿈은 ______________________________
______________________________하는 것이었다.

· 우리의 꿈은 ______________________________
______________________________때문에 여러 번 바뀌었다.

· 우리는 ______________________________
______________________________을 통해 꿈을 성취하였다. (성취하는 중이다)

· 우리가 가장 최근에 갖게 된 꿈은 ______________________________
______________________________하는 것이다.

상호간의 결혼의 목적에 대한 이해

약혼한 사람들을 보면 대개 자신들이 왜 결혼하려 하는지 그 목적에 대해 함께 생각해 보는 시간을 별로 갖지 않습니다. 이들뿐만 아니라 결혼한 사람들의 대부분도 자신들이 왜 서로 결혼생활을 지속하는지 그 목적에 대해 별로 이야기하지 않는 것이 사실입니다. 결혼의 목적을 이해함으로써 우리는 좀더 서로의 필요를 잘 보살피고 우리 결혼에 대한 하나님의 목적을 위해 일하는 부부가 될 수 있을 것입니다.

결혼 초기와 현재의 중요한 관심사에 대해 함께 이야기하라.

우리가 앞에서 살펴보았듯이 결혼을 하는 데에는 두 사람간의 친밀한 관계와 공통된 목적 및 그 외의 여러 가지 요소들이 작용합니다. 이러한 까닭에 결혼은 저마다 다 다른 모습을 하게 됩니다. 결혼한 사람들이 다 각각의 독특한 특성과 배경을 가진 개개인들이기 때문에 모든 부부는 그들만의 목적과 소명을 가진 독특한 결혼생활을 구축합니다. 그러므로 어느 누구도 당신 부부의 목적은 이것이다라고 말할 수 없습니다. 그것은 당신 부부와 하나님 사이에서 결정될 사항입니다. 다른 사람들이 당신의 재능을 지적해 주거나 당신들의 결정에 대해 다른 측면을 보여줄 수는 있겠지만 당신의 결혼이 어떻게 될지 또 어떻게 되어야 할지에 대해서는 성령님의 인도하심을 따라 당신 부부 두 사람이 직접 가꾸고 맞추어가야 하는 것입니다.

XI. 다음 중에서 당신의 결혼관계를 가장 잘 묘사해 주고 있는 것에 체크하시오.

· 터보 엔진을 갖춘 스포츠카
· 짐을 가득 실은 화물선
· 창공을 평화롭게 나는 행글라이더
· 공항 위를 선회하는 제트기
· 낡은 폭스바겐 자동차

부부생활에서 오는 어떤 의미의 실마리를 찾으라.

당신이 설령 당신들의 결혼 목적에 대해 함께 이야기해 본 적이 없을지라도 당신들은 분명히 어떤 방향을 가지고 결혼생활을 지속하여 왔습니다. 서로 상의해 본 적이 있건 없건간에 당신 부부는 두 사람의 어떤 목적을 위해 일해 왔습니다. 당신들이 추구해 온 목적이 무엇인지 어떻게 알 수 있습니까? 당신에게 중요시되고 있는 것이 무엇인지 살펴봄으로써 알 수 있습니다. 당신 부부는 시간을 어떻게 사용하십니까? 서로 무슨 이야기를 주로 주고 받습니까? 그것이 당신들을 한 팀처럼 느끼게 해 줍니까? 비록 잠깐이라도 당신의 배우자와 결혼하지 않았다면 당신의 인생이 어떻게 되었을지 생각해 보신 적이 있습니까? 당신으로 하여금 언약에 대한 헌신을 새롭게 한 요소는 무엇입니까? 서로 결혼함으로써 당신의 가족이나 이웃, 교회와 지역사회 등 당신의 주변세계가 전과 어떻게 달라졌습니까? 당신 부부가 함께 즐겨 행하는 것은 무엇입니까?

XII. 잠시 호흡을 가다듬고 앞에서 제기된 질문들에 솔직하게 대답해 보시오. 그리고 다음 모임 때 이것을 배우자와 함께 나눌 준비를 하시오.

위의 질문들에 신중하게 답해 가면서 당신은 당신의 결혼관계에 내재하고 있는 어떤 의미의 실마리들을 찾을 수 있을 것입니다. 뿐만 아니라 당신 부부의 관계가 전보다도 더욱 두 사람 모두에게 중요한 의미를 담고 있는 요소들에 맞춰지고 집중되기를 원하는 자신을 발견하게 될 것입니다.

시간의 흐름에 따라 목적이 변화될 것을 예상하라.

처음에 당신 부부를 연결해 주었던 목적들이 이제는 더이상 아무런 호소력도 지니지 못한다고 해서 놀랄 필요는 없습니다. 어린아이들이 부모 중심의 삶을 살다가 자라서는 집을 떠나는 것처럼 부부간의 목적도 함께 살아가면서 변화될 수 있는 것입니다. 이러한 변화는 종종 인생의 위기의 순간에 찾아올 수 있습니다. 때로는 하나님께서 의도하신 인생의 목적을 새롭게 찾는 동안 향방없이 떠내려가기도 합니다. 부부는 자녀를 양육하는 것과 같은 부부생활의 핵심적인 일 외에도 인생의 의미와 목적을 밝혀주는 여러 가지 일들에 날마다 직면하고 있습니다. 이와 같은 것으로는 이웃과의 관계, 교회와 지역사회 활동에의 참여 등을 들 수 있습니다.

XIII. 다음 중에서 현재 당신 부부생활의 핵심이 되는 것들을 체크하시오. 여기에 없는 것은 직접 쓰시오.

· 학교 졸업
· 사업 시작
· 자녀 출산
· 자녀 양육
· 자녀의 대학교육
· 중년의 위기
· 건강 문제
· 직업 전환
· 노부모 봉양

당신 부부의 노력에 따른 결과를 기대하라.

당신의 과거와 현재를 비교하면서 만약 당신이 결혼하지 않았더라면 지금 어떻게 되었을지 상상해 보십시오. 그동안의 결혼생활을 통해 어떠한 변화가 일어났습니까? 그 한 예가 자녀의 성장일 것입니다. 이외에 정원에 심은 나무로부터 시작하여 당신 부부가 사랑과 관심으로 영향을 준 사람들에게 당신 부부의 결혼생활로 인한 어떤 변화가 있었습니까?

XIV. 우리는 대부분 자신들의 자녀나 가정에 대해 자랑을 늘어놓는 것에 익숙해 있습니다. 그러면 우리의 결혼에 대해서는 어떻습니까? 당신 부부에게 있어서 가장 자랑스러웠던 순간들을 몇 가지 적으시오.

____

____

결혼의 목적과 그 성취에의 추구

지금까지 앞에서 살펴본 부부관계의 여러 가지 면을 통해 당신은 좀더 견고하고 분명하게 하기를 원하는 몇 가지 결혼의 의미와 목적들의 실마리를 잡았을 것입니다. 어쩌면 그동안의 생활을 통해 전혀 의도하지도 않았던 결과가 생겼음을 발견했을지도 모릅니다. 결혼은 당신 부부뿐 아니라 주변 사람들의 삶에까지 어떤 변화를 가져다 주었습니다. 당신의 결혼은 어쩌면 그것이 원하지 않는 것이었다 할지라도 분명히 어떤 목적과 방향을 가지고 여기까지 지속되어 왔습니다.

언약결혼은 하나님의 선하신 뜻과 목적에 그 중심을 두고 있습니다. 당신 부부의 삶을 이 시간에 다시 한 번 잘 점검해 보시기 바랍니다. 하나님의 도우심과 인도하심을 따라 오늘, 그리고 내일을 향해 당신 부부가 힘차게 나아갈 분명한 방향을 찾게 될 것입니다.

XV. 당신 부부가 나아가고 있는 현재의 방향과 결혼의 목적을 분석하여 다음의 각 항목에 "예"나 "아니오"로 대답하시오.

______ 나는 우리 부부가 현재 같은 방향으로 나아가고 있다고 생각한다.

______ 우리 부부는 현재 여러 가지의 목적을 공유하고 있다.

______ 우리 부부는 적당한 간격으로 어느 한 날을 잡아 상호간의 목적 성취를 위한 노력의 결과를 평가하는 시간을 갖는다.

______ 우리 각자의 목적과 부부로서 또는 한 가족으로서의 목적은 갈등없이 잘 조화를 이루고 있다.

______ 우리는 현재 우리 공통의 꿈과 목적의 성취를 함께 기뻐하며 기념할 수 있다.

XVI. 당신이 위에서 두 개 이상에 "아니오"를 썼다면, 당신 부부가 좀더 분명한 목적과 방향을 갖고 나아가기 위해 어떤 일을 해야 한다고 생각합니까?

____

____

요점정리

언약결혼은 부부가 서로 사랑하고 친밀한 관계를 나누는 것 이상의 것입니다. 그것은 하나님의 청지기로서의 부르심에 순종하는 것입니다. 성경에 나타난 바 브리스길라와 아굴라의 삶을 볼 때, 부부간의 사랑의 관계는 곧 두 사람이 하나님의 사역에 효과적으로 동참하는 기초가 됩니다.

사람들이 결혼을 하고 또 결혼생활을 지속하는 데에는 나름대로의 이유들이 있습니다. 당신 부부의 결혼 이유와 그 목적은 무엇입니까? 그것을 잘 숙고함으로써 당신 부부는 서로의 필요를 좀더 예민하게 잘 채워주고 당신의 결혼을 향한 하나님의 선하신 뜻과 그 부르심에 온전히 순종해 갈 수 있습니다.

연습문제

이 연습문제는 당신이 제5과의 학습목표를 달성했는지의 여부를 스스로 점검하도록 준비되었습니다. 각 물음에 성실하게 답하시기 바랍니다. 정답은 마지막 질문 다음에 있습니다.

1. 다음 중에서 맞는 것에는 O표, 틀린 것에는 X표를 하시오.

_____ ① 언약결혼의 핵심적인 목적은 배우자의 필요를 채워주는 것이다.

_____ ② 배우자와의 친밀한 사랑의 관계는 세상에서 하나님의 일을 하는 데 필요한 힘을 더해준다.

_____ ③ 부부가 서로 분노와 좌절의 감정을 표현하면 두 사람을 엮어주는 친밀한 사랑의 관계가 파괴되게 된다.

_____ ④ 부부간의 우애는 친밀한 사랑의 관계의 한 증표이다.

2. 다음 중에서 사람들이 결혼하는 이유에 해당되지 않는 것은 무엇입니까?

_____ ① 보호를 위해서

_____ ② 사회적 압력 때문에

_____ ③ 경제적 안정을 위해

_____ ④ 책임으로부터의 자유를 위해

3. 다음의 빈 칸들을 채워 부부관계에 영향을 주는 목적들을 바로 이해하게 하는 문장들을 완성하시오.

① 결혼 __________와 현재의 __________ 에 대해 함께 대화를 나눈다.

② 부부생활에서 오는 어떤 __________의 __________를 찾으라.

③ _____의 흐름에 따라 __________이 변화될 것을 예상하라.

④ 당신 부부의 __________에 따른 __________ 를 기대하라.

4. 현재 당신의 부부생활에 어떤 의미와 목적을 제공해 주고 있는 특정한 매일의 활동들을 골라 체크하시오.

자녀 양육	교회활동 참여
여행 계획	정원 손질
고장난 것을 수리하거나 만듦	손자, 손녀
서로의 꿈이나 소망의 교환	우애를 돈독히 함

이제 당신의 답과 비교해 보시오.

1. ①X ②O ③X ④O
2. ④
3. ①초기, 중요한 관심사 ②의미, 실마리 ③시간, 목적 ④노력, 결과
4. 스스로의 답

예습

당신은 도움이 필요할 때 누구에게 찾아갑니까? 아마도 당신의 배우자일 것입니다. 부부는 어떤 심부름을 하거나, 아이들을 유치원에서 데려오거나, 집수리 기술자를 부르거나 할 때 서로 도움을 주고 받습니다.

이러한 측면에서 당신 부부의 관계는 어떠하였는지 생각해 보십시오. 제6과에서는 부부가 함께 해야 하는 일이나 다른 사람들과 함께 또는 다른 사람들을 대신해서 해야 하는 일들에 대해 당신 부부는 어떻게 대처하고 있는지 평가하게 됩니다. 당신 부부의 동반자적 관계를 설명할 수 있는 한가지 활동을 생각해 보십시오.

제3단원: 결혼에 대한 외적 고찰

제6과

결혼과 동반자 관계

우리는 제5과에서 부부가 서로를 결혼 상대자로 선택하는 이면의 목적을 생각해 보았습니다. 그 목적들은 대개 다음의 세 부류로 분류되었습니다. (1) 결혼함으로 그 당사자들에게 무엇을 가져다 줄 수 있는가(보호, 사회적 압력에 대처, 새로운 위치, 경제적 안정 등). (2) 부부의 관계가 그 당사자들에게 무엇을 가져다 줄 수 있는가(성적인 친밀감과 우애). (3) 부부가 다른 사람들에게 무엇을 가져다 줄 수 있는가(자녀, 가족, 교회, 지역사회, 세계).

이러한 과정들을 통해 우리는 부부의 관계를 방향지어 온 과거와 현재의 목적들을 점검했습니다.

개관

제6과에서는 결혼의 미래, 즉 부부의 관계가 어떻게 되어야 하는가에 초점을 모으고 있습니다. 서로의 필요충족을 넘어서 인생의 나아갈 방향과 궁극적인 의미를 제시해 주는 목적들에 대해 살펴보게 될 것입니다. 이러한 측면을 언약관계에서는 "동반자 관계"라고 합니다. 동반자 관계란 부부가 나란히 어깨를 맞대고 공통의 인생 과제와 부르심에 따르는 것을 의미합니다.

학습목표

· 결혼을 통해 나타나는 동반자 관계를 정의한다.
· 결혼을 통한 동반자 관계의 영역을 제시한다.
· 다음 사항들을 통해 현재 동반자 관계로서의 나의 결혼생활을 평가한다.
  ① 내가 배우자와 함께하는 일
  ② 각자가 다른 사람들과 함께하는 일
  ③ 부부가 다른 사람들을 대신하여 하는 일
· 우리 부부의 동반자 관계를 설명해 줄 수 있는 한가지 예를 든다.

결혼 - 동반자 관계

결혼을 결정하고 결혼생활을 지속하는 세 가지 이유 내지는 목적 중에서 가장 나중에 오는 것이 바로 동반자 관계입니다. 결혼은 대개 특정한 사람과 관계를 맺고 결혼을 함으로써 그것이 가져다 준 어떤 것을 염두에 두면서 시작되게 마련입니다. 언약관계의 초기에 부부는 서로에게 깊이 헌신하며 친밀한 관계를 형성합니다.

그러나 결혼 초기와 같이 상대방에게 몰입하며 관심을 가지는 그러한 관계가 언제까지나 지속되어야 한다고 생각하는 것은 유감스러운 일입니다. 서로에게만 모든 관심을 집중하고 자신의 필요를 충족시키는 것에 집착하는 것은 마치 어린아이가 어른이 되어서도 여전히 주변세계의 관심과 이목을 자신에게만 집중시키려 하는 것과 같습니다. 두 살 난 아기라면 아마 자신이 모든 것의 중심이라고 생각할 수도 있을 것입니다. 그러다가 자신을 다른 사람과 분리된 한 가치있는 개인으로서 알아갑니다. 만약 20세나 된 청년이 여전히 자신을 이 세상의 중심이라고 생각한다면 문제가 있습니다. 그는 하나님의 계획과 경륜 속에서 자신의 위치를 발견해야 하는 것입니다.

Ⅰ. 다음의 빈 칸에 적당히 표시함으로써 당신의 정신적, 정서적 성숙도를 측정해 보시오.

나는 ……	……와(과) 같은 반응을 보인다 어린아이	어른
1. 상처를 입을 때		
2. 내 마음대로 되지 않을 때		
3. 실망했을 때		
4. 화가 났을 때		
5. 기다려야 할 때		
6. 비난받을 때		
7. 무시당할 때		

이번에는 당신 배우자가 위의 각각의 경우에 당신이 어떻게 행동한다고 평가하는지 살펴보십시오.

결혼은 단순히 서로의 필요를 돌봐주는 차원을 넘어 어떤 의미나 목적을 찾을 때 성장하게 됩니다. 우리는 주변세계의 필요를 위해 일하는 가운데 새로워지는 것을 경험할 수 있습니다. 어떤 일에 공통된 관심을 가지고 그 일을 함께 나누다 보면 좀더 친밀하고 견고해진 동반자 관계를 형성하게 되는 것입니다.

부부생활의 목적들 중에는 저절로 생기는 것도 있습니다. 우리가 그 목적들을 선택한 것이 아니라 그 목적들이 우리를 선택한 것과 같이 말입니다. 우리는 때때로 의도하지 않았던 책임이나 공통의 과제를 수행해야 할 때가 있습니다. 연주는 교회에서 여학생 부를 지도해 달라는 부탁을 받았는데, 그녀는 청소년들과 함께 있는 것을 좋아하기 때문에 그 책임을 맡기로 작정하였습니다. 그런데 전보다 더 많은 소녀들이 그 모임에 참석하게 되었습니다. 연주는 그들의 삶에 부모님뿐 아니라 그들에게 관심을 갖고 돌봐줄 어른이 또 있어야 한다는 것을 알게 되었습니다. 소녀들은 이 모임에 자기 남자 친구들을 데려오고 싶어했습니다. 그래서 연주는 이들을 보다 잘 지도하기 위해 남편 병규에게 도움을 요청하였습니다. 1년이 흘렀습니다. 병규와 연주는 계속 성장하는 청소년 그룹의 지도자가 되어 있었습니다. 그 모임에 참여한 청소년들은 인생의 중요한 변화를 체험하였습니다. 연주와 병규가 본래부터 이러한 청소년 사역을 하려 했던 것은 아니었습니다. 그러나 그들은 이제 하나님께서 그들의 삶에 역사하셔서 함께 사역을 하도록 인도하셨다는 것을 느끼게 되었습니다. 그리고 이러한 계기를 통해 더욱 깊고 풍성한 경험을 했으며 서로에 대한 이해와 신뢰도 더욱 깊어지게 되었던 것입니다.

Ⅱ. 본래 당신 부부가 공유하고 또 의도했던 목적은 아니었지만 시간이 지남에 따라 현재 관여하게 된 활동이나 목적이 있다면 간단하게 서술해 보십시오.

____

____

____

당신은 제5과에서 당신 부부의 목표가 무엇인지, 궁극적인 목적이 무엇인지를 생각해 보았습니다. 당신은 어쩌면 이 공부를 시작하기 전까지는 동반자적 관계로서의 결혼에 대해 별로 생각해 보지 않았을지도 모릅니다. 부부의 공유된 목표나 궁극적인 목적들은 두 사람이 함께 결혼을 통해 하나가 된 자신들의 목적이 무엇인가를 찾을 때 발견될 수 있습니다. 그것을 위해 함께 기도할 수도 있고 자신들의 은사가 무엇인지, 또는 자신의 헌신이 어느 정도인지를 점검해 볼 수도 있습니다. 이러한 과정을 통하여 부부는 동반자적 관계를 구축할 수 있습니다.

당신은 지금이라도 당신 부부의 매일의 삶에 대한 하나님의 뜻이 무엇인지 함께 찾을 수 있습니다.

Ⅲ. 당신 부부가 의도적으로 세운 한가지 공유의 목적을 간략하게 서술해 보시오.

____

____

____

결혼에 대한 하나님의 뜻을 한 마디로 간단히 정의내리기는 어려운 일입니다. 왜냐하면 개개인마다 다 다르기 때문입니다. 결혼을 통한 부부의 목적은 매우 중요합니다. 그것은 시간이나 돈의 사용, 대인관계에서와 같이 매일의 삶을 통해 내려야 하는 크고 작은 결정들까지 영향을 미칩니다. 부부생활에 있어서 이러한 매일매일의 결정들은 직업선택이나 자녀를 갖느냐 안 갖느냐 하는 것과 같은 큰 결정들 못지 않게 아주 중요한 요소인 것입니다.

이제 살펴보게 될, 동반자 관계에 초점을 둔 부부생활의 영역 내지는 목적들이 반드시 모든 부부의 결혼생활에 적용되어야 하는 것은 아닙니다. 하지만 이러한 영역들에 대해 함께 생각해 보면서 당신의 결혼의 참된 목적이 무엇인지, 동반자적 관계의 측면에서 볼 때 현재의 결혼생활에서 좀더 보완되고 수정되어야 할 부분들은 없는지, 그 문제들을 어떻게 처리해야 할 것인지 등에 관한 것들을 점검하게 될 것입니다.

동반자적 관계의 영역

부부들은 대체로 다음과 같은 다섯 가지 영역에서 자신들의 관계에 대한 목적과 의미를 발견합니다. 그것들로는 자녀양육, 직업, 가정, 교회와 지역사회, 세계 등입니다. 당신은 이러한 일반적인 다섯 가지 영역 외에도 다른 측면에서 동반자적 관계를 유지하고 있는 당신 부부만의 독특한 결혼관계의 영역들을 생각할 수 있을 것입니다.

자녀양육

부부가 결혼한 목적 중에서 서로의 필요를 충족시켜 주는 것 외에 다른 목적을 들라면 당연 "아기를 갖기 위한" 것이 높은 수위를 차지할 것입니다. 오늘날 수많은 독신 부모들도 있긴 하지만, 우리 사회는 여전히 정상적인 결혼을 한 부모를 둔 가정에서 자라나는 것을 가장 바람직한 환경으로 보고 있습니다. 아이들에게 있어 자기를 사랑할 뿐만 아니라 부부금실이 좋은 부모를 둔 가정에서 자란다는 것은 큰 혜택이 아닐 수 없습니다.

Ⅳ. 다음 중에서 당신이 자라난 가정 구조에 해당되는 것에 체크하시오.

____ 두 부모와 한 자녀

____ 두 부모와 여러 자녀

____ 한 부모와 한 자녀

____ 한 부모와 여러 자녀

____ 조부모와 자녀(들)

____ 기타? ________________________________

당신이 성장한 가정배경이 자녀를 갖는 것에 대한 당신의 결정에 어떠한 영향을 미쳤습니까?

____

____

아이들은 부모에게 강한 책임의식을 불러 일으킵니다. 그래서 부모들은 아이들을 위해 더욱더 헌신적으로 수고하며 일합니다. 그 생명을 전적으로 부모에게 의존하는 자녀를 갖는 것만큼 부모에게 강력한 공통의 책임의식을 일깨워 주는 것은 없을 것입니다. 자녀의 출생은 결혼을 더욱 공고히 해주는 요소가 됩니다.

Ⅴ. 당신 부부에게 있어서 자녀(들)가 가져다 준 공통의 책임감은 어떠한 것이었습니까? 해당되는 것에 체크하시오.

______ 1. 우리는 자녀양육을 통해 서로가 더 가까워졌다.

______ 2. 우리는 자녀양육 때문에 결혼생활에서 많은 어려움을 경험하고 있다.

______ 3. 우리는 자녀양육 문제로 관계가 더 소원해졌다.

자녀는 부부관계를 더 공고히 해주기도 하지만 그 관계를 흐트러뜨리는 쐐기 역할을 하기도 합니다. 동규와 상희는 결혼한 후 1년 동안은 맞벌이 생활을 하면서 집안일을 분담했습니다. 상희는 주로 요리를 했고 동규는 집안 청소와 세탁을 맡았습니다. 그러다가 상희가 임신을 하게 되자 두 사람은 상희가 당분간 아기를 낳고 아이가 학교 갈 나이가 될 때까지는 집에서 시간제로 일하기로 합의하였습니다. 상희는 드디어 아기를 낳았고 또 두 명을 더 낳았습니다. 아이들과 함께 집에 있는 시간이 남편에 비해 많아짐에 따라 상희는 점차 더 많은 집안일을 하게 되었습니다. 그뿐만 아니라 아이들은 자기들과 더 많은 시간을 함께하는 상희에게 더 매달리곤 했습니다. 그녀는 어찌해야 좋을지 몰랐습니다. 전에는 남편과 함께 나누어 했던 집안일을 이제는 자신이 도맡아 하게 되었습니다. 아이들은 자기 책임이 되어 버렸습니다. 이러한 상황 때문에 상희의 불만이 커지기 시작하자 남편 동규는 그 반작용으로 일에 더 몰두하며 밖에서 있는 시간이 점점 많아지게 되었습니다. 그래서 한때 공동의 책임이었던 자녀양육은 이제 전적으로 "상희의 일"이 되고 말았습니다.

Ⅵ. 다음 중 동의하는 항목에는 O표, 그렇지 않은 것에는 X표 하시오.

______ 아이들을 키우는 것은 상희가 마땅히 해야 할 일이었다.

______ 상희의 불만은 사실상 근거가 없는 것이었다.

______ 가족의 생계를 위해 열심히 일한 동규로서는 자신의 할 일을 다한 셈이다.

______ 상희가 다시 직장을 갖게 된다면 동규는 마땅히 집안일을 거들어야 한다.

______ 상희와 동규는 현재 상황에 대해 의논하고 가능한 한 서로의 책임사항을 검토, 재조정할 필요가 있다.

오늘날 상희와 동규가 처한 것과 같은 상황에 있는 부부들이 많이 있습니다. 자녀양육은 부부가 서로 잘 조화를 이루고 균형있게 책임을 준수하는 가운데 이루어져야 합니다. 함께 나누어야 할 사항입니다. 그러나 자녀양육은 많은 경우에 부부에게 과중한 짐이 되기도 합니다. 집안일을 하고 아이들을 돌보고 그러면서 또 직장일까지 모두 감당하기에는 너무나 시간이 부족합니다. 부부는 서로의 짐을 조금씩 나누어져야 합니다. 많은 부부들에게 있어서 아이들은 부부 중 어느 한 사람의 책임이 되고 다른 사람은 생계의 주된 수입원이 되는 것에 그치는 양상이 있는데 그것은 유감스러운 일이 아닐 수 없습니다. 따라서 부부들이 때로 아이들로 인해 서로의 관계가 멀어지는 것처럼 느끼게 되는 것은 하나도 이상할 것이 없는 일입니다.

Ⅶ. 당신의 결혼생활에서 자녀 양육문제로 인해 야기된 부부간의 갈등이 있다면 한가지를 소개해 보십시오.

____

이러한 상황을 수습하기 위해 당신이 취할 수 있는 가능한 방법 중 한가지를 여기에 소개해 보십시오.

____

부부는 자녀양육의 기쁨과 동시에 그 책임도 함께 나눌 때 비로소 참된 동반자가 될 수 있습니다. 부부가 함께 자녀들과 놀아주고 시간을 같이 보내는 것도 한가지 방법입니다. 경우에 따라서는 한 사람이 자녀의 아침식사를 돌봐주고 다른 사람은 잠자리에 들기 전 이야기 책을 읽어줄 수도 있습니다. 자녀를 돌보는 일에 있어서 부부가 함께 그 일을 하든 아니면 상황에 따라 나누어 하든, 중요한 것은 부부가 자녀양육이라는 과제를 함께 감당하고 있다는 것을 느끼는 것입니다.

Ⅷ. 당신이 자녀를 위해 책임을 지고 했던 일 또는 현재 하고 있는 일이 있으면 한가지를 적으시오.

____

당신 배우자가 책임을 지고 자녀를 위해 했거나 현재 하고 있는 일이 있으면 그 중 한가지를 적으시오.

____

직업

인생의 목적에 대해 생각할 때, 그것이 돈을 받고 하는 일이든 아니면 가정을 꾸려나가는 일이든 각자의 평생의 일에 대해 생각하지 않을 수 없습니다. 우리는 이러한 문제를 흔히 개인적인 문제로 치부해 버리는 경향이 있습니다. 그것으로 인해 서로가 큰 영향을 받으며 이것들을 통해 함께 살아가면서도 그렇습니다. 만약 자녀양육이 주로 어느 한 사람의 일이 되면 그 부부에게 있어서 인생의 경력 내지는 직업도 결국 개인적인 것에 그칠 수밖에 없습니다. 그러나 이런 자녀양육의 문제는 동반자 관계의 영역이 될 수도 있습니다. 어떤 부부—선교사나 교사, 저술가, 농부 등—들은 함께 협력하여 손잡고 일함으로 동반자 관계를 구축하기도 합니다.

Ⅸ. 당신 부부가 함께하는 일이 있다면, 현재 어떠한 관계에 있는지 아래에서 골라 체크하시오. 만약 현재는 그러한 상황에 있지 않다면 한 자리에서 같이 일할 때가 올 때 어떠한 관계를 유지하시겠습니까?

______ 서로 공로를 치하해 준다.
______ 제3차 대전을 벌인다.
______ 조화를 이룬다.
______ 아슬아슬하다.
______ 말도 안된다.
______ 기본적으로 만족한다.

대부분의 부부들은 함께 협력하며 일하는 것에 익숙하지 못합니다. 대부분의 부부들은 주중의 시간을 거의 따로 보냅니다. 함께 일하며 보내지 못합니다. 물론 인생의 목적이나 계획 모두를 일일이 다 나누어야 한다는 것은 아닙니다. 개별성은 부부의 연합 못지 않게 중요한 요소이며 이 두 가지는 서로 조화와 균형을 이루어야 할 성질의 것입니다. 그러나 부부는 서로의 관계를 동일한 시각으로 보고 이해해야 합니다. 동반자적 관계를 유지하고 있는 동역자로서의 부부라면 서로의 직업, 내지는 일에 대해 나눌 수 있어야 합니다. 만약 부부가 서로 다른 일을 맡아 다른 영역에서 일을 한다면, 두 사람은 서로의 도움을 필요로 하는 일을 하고 있다는 것을 알아야 합니다.

영호는 출장을 상당히 많이 다니는 회사의 실무담당자요 최고 경영진의 중추적인 인물입니다. 그의 아내 선희는 직장에 다니지 않고, 남편의 회사 일을 뒷바라지하며 살아가는 여인이었습니다. 그녀는 남편의 주변 사람들을 위해 훌륭한 파티를 마련하는가 하면, 남편의 일정을 조정하고 남편의 옷들을 세탁소에 가져다 맡기곤 했습니다.

Ⅹ. 당신은 영호와 선희의 관계를 일을 함께 나누는 동반자적 관계로 보십니까?

예 _____ 아니오 _____ 잘 모르겠습니다 _____

한 부부의 관계가 나눔의 동반자적 관계이냐 아니냐를 구분하는 가장 명확한 방법으로는 둘 중의 하나가 없을 때 다른 사람의 삶이 어떻게 될 것인가 하는 것을 상상해 보는 것이 있습니다. 만약 선희가 죽는다면 영호는 슬퍼하겠지만 그렇다고 해서 그의 경력에 어떤 대단한 변화나 영향이 있지는 않을 것입니다. 집에서 파티를 하는 대신 좋은 음식점에서 식사를 나눌 수 있을 것이고 세탁물도 직접 갖다 주어야 하겠지만 어쨌든 그는 이러한 문제들을 잘 조절할 수 있을 것입니다. 반면에 영호가 죽는다면 선희의 세계는 모두 끝장나고 말 것입니다. 더이상 계속해야 할 자기의 일이 없어지게 됩니다. 그녀의 일은 영호를 위해 그의 주변에서 서성거리는 것이 전부였기 때문입니다.

가정주부로서의 일이라고 해서 항상 배우자의 직업에 가려 그것에 전적으로 의존하고 종속될 필요는 없습니다. 영호와 같은 회사에서 일하는 사람 가운데 수현이라는 아내를 둔 사람이 있습니다. 수현이는 근처에 있는 요양원에서 자원봉사자로 일하면서 그 곳에 있는 많은 사람들의 친구가 되어주고 그들을 밖으로 인도하여 나가는가 하면 가족 활동에도 적극적으로 참여하고 있습니다. 이외에도 그녀는 기독교 문화 센터에서 영어를 잘 모르는 외국인들을 위해 영어를 가르치고, 자기가 가르친 이 새로운 외국인들에게 그들과 같은 지역에서 살고 있으며 사랑과 친절을 베풀기 원하는 성도들의 가정을 연결해 주는 일도 하였습니다.

함께 사역을 하는 부부들은 어느 한 사람에게 종속되지 않으면서도 각자 자신의 책임을 성실히 수행함으로써 공동 사역에 공헌합니다. 함께 일함으로써 어느 누구도 혼자서는 할 수 없는 일을 해낼 수 있습니다. 이들은 비록 사별한다 해도 같은 수준은 안될지 모르나 남아있는 한 사람만으로도 그들의 일을 계속 추진할 수 있습니다. 병기와 정수는 둘다 상담자로서 함께 가정상담을 하며 여러 권의 책을 쓴 바 있습니다. 이들은 두 사람이 함께하는 것 만큼 균형있는 상담 활동을 할 수는 없겠지만 혼자서도 그들의 일을 계속 할 수 있습니다.

Ⅺ. 당신 부부의 결혼과 사회생활을 가장 잘 묘사하고 있는 것에 체크하시오.

· 한 사람은 직장생활을 하고 다른 한 사람은 종속적임.

· 한 사람은 직장생활을 하고 다른 한 사람은 그와 관계있는 삶을 살아감.

· 두 사람 다 각자 일을 하면서 서로를 지원함.

· 동역자로서 함께 일하며 활동함.

· 그외? ______________________________

이상에서 본 바와 같이 부부에게 있어서 중요한 핵심사항은 개별성의 차원이든 연합의 차원이든 부부가 그들의 경력 내지는 사회활동을 같은 눈으로 바라보는 것입니다.

XII 이번 주중에 당신의 직업 내지는 사회활동에 대해 배우자와 함께 상의해 보는 시간을 가지십시오. 당신 부부의 일이 서로 관련되어 있는 것에 만족하십니까? 당신 배우자가 현재의 관계에 만족하고 있다고 생각합니까?

가정

우리가 이미 앞에서 다루었듯이 가정에서 살림하는 것은 그 자체로 하나의 중요한 직업 내지는 일이 될 수 있습니다. 여기에는 가정이나 친척들과 관계되는 모든 일이 포함됩니다. 가정살림은 한 마디로 가정에 관계되는 모든 일을 어떠한 보수도 없이 하는 것이라고 정의할 수 있습니다.

한편 가정살림은 전통적인 관념과는 달리 동역자 관계의 차원에서 부부가 함께 참여하여 가꾸어가는 것이라고 할 수 있습니다. 동역자 관계로서 가정살림을 표현하자면, 부부가 함께 "가정을 만들어가는 것"입니다. 여기서 가정을 만들어 간다는 것은 돈을 쓰는 것, 집에 가구를 들이는 것, 거처지를 마련하는 것, 손님을 초대하는 것 등에 관한 모든 일들을 부부가 함께 의논하고 결정하는 것들을 다 포함합니다.

어떤 가정을 만들까? 검소하고 소박한 가정인가 아니면 사치하고 화려한 가정인가? 편안한 가정인가 아니면 경직된 가정인가? 잘 정돈된 깨끗한 가정인가 아니면 너저분한 가정인가? 기꺼이 다른 사람들을 초청하여 교제를 나누는 개방적인 가정인가 아니면 세상의 소란으로부터 벗어나 둘만이 은거하기를 좋아하는 폐쇄적인 가정인가?

가정을 가꾸는 데 있어서 누가 설거지를 할 것인가 하는 것은 그리 중요한 문제가 아닙니다. 오히려 관건은 식사시간을 어떠한 시간으로 만드느냐에 있습니다. 우리 집의 식사시간은 가족이 한 자리에 모여 텔레비전을 보고 각자 신문이나 잡지 등을 읽는 시간입니까, 아니면 정겨운 대화가 오가는 시간입니까? 그저 가능한 한 빨리 주린 배를 서둘러 채우고 다른 일을 하기 위한 시간입니까, 아니면 긴장을 풀고 즐거운 가족의 모임을 갖는 시간입니까? 자기 가족만을 위한 시간입니까, 아니면 때로 다른 사람들을 초청하여 교제하는 시간입니까?

이와 같이 부부가 함께 가정생활을 하며 그에 관련된 사항들을 결정하고 두 사람의 관계를 형성해 가는 것의 그 근저에는 다 어떤 목적이 있기 마련입니다. 어떤 의도적인 생각을 하지 않는다 해도 그렇습니다. 그 목적이란 가정을 최상의 장소로 만들기 위한 것일 수도 있고, 가족이 분요한 일상생활의 업무와 일정에서 벗어나 쉼을 얻을 수 있는 장소로 가꾸어가는 것일 수도 있습니다. 또는 가끔 친구나 손님들이 와서 편안하게 쉴 수 있는 안락한 곳으로 만들고자 하는 것일 수도 있습니다.

XIII. 다음 찬송가들 중에서 당신 가정의 분위기와 현실을 잘 나타내고 있는 것들에 체크하시오.

· 내 평생에 가는 길(470장)
· 큰 죄에 빠진 날 위해(339장)
· 때 저물어 날 이미 어두니(531장)
· 세상 모든 풍파 너를 흔들어(489장)
· 우리가 지금은 나그네 되어도 (270장)
· 기뻐 찬송하세(149장)
· 오 놀라운 구세주(446장)
· 사철에 봄바람 불어 잇고(305장)

부부가 그들의 가정을 어떠한 모양으로 가꾸어 갈 것인가에 대해서는 다양한 차이가 있을 수 있습니다. 하지만 어떤 형태의 가정이든, 그리스도인의 가정은 마땅히 손 대접하기를 힘쓰고, 이웃을 사랑하며, 또 나누는 가정이어야 합니다.

XIV. 아래의 성경 구절들이 이웃과 사랑을 나누는 것에 대해 말하는 바를 당신의 말로 풀어 쓰시오.

로마서 12:13 ______________________________

디모데전서 3:2 ______________________________

디도서 1:8 ______________________________

히브리서 13:2 ______________________________

베드로전서 4:9 ______________________________

요한삼서 5-6 ______________________________

우리는 그리스도인으로서 우리의 가정을 어떠한 모습으로 가꾸든지, 손님이나 친구들이 집을 방문했을 때 환영받고 있다는 것을 느낄 수 있도록 해야 합니다. 다른 사람들을 나의 사랑의 범위 안에 포함시키는 것, 그것이 우리 삶의 목적 중 하나이어야 합니다.

우리는 다른 사람들을 자신들의 삶에 너무 개입시키면 우리의 결혼생활을 제대로 할 수 없을 것이라고 생각하여 그렇게 하는 것을 두려워합니다. 이웃에게 자선을 베풀고 사랑을 나누는 것이 이 모임, 저 모임을 바쁘게 쫓아다님을 의미하지는 않습니다. 참된 박애 정신과 그것의 실천은 부부로 하여금 더욱 더 결혼생활을 풍요롭게 하고 서로의 관계를 견고하게 해줍니다.

김 여사는 성우와 영순이 부부네 옆집에 살고 있었습니다. 그녀는 과부인데

다 자녀들도 멀리 떨어진 도시에서 살았던 터라 혼자 외로이 사는 처지였습니다. 그래서 이들 성우네 부부와 김 여사는 일주일에도 여러 차례씩 같이 식사를 하며 가깝게 지냈습니다. 때때로 김 여사는 성우와 영순이를 도와 아이들을 돌봐줌으로써 그들 부부가 둘만의 시간을 가질 수 있게 해 주었습니다. 아이들은 아이들대로 자신을 사랑해 주는 어른과 함께 있을 수 있어 괜찮았습니다. 성우와 영순이는 그녀를 위해 집수리와 정원 손질하는 것을 도와 생활비를 절약하도록 했습니다. 올해에는 정원에 과일을 심어 그 열매를 함께 나누었습니다. 그들의 관계가 점점 깊어지고 성숙해짐에 따라 성우와 영순이의 결혼은 더 없이 견고해질 수 있었고 김 여사의 생활에도 하나의 훌륭한 사역이 되었습니다.

XV. 다음 중 당신과 당신 가족이 동반자 관계로서 이웃 사랑을 실천할 수 있는 것들에 체크하시오.

______ 옆집에 연장을 빌려주는 것.
______ 흩어진 친지들과의 모임을 갖는 것.
______ 자녀를 입양하는 것.
______ 과부(들)를 저녁 식사에 초대하는 것.
______ 새로운 교인들과 친교하는 것.
______ 집에서 청소년 모임을 갖는 것.
______ 가정 성경 공부를 시작하는 것.
______ 그 외? ______________________________

교회와 지역사회

부부는 자신을 둘러싸고 있는 교회와 지역사회와의 관계 속에서도 동역자로서, 또는 한 개개인으로서 인생의 목적을 찾을 수 있습니다. 언약부부는 브리스길라와 아굴라처럼 부부가 함께 가르치거나 교회에서의 다른 사역에 동역할 수가 있습니다. 경우에 따라서는 교회의 선교사역을 넘어 지역사회의 프로젝트에 참여하는 것에서 인생의 중심되는 목적을 발견할 수도 있습니다. 이것의 한가지 방법으로는 자신의 집에서 박애 정신을 실천하거나, 지역사회의 어린이들을 위한 프로그램에 참여하는 것으로 나타날 수 있습니다.

세계

결혼을 통한 동역자 관계는 선교, 세계 기아 구호 단체, 평화 봉사단, 그외 다른 지구촌의 관심사 등에 참여하는 것으로 이어질 수 있습니다. 하나님은 당신으로 하여금 이러한 일에 재정적인 뒷받침을 하든지, 변화된 생활 또는 두 사람이 직접 함께 참여할 수 있는 일을 찾도록 부르십니다.

XVI. 다음의 각 영역들을 해당되는 곳에 맞게 적으십시오.

활동무대	연합적 수행	개별적 수행
· 자녀 양육		
· 직업 또는 경력		
· 가정 살림		
· 교회와 지역사회		
· 세계		

관계의 유형 점검

본문에서 언급된 바, 매일의 삶속에서 우리가 관심을 가지고 실천해야 할 영역들과 그 밖의 것들을 돌이켜 볼 때, 어떤 것들은 부부가 함께 나누어야 하며, 또 다른 것들은 개별적인 것으로 부부 각자가 수행해야 하는 것들도 있습니다. 당신은 조금 전에 한 XVI과 같은 분류를 구체적으로 함으로써 당신의 삶에서 부부가 함께 해야할 것들과 개별적인 것들의 목록을 작성할 수 있습니다.

그리고 나서 당신 부부의 관계 유형을 점검해 보십시오. 당신 부부가 발전시켜 온 유형과 당신이 이제 작성한 목록들이 거의 일치하고 있음을 발견하게 될 것입니다. 당신 부부의 경우 서로가 많은 것들을 함께 나누고 있다면 연합을 통해 더욱 견고한 부부가 될 수 있습니다. 또 개별적으로 하는 것이 많다면 개별성을 통해 더욱 공고한 관계를 갖게 될 것입니다.

다시 말하지만 이 두 가지 중에서 어느 것이 더 좋다고 말할 수는 없습니다. 중요한 것은 어떤 관계 유형이 당신 부부의 목적과 중대한 관심사들을 보다 잘 수행하는 데 적합한가라는 것입니다. 예를 들어 자녀를 키우는 문제처럼 부부가 함께 감당해야 할 일에 있어서 그 문제를 어느 한 개인의 책임에 속한 것으로 다룬다면 관계에 갈등이 생기게 될 것입니다. 부부의 관계 유형은 그들에게 당면한 과제나 목적들을 수행하는 데 돕는 것이어야지 장애가 되어서는 안됩니다. 당면 과제나 목적이 다르면 관계 유형도 달라질 필요가 있습니다.

XVII. 다음의 질문들에 답하시오.

1. 문제 XVI의 도표에서 당신 부부의 관계 유형은 주로 어느 쪽으로 나타났습니까?

개별적 관계 유형 ______ 연합적 관계 유형 ______

2. 당신 부부의 관계 유형은 당신 부부가 당면한 과제나 목적들을 수행하는데 도움이 됩니까?
예 _____ 아니오 _____

부부는 공동의 목적과 개인적인 목적들을 성취하기 위해 함께 일하든지 서로를 지원하든지간에, 반드시 부부의 유사성과 상이성의 균형을 유지해야 합니다. 예를 들어 부부가 서로 다른 직업이나 일을 갖고 있을 때에도 그들 사이에는 유사성의 원리가 있어야 합니다. 부부는 상대방이 하는 일에 대해 충분히 알고 이해할 수 있어야 합니다. 반면에 상이성의 원리가 필요할 때도 있습니다. 부부는 상대방의 재능이나 은사들을 이해하고 그 하는 일을 지원해야 합니다.

언약결혼이란 부부가 저마다 한 개인으로서 상대방을 지원하고, 동시에 서로 나누며 공유하고 있는 목적들을 위해 동반자로서의 삶을 살아가는 것입니다.

XVIII. 이번 주에 당신 부부가 특별한 관심을 가지고 실천하기를 원하는 일이 있습니까? 이번 주뿐 아니더라도 당분간 당신 부부가 목표로 하는 것이나 새롭게 목표를 세워 수행하기를 원하는 것이 있으면 적으십시오.

____

이번 주에 이 목표가 당신 부부관계의 중요한 자리를 차지하기 위해 당신이 할 수 있는 일은 무엇이겠습니까?

____

요점정리

언약결혼에 있어서 동반자 관계는 남편과 아내가 마치 어깨를 나란히 맞대고 공동의 일과 소명을 바라보는 것과 같은 인상을 줍니다. 이와 같은 공유의 목적 내지는 소명을 함께 나누며 헌신하는 부부는 그러한 과정을 통하여 더욱 친밀한 한몸을 이루게 됩니다. 그리고 그 결과로서 그들의 결혼은 더욱 견고하고 능력 있게 됩니다.

의식적으로든 무의식적으로든 언약부부가 함께 나누며 공유하고 있는 어떤 목표나 일들을 그들 관계에서 쉽게 찾아볼 수가 있습니다. 부부들은 대체로 자녀 양육, 직업, 가정, 교회와 지역사회, 그리고 주변 세계와의 관계 등 다섯 가지 부분에서 그들의 목표와 책임, 그리고 부부생활의 의미를 발견합니다.

이러한 목표들 가운데에는 부부가 함께 헌신하여 수행해야 하는 것도 있고 개인적으로 행할 것도 있습니다. 당면한 일이나 목표에 따라서 그 성취를 위해 부부관계의 유형도 달라질 필요가 있습니다. 언약부부는 성숙한 결혼생활을 위해 부부의 연합적인 측면과 개별적인 측면, 그리고 상이성과 유사성의 원리를 잘 조화시켜야 합니다.

언약결혼이란, 부부 각자가 상대방으로 하여금 개별적인 일을 잘 할 수 있도록 최선의 지원을 하고, 공동의 책임이나 목표들을 위해서는 부부가 힘을 모아 함께 최선의 삶을 살아감으로써 그것들을 성취해 가는 것입니다.

연습문제

이 연습문제는 당신이 제6과의 학습목표를 달성했는지의 여부를 스스로 점검하도록 준비되었습니다. 각 물음에 성실하게 답하시기 바랍니다. 정답은 마지막 질문 다음에 있습니다.

1. 다음 중에서 결혼한 부부의 동반자 관계를 가장 잘 설명해 주고 있는 말은 무엇입니까?

① 동료 ② 책임들을 나누어 가짐 ③ 같은 팀 ④ 공로자

2. 다음 중에서 부부의 동반자 관계의 영역에 해당되지 않는 것은 무엇입니까?

① 자녀 양육 ② 직업 또는 경력 ③ 가정 ④ 개인 위생과 건강

3. 다음의 각 항목에 당신 부부가 동반자 관계의 차원에서 수행하고 있는 영역을 한가지씩 적으시오.

① 당신 부부가 함께 수행하는 것

____

② 당신 부부가 다른 사람들과 함께 수행하는 것

____

③ 당신 부부가 다른 사람들을 대신하여 수행하는 것

____

4. 당신 부부의 동반자 관계의 한 표현으로서 이번 주에 실천할 수 있는 것 한가지를 적으시오.

____

____

정답

1. ② 2. ④ 3. 스스로의 답 4. 스스로의 답

예습

당신은 이제 4단원 "동등한 동반자 관계"에서 언약부부로서 서로에게 헌신하며 살아가는 가운데 그러한 부부관계를 자주 위협하는 현실적이면서도 실제적인 문제들을 다룰 것입니다.

당신의 결혼생활에서 분노하게 하고 갈등을 일으키는 요소들이 무엇인지, 그러한 분노와 갈등이 당신과 당신의 배우자, 그리고 당신 부부의 관계에 어떠한 영향을 미치는지 질문해 보십시오.

당신은 다음 단원의 공부를 통해 성경이 그러한 것들에 대해 가르치고 있는 것이 무엇인지 살펴보고 그러한 긴장된 감정들을 조절하는 새로운 기술을 발전시킴으로써 분노와 갈등의 문제를 해결할 수 있는 능력을 배양하게 될 것입니다.

제4단원: 동등한 동반자 관계

제7과

분노와 갈등의 조절

개관

분노와 갈등의 근원

불편하고 짜증나는 행동

기본적인 가치관이 다른 행동

행동 양식의 차이

다른 데에서 오는 긴장과 갈등

상호간의 염려

위의 모든 것들

분노에 대한 부부의 태도

분노를 터뜨림

분노를 은폐함

분노를 연기함

분노를 재고함

분노를 대면함

요점정리

연습문제

예습

우리는 제3단원에서, 대개 결혼 초기에 경험하는 것으로서 부부가 항상 둘만 있으려고 하는 배타적인 사랑은 서서히 그들의 친밀한 사랑의 영역에 이웃들을 초청하고 그 열매를 함께 나누는 확대된 사랑의 형태를 띠어야 함을 생각해 보았습니다.

그리스도인 부부는 마땅히 그들의 삶을 통하여, 그들 공유의 사역을 통하여 이웃을 겸손히 섬기는 그러한 삶을 살도록 노력해야 합니다. 당신은 이러한 차원에서 당신 부부를 향한 하나님의 뜻을 실천하기 위해 어떤 목적을 가지고 어떻게 살고 있는지 점검해 보는 시간을 가졌습니다.

당신 부부가 동반자 관계를 유지하고 있는지 확인하셨습니까? 당신 부부는 재능이나 은사를 다하여 실천할 부부 사역을 정하셨습니까? 이미 진행중에 있었다면 보다 효과적인 사역을 할 수 있는 어떤 가능성을 발견하셨습니까? 부부가 한 팀이 되어 공통의 목적을 위해 함께 일하는 것, 이것이야말로 그리스도께서 의도하시고 결혼생활에 일으키기를 원하시는 변화의 생생한 예시입니다.

개관

옛 속담에 "부부가 너무 똑같으면 둘 중 한 사람은 필요가 없다"라는 말이 있습니다. 내 경우에 있어서 우리 부부는 서로에게 매우 필요한 존재였습니다. 우리는 거의 모든 것이 달랐습니다.

부부 사이에 의견의 차이가 생기면 어떻게 하겠습니까? 갈등이란 결혼 생활에 어쩔 수 없이 있게 마련인 것입니까? 어떻게 분노를 피할 수 있습니까? 우리는 앞으로 이러한 문제들을 다루게 될 것입니다. 우선 결혼생활에서 갈등을 야기하는 요소들을 살펴보고 가정에서 이러한 것들을 어떻게 건설적으로 조절할 수 있을지에 대해 살펴볼 것입니다.

당신 부부가 갈등의 문제를 어떻게 다루고 있는지 생각해 보십시오. 당신 부부에게 있어서 제7과에 제시된 방법들 중에서 어떤 것이 가장 효과적으로 분노와 갈등의 문제를 조절하고 극복하는 데 도움이 될 수 있겠습니까?

학습목표

- 분노와 갈등의 개념을 정의한다.
- 분노와 갈등의 여섯 가지 근원을 확인한다.
- 분노와 갈등의 결과와 그 영향을 점검한다.

……나에게 있어서의
……배우자에게 있어서의
……부부관계에 있어서의

· 분노와 갈등에 대한 성경의 가르침을 공부한다.
· 분노와 갈등을 다루는 능력을 배양한다.
· 이번 주에 이 능력을 나의 결혼생활에 적용한다.

분노와 갈등의 근원

우리의 삶중에서 결혼생활만큼 갈등을 야기시킬 소지가 많은 관계는 없을 것입니다. 두 사람이 결혼을 하면 그때부터 그들은 자동차, 돈, 부엌, 치약 등 모든 것을 함께 나누며 살아가게 됩니다. 항상 서로의 습관이나 행동에 부딪히게 됩니다. 부부는 서로의 가치관이나 목표를 나누고 일상생활의 크고 작은 일까지 기본적으로 서로가 동의하는 선에서 살아가기를 원합니다. 그리고 그러한 기대에 있어서 부부는 부분적으로 그들의 의견 차이와 마찰을 경험하게 됩니다. 집의 온도를 낮게 조절할 것인가, 높게 조절할 것인가, 여름 휴가 때 시댁에 갈 것인가, 친정에 갈 것인가 하는 수많은 문제들에서 부부는 어쩔 수 없이 갈등을 경험하게 됩니다.

우리는 제4과에서 부부가 서로의 차이점 때문에 서로에게 끌린 경우를 생각해 보았습니다. 그렇지만 이러한 차이점들은 흔히 부부가 그들의 관계에서 경험하는 갈등의 근원이 되기도 합니다. 부부가 어떤 일을 하는 데 있어서 한 사람은 미리 계획하기를 좋아하고 다른 사람은 임박해야만 하는 경우를 예로 들어봅시다. 현주와 종수 부부가 어느날 주말 여행을 가기로 하였습니다. 현주는 이 여행의 세부 계획을 미리 세우기를 원했습니다. 그러나 종수는 좀처럼 그렇게 하려 하지 않았습니다. "그때 가서 가고 싶은 데로 결정하여 가자구. 그렇게 미리 서두르면 재미가 없어." 현주는 점점 화가 났습니다. 미리 여행 계획을 세워놓고 거기에서 무엇을 할지 생각하고 기대하는 것만으로도 그녀에게는 충분히 커다란 즐거움이었기 때문입니다.

Ⅰ. 당신 부부에게 있어서 갈등의 근원이 되는 차이점 중 하나를 적으시오.

____

____

종수와 현주는 여행이나 여가 선용에 임하는 자신들의 태도를 그리 쉽게 바

꾸려 하지 않을 것입니다. 그러나 어떠하든지 간에 이러한 경우처럼 자신들의 차이점으로 인해 야기되는 갈등의 문제를 조절하고 해결하지 않으면 안됩니다. 사실상 그들에게 있어서 갈등을 야기시키는 것은 차이점이라기보다는 그 차이점이 서로에게 미치는 영향 때문입니다. 부부의 차이점은 두 사람이 서로의 차이점에 대해 전혀 이해하지 못하고 그것이 서로에게 그대로 어떤 영향을 미칠 때 갈등이 됩니다. 만약에 종수와 현주가 주말을 따로 보낸다면 그들의 차이점은 전혀 문제가 되지 않을 것입니다. 그렇지만 함께 보낼 것이면서 자신들의 태도를 고집한다면 갈등을 피하기는 어려울 것입니다.

Ⅱ. 당신의 부모님들에게 있어서 갈등을 일으키게 한 차이점들은 무엇이었습니까? 그들은 그러한 갈등을 어떻게 다루었습니까?

부부간의 갈등이 있을 때 공통적으로 나타나는 반응은 분노의 감정입니다. 그러나 부부 중 어느 한쪽이 분노의 감정을 갖게 되기까지는 단순한 갈등 이상의 것이 수반되어야 합니다. 어쩌면 현주는 종수가 다섯 번씩이나 주말여행 계획에 대한 자신의 요청을 받아들이지 않을 때 분노의 감정을 표출할지 모릅니다. 아니면 싱긋 웃고 자기 혼자 계획을 세우며 그들의 주말 여행이 그 계획대로 되기를 기대하는 반응을 보일 수도 있습니다. 여기에서 차이를 가져오는 것은 무엇입니까?

첫째로, 현주가 어떠한 경험을 하고 있는가 하는 것입니다. 그녀가 이웃이나 직장 상사로 인해 피곤해 있거나 긴장된 상태에 있을 때, 또는 주말여행에 대한 기대로 매우 흥분해 있을 때 종수와 그러한 상황이 벌어지면 쉽게 분노의 감정이 생기게 될 것입니다. 분노는 느낌이며 감정입니다. 그것은 다른 어떤 감정이나 신체상태와 결합하여 상호작용을 일으킵니다. 그것이 어떠한 이유이든 우리가 긴장해 있거나 체내 상태가 흥분되어 있을수록 우리는 더욱 쉽게 분노의 감정을 갖게 됩니다.

둘째로, 현주가 종수의 행동을 어떤 의미로 받아들이는가 하는 것입니다. 남편의 행동을 자신에 대한 사랑의 척도 내지는 무관심으로 받아들인다면 쉽게 분노가 치밀 것입니다. 그럴 때 현주는 아마 이렇게 생각할 것입니다.

"나는 남편에게 있어서 전혀 중요한 존재가 아니야. 나의 필요를 심각하게 고려해 준 적이 한 번도 없잖아. 이 일이 내게 얼마나 중요하고 원하는 일인지 그는 전혀 이해해 주지 않아. 자기 자신만 생각하지 뭐야."

그러나 현주가 남편의 행동을 이와 다른 측면에서 본다면 그리 쉽게 화가 나지는 않을 것입니다. 그녀는 아마 이렇게 생각할 수 있을 것입니다.

"남편은 참 나와 다른 사람이야. 미리 계획하기를 좋아하지 않는 사람이지. 어쩌면 요즈음 직장에서 하도 많은 사람들이 과중한 요구를 하니까 내게서까지 그러한 부담을 받고 싶지 않기 때문일 거야."

물론 똑같은 상황에서 종수도 이와 같이 생각을 하거나 또는 전혀 다른 판단을 할 수 있을 것입니다.

갈등은 두 사람의 차이로 인해 생기는 결과이며, 그것은 또한 관계의 문제이기도 합니다. 그리고 분노는 갈등이나 다른 어떤 긴장 또는 흥분에 대한 반응, 그 갈등 상황에 대한 판단, 느낌에 따른 반응이라 할 수 있습니다. 한 사람이 다른 사람을 화나게 한다는 것은 사실상 잘못된 말입니다. 왜냐하면 다른 사람의 감정이나 생각을 내가 조절할 수 없었기 때문입니다. 사람은 저마다 자신의 느낌이나 감정에 스스로 책임을 져야 합니다. 부부간의 차이나 갈등이 자신들의 관계를 파괴하는 것이 아니라 도리어 견고하게 세워가는 요소가 될 수 있도록 그것들을 조절하는 방법을 모색할 책임이 있습니다.

Ⅲ. 위의 문제 Ⅰ에서 당신이 쓴 것을 다시 한 번 읽어 보십시오. 방금 위에서 제기된 두 가지 반응의 가능성을 통해 볼 때, 어떻게 하면 Ⅰ의 상황에서 당신이 분노하지 않게 될 수 있겠습니까?

____

____

부부관계에서 갈등을 느끼고 화를 내는 데에는 여러 가지 이유가 있을 수 있습니다. 이제 그 중 몇 가지를 함께 살펴보도록 하겠습니다.

불편하고 짜증나는 행동

부부간에 불편하고 짜증나는 행동으로 인해 화를 내는 것들을 우리는 주위에서 흔히 봅니다. 예를 들어 손톱을 깨물거나, 집에서 단정하지 못한 복장을 입은 채 생활하는 것, 식탁에서 신문을 읽는 것과 같은 개인적인 습관들, 변기 받침대를 올려둔 채 그냥 놔둔다든지, 쓰레기를 일주일씩이나 버리지 않는 것, 식탁 위에 놓여진 식기들을 씻지도 않고 그대로 놔두는 것과 같은 가정생활의 행동들, 그리고 아침에 일찍 일어나는 유형과 늦게까지 침대에 파묻혀 잠자기를 좋아하는 올빼미 유형의 개인적인 방식에 이르기까지 다양한 요소들이 여기에 해당됩니다.

이러한 행동들은 사실상 그리 크게 중요하거나 문제가 될 것으로 보이지는 않습니다. 그러나 마치 엄지손가락에 생긴 조그만 종기처럼 언제라도 부부의 관심을 중요한 일들로부터 온통 이 조그만 문제로 집중시키고 부부 사이에 짜증과 다툼이 일어나게 할 수 있습니다. 조그만 종기가 아무리 사소하게 보일지라도 일단 그것이 자신의 손가락에 난 종기라면 그것을 무시하기는 쉽지 않습니다. 이와 마찬가지로 결혼생활에서도 서로의 신경을 거슬리게 하는 사소한 일들이 부부관계에 큰 영향을 미칠 수가 있습니다. 이러한 것들은 매일의 삶속에서 부부의 관계를 지속적으로 찌르고 있는 요소들입니다.

기본적인 가치관이 다른 행동

부부는 저마다 자신들을 위한, 또 자신들의 결혼을 향한 꿈과 목표들을 갖고 있습니다. 가능한 한 빨리 재정적인 안정을 이루기를 원하는가 하면 내일에 대한 염려보다는 오늘 돈을 쓰며 즐기기를 원합니다. 여행하기를 원하는가 하면 복잡하고 귀찮은 여행보다는 그저 근처 호숫가에 가서 쉬기를 원하기도 합니다.

부부는 결혼에 대한 각자의 기대로 인하여 갈등을 경험하기도 합니다. 어떤 사람은 부부란 마땅히 모든 활동을 함께 나누어야 한다고 생각합니다. 그리고 부부가 함께 만나지 않는 사람과의 친분관계는 계속해서는 안되고, 서로를 자주 사랑으로 어루만져야 하며, 길을 걸어갈 때에는 꼭 손을 잡고 가야 한다고 생각합니다. 그런데 상대방은 부부가 서로를 돕고 격려하기는 하되 서로를 지배하거나 조절하려 해서는 안되며 애정 표현은 둘만이 있을 때 해야 하는 것으로 생각합니다.

대부분의 부부는 자신들에게 이러한 가치관 내지는 부부관이 있는지조차 모르고 살아갑니다. 그것이 상대방의 견해와 부딪히면 이러한 것들을 심각하게 생각하게 됩니다. 상대방의 견해와 충돌하기까지는 그렇게 살아가는 것이 당연하고 맞는 것처럼 보이는 것입니다.

행동 양식의 차이

결혼을 통한 부부관계에서 드러나는 네 가지 유형, 즉 개별적, 연합적 유형, 유사성과 상이성의 유형은 갈등을 야기시킬 소지를 다분히 함유하고 있는 요소들입니다. 부부관계에서는 어느 유형도 다른 것보다 더 좋다고 말할 수 없습니다. 또 어느 한가지를 택하여 그 유형에만 집착해서도 안됩니다. 부부관계에는 이 네 가지 유형이 다 필요합니다.

부부 중 한 사람은 어떤 문제나 일에 대해 자신의 한가지 유형을 주장하고 상대방은 다른 유형으로 그 문제에 접근하려 할 때 갈등을 겪습니다. 예를 들어, 한 사람은 어떤 과제에 대해 그것을 각자 잘할 수 있는 일에 따라 나누어서 수

행하기를 원합니다. 즉 '당신은 시장을 보고 나는 그동안 집 청소를 하고' 라고 주장하는 유형입니다. 그러나 그 상대방은 부부가 동일한 일을 하기를 원합니다. 즉 '이번에는 내가 시장을 봐오고 다음번에는 당신이 하고' 식의 부부간의 유사성을 강조하는 유형일 때 그들 사이에 마찰이 생기게 됩니다.

Ⅳ. 다음의 각 항목에 당신 부부 사이에 갈등의 요인이 되었던 것을 한가지씩 적으시오.

· 개인적인 습관: ________________________________

· 가정 생활: ________________________________

· 가치 차이: ________________________________

· 개인적인 행동 양식: ________________________________

당신은 위와 같은 상황을 경험할 때마다 이러한 잠재적인 갈등의 요인들을 완화시키기 위해 어떠한 노력을 했습니까?

다른 데에서 오는 긴장과 갈등

부부간의 긴장은 종종 다른 사람과의 관계에서 경험하는 분노로 인해, 특히 그것을 겉으로 드러내지 않고 속으로 삭이려는 경우에 비롯됩니다. 사람들은 자신이 일하는 회사의 간부에게 부당한 비난을 받거나, 직장 동료가 근무 지침서를 빌려가 자기 마음대로 그 책에 표시를 한다거나, 가게의 점원이 자기를 당황하게 만들었을 경우에 그에 대한 자신의 감정을 솔직하게 상대방에게 이야기하는 대신에 혼자 당황해 하며 분노의 감정을 가지고 있게 마련입니다.

긴장은 매일의 삶에서 경험하는 조그마한 일들에서도 생깁니다. 급할 때에 옷의 지퍼가 움직이지 않는다든지, 자동차의 시동이 걸리지 않는다든지, 낯선 도시에 갔을 때 갖고 있던 지도가 전혀 도움이 안될 때에도 우리는 긴장을 경험할 수 있습니다. 그러면 우리는 짜증이 나서 종종 배우자에게 퉁명스럽게 대하곤 합니다.

이처럼 우리가 짜증이 나고 피곤하며 긴장된 상태에 있을 때는 자기 배우자의 흐트러진 모습이나 말하는 것, 맘에 들지 않는 행동 등으로 인해 쉽게 화가 치밀곤 합니다. 그럴 때 자신의 분노의 감정을 배우자의 탓으로 돌리며 상대방을 비난합니다. 상대방을 비난함으로써 자신은 문제나 화를 내는 것에 대한 책임을 회피하는 것입니다. 모든 것이 상대방 때문에 일어난 것이기 때문입니다.

야고보는 그의 서신에서 이렇게 강조하고 있습니다. "성내기도 더디하라. 사람의 성내는 것이 하나님의 의를 이루지 못함이니라" (약 1:19하-20). 우리는 생활 속에서 경험하는 긴장이나 갈등의 상황에서 그것을 쉽게 분노의 감정으로 표출하기보다는 깊이 생각해 보고 심사숙고하여 행동할 필요가 있습니다. 상대방에게 화를 내거나 짜증을 내기 전에 자신을 괴롭히고 짜증나게 하는 것이 무엇인가를 숙고하여 알아보아야 합니다. 두 사람의 감정이 실제로 둘 사이의 갈등의 요소로 인해 비롯된 것인가? 나는 그 갈등에 대해 어떻게 생각하고 판단하고 있는가? 두 사람의 실제 관계보다는 긴장 상황에서 비롯된 감정은 아닌가? 등등.

Ⅴ. 당신과 배우자와의 관계에 영향을 주는 긴장의 요소들을 찾아 밑줄을 그으시오.

· 직장 상사
· 직장 동료들
· 게으름
· 교통 체증
· 날씨
· 경제적 염려
· 자녀문제
· 교회 내에서의 분쟁
· 건강문제
· 친척들

상호간의 염려

때로는 서로를 향한 염려 때문에 갈등이 생기는 경우도 있습니다. 상대방이 상처를 입은 이야기를 듣고 그 문제나 고통 앞에서 사랑하는 사람을 위해 무언가를 하지 않고 가만히 있기란 그리 쉬운 일이 아닙니다.

그래서 상대방이 자신의 충고를 받아들이기를 바라면서 자신이 생각하는 문제 해결에 도움이 될 방안들을 제시하곤 합니다. 그런데 이러한 충고들은 어려움이나 문제를 해결해야 하는 배우자의 방식과는 전혀 다른 경우들이 많이 있습니다. 문제와 갈등의 상황에 직면한 배우자는 이미 충분히 마음이 동요되고 혼돈된 긴장 상태에 있기 때문에 언제라도 분노의 감정이 치밀 가능성이 억눌려 있습니다. 그래서 배우자에 대해 우리가 어떤 근심이나 염려하는 심정으로 대할 때 우리 자신의 긴장 상태도 가중되면서 분노의 감정이 촉발될 잠재적 상태에 들어가게 됩니다. 그리고 부부가 함께 당면한 어려움이나 문제에 대한 어떤 해결책을 찾기 원하지만 그것을 어떻게 찾느냐 하는 면에서는 서로 의견의 일치를 보지 못합니다.

정균이는 퇴근하여 집에 오자마자 아내 은아에게 피곤에 지치고 짜증스러운 모습으로 불평을 터뜨렸습니다. 그는 벌써 여러 주 동안 몸의 상태가 좋지 않음을 느꼈고 그 상태가 계속되었던 것입니다. 이러한 정균이에게 은아가 대답했습니다.

"당신은 당신 자신에 대해 도무지 신경을 쓰는 것 같지 않아요. 그렇게 지나치게 일만 하지 말고 며칠 동안 푹 쉬며 수면을 취한다면 괜찮아질 거예요. 당신이 없다고 해서 일이 안 돌아가는 것은 아니잖아요?"

은아는 순수하게 정균이를 염려하여 이렇게 말한 것이었습니다. 그녀는 정균이의 상태가 별로 좋지 않은 것이 걱정되었고 그래서 남편에게 도움이 될까 하여 필요하다고 생각되는 충고를 하였던 것입니다. 그러나 정균이는 그녀의 의도와는 반대로 은아가 자신을 올바로 이해해 주지 못하고 건강 상태가 좋지 않음에도 불구하고 열심히 일한 자신에게 용기를 북돋워주기는커녕 도리어 공박하고 있다고 생각했습니다. 그리하여 두 사람은 결국 분노의 감정을 갖게 되었습니다.

어떤 문제나 자신이 해야 할 일에 대해, 또는 건강상태가 좋지 않은 배우자에 대해 직접적으로 분노의 감정을 표출한다는 것은 그리 쉬운 일이 아닙니다. 하지만 거기에서 오는 갈등이나 긴장을 자신의 몸을 돌보지 않다가 아프게 되면 불평을 털어 놓거나 자기 배우자의 과중한 부담에 대해 무관심하다고 생각되면 배우자에게 전가시켜 분노의 감정을 노출시키기는 쉽습니다.

Ⅵ. 다음 중에서 당신에 대한 당신 배우자의 염려에 해당되는 것에는 "가", 당신 배우자에 대한 당신의 염려에 해당되는 것에는 "나"를 써넣으시오.

______ 체중 과다

______ 체중 미달

______ 인스턴트 음식 섭취

______ 불규칙적인 식사

______ 운동 부족

______ 수면 부족

______ 지나친 TV 시청

______ 과로

______ 박봉

______ 병약

당신이 "나"라고 표기한 항목들을 눈여겨보십시오. 만약 당신 배우자가 당신과 같은 식으로 당신에 대한 자신의 염려를 표현했다면 당신 부부가 처한 상황이 더 좋아지겠습니까, 아니면 나빠지겠습니까?

위의 모든 것들

때로 부부 사이에서 일어나는 갈등은 우리가 지금까지 살펴본 범주 중 한가지로 인해 생겨납니다. 그러나 사실상 그 대부분은 당신이 그러한 문제와 갈등 상황을 어떻게 보느냐에 의해 좌우됩니다. 당신이 보는 관점에 따라 이러한 요소들이 서로 이 모양, 저 모양으로 얽혀 갈등 상황을 야기시키는 것입니다.

앞에서 살펴본 바 있는 몸의 상태가 좋지 않은 남편과 그의 아내의 경우, 그들은 서로에 대한 염려로 인해 갈등 상황에 빠졌습니다. 그들에게는 이러한 상황을 초래하게 한 또 다른 요소들이 있었습니다. 남편이 불평하던 때, 그녀 역시 하루의 일과로 인해 매우 피곤한 상태였습니다. 발이 아팠고 동시에 그녀는 오늘 저녁은 무엇을 준비할까 하는 생각으로 가득 차 있었습니다. 그리고 그녀의 눈은 어지럽게 널려 있는 신문들과, 벗어던져진 옷들, 그리고 남편이 쓰고 나서 식탁에 그대로 내버려 둔 몇몇 도구들에 가 있었습니다. 그녀는 이미 여러 번 물건들을 여기저기 놓지 말고 제자리에 갔다 놔 달라고 부탁을 했지만 지켜지고 있지 않았습니다. 또 이처럼 남편의 상태가 좋지 않을 때에는 그렇게 해달라고 부탁하기도 어려운 일이었습니다. 그리고 이제 그녀가 1년이나 고대해온 바, 부부가 아이들을 다른 사람에게 맡기고 둘만의 시간을 갖기로 한 주말이 3일밖에 남지 않았는데, 지금 남편은 몸이 아프고 할 일이 너무 많다고 불평하고 있는 것입니다.

자, 이 상황에서 진짜 문제가 되고 있는 것은 무엇이겠습니까? 물론 그 대답으로는 여기에 관련된 모든 것이 진짜 문제를 일으키는 요소들이라는 것입니다. 만약 이 분노와 갈등의 상황에서 이 부부가 그들의 감정을 잘 조절할 수 있다면 그들은 다른 상황의 갈등에서 오는 문제들도 잘 다룰 수 있게 될 것입니다.

Ⅶ. 다음의 항목들에 “예” 또는 “아니오”로 대답하시오.

내가 배우자에 대해 분노하게 될 때

______ 거기에는 대개 한가지 이상의 이유가 있다.
______ 대개 내 기분이 안 좋기 때문이다.
______ 배우자에 대한 나의 염려 때문이다.
______ 긴장을 일으키는 다른 요소들의 영향 때문이다.
______ 그것은 대체로 우리 사이에 별로 큰 문제가 되지 않는다.
______ 그것은 대체로 우리 사이에 중대한 문제가 된다.

분노에 대한 부부의 태도

당신은 부부간에 화가 나는 일이 있을 때 어떻게 하십니까? 모든 부부들에게는 종종 화가 날 때가 있습니다. 그렇지만 화났을 때 감정을 조절하는 방법면에서는 서로 조금씩 다릅니다. 아마도 부부간에 가장 치명적인 상처를 주는 것으로는 상대방에게 그대로 분노의 감정을 터뜨리거나 그것을 꾹 눌러 참고 화나지 않은 척하려는 것일 것입니다.

분노를 터뜨림

분노를 터뜨린다는 것은 분노의 감정을 그대로 상대방에게 내보낸다는 것을 의미합니다. 즉 땅 속에서 부글부글 끓으며 압축되었던 연기와 열이 화산으로 폭발되어 분출시키는 것과 같은 것입니다. 속에 있는 것을 그대로 밖으로 내뿜는 것은 그처럼 열을 받게 한 원인에 대해 아무런 변화를 가져다 주지 못합니다. 그것은 단순히 축적되어 왔던 뜨거운 열기를 밖으로 내보내는 것일 뿐입니다. 분노를 터뜨리는 방법으로는 상대방에게 소리를 지르거나 물건을 집어던지는 것, 자존심을 건드리는 비판을 하거나 험담을 하는 것, 욕설을 퍼부으며 신체적으로 가해를 하는 것 등이 포함됩니다.

사람들 가운데에는 분노를 터뜨리면 속에서 누르고 있는 것이 밖으로 나가므로 분노의 감정이 없어지거나 최소한 줄어들 것이라고 생각하는 이들이 있습니다. 그러나 실제로 분노를 터뜨리면 오히려 분노가 더 증가하게 됩니다. 분노를 표출하는 데에 있어서 우리가 주목해야 할 것은 그것이 자기 중심적인 자기 자신의 표현에 초점이 맞추어져 있다는 것입니다. 그래서 자신의 감정에 대해 말을 하면 할수록 그러한 감정을 더 강렬하게 피부로 느끼게 된다는 것입니다. 사실상 부부가 분노의 열기에 싸여 서로 충돌하며 살아온 경우에, 보다 건설적인 방법으로 상호간의 갈등을 다룬다는 것은 결코 쉬운 일이 아닙니다.

속에 있는 분노의 감정을 그대로 내보내는 것은 서로간에 분노만 초래할 뿐, 그 사이에 사랑은 없습니다. 부부생활에 있어서 서로에 대해 생각 없이 지내며 상대할 때 부부는 종종 상대방에게 분노를 터뜨리는 등의 의도하지 않았던 결과를 보게 됩니다.

우리는 성경에서도 신체적 상해를 가한다든가 적의에 찬 말을 퍼붓는 등의 방법으로 분노를 표출함으로써 치명적인 결과를 가져왔던 여러 가지 예들을 볼 수가 있습니다(창 49:5-7; 출 2:11-15; 삼하 13 참조). 분노를 표출하는 것은 결국 문제를 초래하게 됩니다(잠 14:17, 29; 전 7:9 참조). 예수님은 이름을 부르며 모욕하는 경우(미련한 놈!)를 말씀하시면서 다른 사람에게 성을 내는 것과 살인을 동일하게 해석하셨습니다(마 5:22). 상대방의 이름을 들먹이며 그 사람을 하나의 물건 정도로 격하시키는 것은 실제로 그 사람의 인간성을 무시하며 그 사람 자체를 살인하는 것입니다. "몽둥이와 돌멩이들은 나의 뼈 마디마디를 부수어뜨릴지 몰라도 나는 결코 사람의 말 때문에 상처를 받지는 않는다"는 말은 사실 실제와는 거리가 먼 이야기입니다.

에베소서 4:26의 "분을 내어도 죄를 짓지 말며"라는 말씀은 종종 "분을 내어도 죄만 짓지 않으면 되므로 분을 내는 것은 상관없다"는 의미로 곡해되었습니다. 그러나 이 말씀은 사실상 "분노가 치밀어 오를 때에도 그 분노로 인하여 죄를 짓지는 말라"는 의미로 이해되어야 합니다. 분을 내는 것은 위험한 일입니다. 우리가 상대방에 대해 어떻게 하면 자신이 당한 것을 그대로 갚을까 생각하면서 그 분노의 감정을 자기 안에 방치해 둘 때 그것은 마귀로 하여금 우리 안에 틈을 타고 들어오도록 문을 열어 놓은 격이 됩니다(엡 4:26-27). 분노의 감정은 있는 그대로 터뜨려 버릴 것이 아니라 신중하게 생각하여 상호간의 갈등을 함께 풀기 위한 공동의 노력을 기울이는 건설적인 방법으로 표현되어야 합니다. 결코 자기 안에서 그 분노가 점점 커지거나 자기 생각대로 받은 것을 그대로 갚고자 계획을 세워서는 안됩니다.

Ⅷ. 분노를 그대로 표출하는 것이 분노의 감정을 다루는 데에 있어서 치명적인 이유를 당신 자신의 말로 설명하시오.

____

____

분노를 은폐함

분노를 표출하는 것의 반대현상은 분노를 은폐하여 숨기는 것입니다. 이것은 자신의 분노를 공개적으로 나타내는 대신 그것을 숨기고 무시하려 함으로써 분노하게 만든 원인을 직접적으로 대면하지 않으려는 것입니다. 그래서 일에 몰두하거나 TV, 신문 등에 몰입하여 배우자에게 침묵시위를 하기도 합니다. 자신이 화났다거나 그 원인이 무엇인가 등에 대해서는 말하지 않고 단지 그 상황을 회피하고자 하는 것입니다.

그러나 이러한 방법도 결국은 분노를 터뜨리는 것과 같은 결과를 가져올 뿐입니다. 근본적으로 분노의 감정을 유발시킨 일차적인 갈등은 무시된 채 상대방에게 분노의 감정을 불러일으킬 가능성만 크게 만드는 것입니다. 배우자에게 우리 자신의 감정을 은폐하려 들 때 그는 종종 자기에게 말할 기회도 주지 않고 자기가 행한 어떤 잘못에 대해 비난을 받고 있다고 느낄 수 있습니다.

우리는 분노와 갈등의 상황을 이 두 가지 방법이 아닌 다른 방법들로써 보다 효과적으로 다룰 수 있습니다. 그러한 방법들로는 분노를 연기하거나 재고하는 것, 또는 분노를 일으키는 문제를 직접 대면하여 다루는 것 등이 있습니다.

분노를 연기함

부부가 분노의 상황을 조절하는 중요한 방법들 중의 하나로 분노를 그대로 터뜨리는 대신, 적절한 시간과 장소에서 상호간의 갈등을 극복하도록 연기하는 방법이 있습니다. 참지 못하고 순간적으로 분노를 터뜨리는 것은 지혜로운 자의 태도가 아닙니다(잠 14:17, 29; 전 7:9). 우리는 어떤 행동을 취하기 전에 자신이 현재 어떤 감정 상태에 있는지, 지금 자신이 배우자에게 하고 싶은 말이 무엇인지, 그것을 어떻게 말하는 것이 좋은지 생각해 볼 시간을 갖는 것이 좋습니다.

분노를 연기하는 것과 은폐하는 것은 다릅니다. 우리는 종종 서로에게 이렇게 말할 필요가 있습니다. "나 지금 기분이 좋지 않아요(화가 나요, 짜증이 나요, 기분 나빠요 등등). 잠시 이 문제에 대해 생각할 시간을 가져야겠어요. 저녁 식사가 끝날 때까지 생각할 시간을 갖고 나중에 함께 이 문제에 대해 이야기해 봐요." 부부가 어떤 다른 것에 의해서도 방해를 받지 않고 자신들의 문제에 대해 생각할 수 있으면 언제 어디서든 무관합니다. 예를 들어 대부분의 부부에게 있어서 잠자기 직전이나 두 사람이 다 피곤해 있을 때와 같은 시간에는 이러한 갈등의 문제를 다루지 않는 것이 좋습니다.

Ⅸ. 당신이 배우자와 허심탄회한 시간을 갖기에 좋지 않은 때는 대개 언제입니까?

당신이 배우자와 그런 대화의 시간을 갖기에 좋은 때는 언제입니까?

성경은 우리에게 "해가 지도록 분을 품지 말고"라고 말하고 있습니다(엡 4:26). 어떤 사람들은 이 말을 그날이 다 지나가기 전에 반드시 모든 갈등의 문제를 해결해야 하는 것이라고 오해합니다. 유대인들에게 있어서 하루는 해가 짐으로 시작됩니다. 여기에서 성경이 말하고자 하는 것은 분노의 감정을 그대로 갖고 있으면서 그로 인해 서로의 관계에 계속 영향을 받지 말고, 적절한 때에 그 문제를 풀어서 서로의 관계를 원만하게 가지라는 것이었습니다. 잠자기 전에 마라톤 회의를 해서라도 반드시 그날 문제를 해결하라는 것이 아닙니다. 부부는 서로의 필요나 감정, 분위기, 문제를 대하는 능력 등에 대해서 예민해져야 합니다. 물론 이때 서부영화에서 두 사람의 총잡이가 뜨거운 태양 아래에서 피할 수 없는 최후의 결전을 벌이는 것처럼, 그래서 양단간의 결과가 그 자리에서 나타나는 것처럼, 하루 해가 저물기 전에 반드시 문제가 해결되어야 하는 시간 제한이 있는 것은 아닙니다.

Ⅹ. 당신이 배우자와 차분히 대화할 적절한 순간을 기다리는 동안 배우자에게 어떤 태도로 대해야 하겠습니까? 해당되는 것에 밑줄을 그으시오.

· 못마땅한 얼굴로 뾰로통해 있는다.
· 화난 것을 드러낸다.
· 침묵으로 대한다.
· 관심을 갖고 대한다.
· 고통스런 얼굴을 한다.
· 아무 일도 없었던 것처럼 대한다.

물론 부부간의 분노와 갈등의 상황에서, 때로는 배우자의 상태나 상황을 고려하여 그 문제에 대해 언급하지 않는 것이 필요할 때가 있습니다. 배우자가 그에게 부과된 여러 가지 일로 인해 스트레스를 받고 있거나 피곤하고 몸이 아프며 사기가 저하된 상태에 있을 때 문제나 분노의 감정에 관한 이야기를 꺼내는 것은 바람직하지 않습니다. 그럴 때는 상황이 보다 호전될 때까지 기다리는 것이 좋습니다. 사람들 사이의 관계에서는 "잠잠할 때가 있고 말할 때가" 있는 것입니다(전 3:7 하).

우리는 자신의 감정이나 갈등을 은폐할 필요가 없습니다. 다만 적절한 상황에서 그것을 다루도록 때론 시기를 연기하라는 것입니다(엡 4:29).

부부는 때때로 자신이 어떤 감정 상태에 있는지, 자신의 진정한 의도가 무엇인지 분별할 시간을 갖도록 분노와 갈등의 상황을 연기할 필요가 있습니다. 내가 지금 저 사람을 모욕하려는 것인가? 비난하고 싶어하는가? 저 사람의 무관심 때문에 내가 희생당하고 있는 것처럼 보이고 싶어하지는 않는가? 그렇지 않으면 우리 사이에 있는 갈등의 문제를 둘이 해결할 뿐만 아니라 우리의 관계를 보다 견고하게 하기 위해 나의 속사정을 저 사람에게 전달하고 싶어하는가? 부부는 매일의 삶 속에서 일어나는 분노의 감정까지도 어떻게 전달할 것인지에 대해서 구체적으로 대화하고 결정할 필요가 있습니다.

분노를 연기하는 것은 배우자를 대하는 태도에 있어서 변화를 가져다줄 수 있습니다. 즉 "굼벵이 같으니라구! 당신은 자신만 알고 다른 사람은 안중에도 없어요?"와 같은 태도에서 "당신이 정신을 딴 데 파느라고 나를 한 시간 동안이나 길거리에 세워두어 얼마나 화가 났는지 몰라요. 당신이 그럴 때, 나는 당신에게 있어서 전혀 중요하지 않은 존재처럼 여겨져요. 나는 당신의 삶에서 중요한 부분을 차지하는 중요한 존재가 되고 싶어요. 당신이 약속한 것에 대해서는 반드시 지켜주면 좋겠어요."와 같은 태도로 바뀔 수 있는 여지를 제공해 주는 것입니다.

ⅩⅠ. 만약 당신이 갈등의 문제를 즉시 해결하고자 하는 사람이라면 그 이유가 무엇인지 아래에서 골라 해당되는 번호에 체크하시오.

① 나는 불편한 감정이 있으면 그것을 속히 떨쳐버려 그 상황이 지나가기를

원한다.

② 나는 서로가 좋아할 만한 방법으로 나의 감정을 잘 전달하여 우리의 관계를 보다 견고하게 하기를 원한다.

분노를 재고함

분노의 감정이 일어날 때 순간적으로 어떤 말을 하거나 행동을 하기 전에 잠시 생각할 시간을 가지십시오. 먼저 어떤 일이 일어났는지 그 상황을 신중하게 살펴보면서, 당신이 처음에 순간적으로 느꼈던 것과 그것이 실제로 의미하는 바가 무엇인지를 가능한 한 냉철하게 구별하여 생각해 보십시오. 예를 들어, 주방에 있는 여러 취사도구들 가운데 접시만 닦여있고 가스 레인지를 비롯한 나머지 도구들은 더러운 채로 그대로 널려 있는 장면을 당신이 목격했다고 합시다. 이것은 당신의 배우자가 당신에게 닦으라고 남겨둔 것입니다. 순간적으로 당신은 배우자가 자신의 시간과 에너지만 중요한 줄 알고, 당신의 시간이나 하루 일과에 지친 상황은 무시함으로, 그 더러워진 주방기구들을 닦는 귀찮은 일을 당신에게 떠맡겼다고 생각합니다.

그러나 상황이 꼭 그런 것만은 아닙니다. 당신은 이 상황을 달리 해석할 수도 있습니다. 당신은 설거지가 중단된 똑같은 상황을 보고, 어떤 일이 있었기에 당신 배우자가 설거지를 하다 말았을까 의아하게 생각할 수 있습니다. 어쩌면 아이가 갑자기 다쳐서 그 애를 돌보느라고 그랬는지도 모릅니다. 아니면 다른 급한 일이 있었는지도 모릅니다. 아니면 설거지보다 더 급히 해야할 일이 있어서 그 일부터 처리한 후에 다시 와서 설거지를 하려 했던 것뿐이지 의도적으로 당신에게 떠맡기려고 한 것은 아닐지도 모릅니다. 여기에서 갈등과 분노의 감정을 야기시킬 수 있는 상황은 동일합니다. 그러나 당신은 잠시 다시 한 번 그 상황을 재고하고 생각할 여유를 가짐으로 첫번째 경우처럼 분노의 감정을 느끼지는 않는 것입니다.

XII. 다음의 사례를 읽고 병규가 분노와 죄책감을 갖지 않도록 그 상황에 대한 가능한 해석을 해 보십시오.

연주는 서둘러서 대문을 열고 들어가 가게에서 사온 물건들을 주방 싱크대 위에 올려놓은 후에 계속해서 전화벨이 울려대자 수화기를 들었습니다. 그 전화는 유아원에서 온 것인데 아이들을 데려가라는 것이었습니다.

오늘은 남편 병규가 아이들을 데려오기로 했기 때문에 연주는 그 시간에 시장에 갔었던 것입니다. 연주는 전화를 건 선생님에게 데리러 가지 못한 것에 대해 사과한 후 곧 가겠다고 하고 전화를 끊었습니다.

"그렇게 굳게 약속을 해놓고서도 잊어버리다니. 도저히 그냥 넘어갈 수가 없어!" 연주는 소리를 지르면서 자동차로 뛰어갔습니다.

____

____

____

이와 같은 문제를 재해석하고 재고하는 한가지 방법은 입장을 바꿔 놓고 생각해 보는 것입니다. 이 사람은 지금 이 상황에 대해 어떻게 생각할까? 어떤 느낌을 받을까? 부부라도 똑같은 상황을 두고 전혀 다른 견해를 가질 수 있습니다. 각자 자신이 옳다고 생각합니다. 여기에서 우리가 주목해야 할 것은, 누가 옳고 누가 그르냐 하는 것을 떠나서 어떻게 서로 상대방의 입장이나 생각을 잘 이해하여 서로의 차이를 인정하면서 문제된 상황을 효과적으로 해결해 가느냐 하는 것입니다.

이러한 차원에서 볼 때, 갈등과 분노의 상황을 재해석하고 재고하는 데에는 다음 세 가지 정도의 질문을 먼저 자신에게 적용해 보는 것이 필요합니다.

1. 나는 지금 이 상황에 대해 내 주관적인 생각과 결부시켜 행동하려 하지는 않는가?

2. 이 상황을 달리 볼 수는 없을까? 내 남편(또는 아내)은 이 문제에 대해 어떻게 생각할까?

3. 다른 어떤 요소들(긴장, 피곤 등등) 때문에 지금 내 감정이나 판단이 영향을 받고 있지는 않은가?

XIII. 위의 질문들을 통하여 최근에 당신 부부가 겪었던 갈등의 문제를 다시 한 번 생각해 보십시오. 당신이 그 행동을 취하기 전에 먼저 위의 질문들을 적용했더라면 그 결과가 달리 나타났겠습니까?
예 _____ 아니오 _____

분노를 대면함

물론 화나는 일이 있을 때 상대방에게 "나 지금 화났어요!"라고 말해야 할 때가 있습니다. 그런데 이 때 문제를 가장 효과적으로 해결해 나가기 위해서는 부부가 함께 문제의 대처방안을 찾을 수 있도록 그 상황을 정확하게 관찰하고 분석하는 것이 필요합니다. "당신은 왜 그렇게 지저분한지 모르겠어요"라고 말하는 것은 문제를 대면하는 태도가 전혀 아닙니다. 그것은 자신의 생각이나 감정을 그대로 상대방에게 표출시키는 것입니다. 이러한 태도로 나오면 상대방은 더 방어적인 태도를 갖게 되고 자신을 변화시키려 하지 않습니다. 그러한 말은 어떤 바람직한 변화도 줄 수 없습니다. "당신이 화장실에 빨랫거리를 아무렇게나 던져 놓은 것을 보면 화가 나요. 화장실을 깨끗하게 청소하고 정돈하는 것이 그리 쉽지는 않거든요."라고 말하는 것이 상대방으로 하여금 당신의 말을 듣게 하고 다음부터는 그렇게 하지 않도록 변화를 유도하는 좋은 방법이 될 수 있습니다.

문제를 효과적으로 대면하기 위해서 부부는 다음의 세 가지 사항을 유의하여 대화를 할 필요가 있습니다.

1. 자신의 느낌(화가 남, 가슴이 아픔, 무시당하는 것 같음) "나는 ……느낌을 받게 돼요"

2. 언제 (그 일이 일어났을 때) "당신이 ……했을 때"

3. 왜 (그 일로 인해 자신의 자존감이나 수고, 믿음, 가치관이 위협당했기 때문에) "왜냐하면 …… 때문에"

물론 분노와 갈등을 일으키는 문제에 대해 자기 배우자에게 이야기할 때 항상 "당신이 ……할 때, ……하기 때문에, ……느낌을 받아요"라는 형식으로 이야기해야 하는 것은 아닙니다. 하지만 당신이 어떤 유형의 사람이든지 이 세 가지 요소는 대화 가운데 어떤 방법으로든 반드시 전달되어야 합니다. 먼저, 당신의 배우자에게 당신이 지금 어떤 느낌을 받고 있는지 말하십시오. 두번째로, 당신에게 그런 느낌을 준 일에 대해 당신이 듣거나 본 바를, 또는 느낀 바를 알리십시오. 세번째로, 그 일이 당신의 기대에 어떤 마찰을 가져다 주는지에 대해 설명하십시오. 이렇게 자신의 속마음을 솔직하게 나눔으로써 부부는 서로 다르기 때문에 오는 문제들을 은혜 가운데 잘 조절할 수 있는 견고한 기반을 닦게 됩니다(엡 4:29).

XIV. 부부가 자신들의 문제를 대면하여 해결하는 데 도움이 될 대화 유형을 골라 체크하시오.

1) 당신은 ……할 때 ……하기 때문에 나로 하여금 ……하게 만들어요.

2) 당신이 ……할 때 ……하기 때문에 나는 ……느낌을 받게 돼요.

이 두 가지 유형 사이에 어떠한 차이점이 있습니까?

에베소서 4:15,25-32은 부부가 자신들의 느낌을 서로 나누어 함께 문제를 대면하는 것에 관한 유용한 지침들을 제시하고 있습니다.

XV. 다음 단락으로 넘어가기 전에 가능한 한 한가지 이상의 성경들을 사용하여 이 구절들을 읽으십시오. 성경을 읽으면서 의미있다고 생각되는 구절은 나중에 금방 찾을 수 있도록 밑줄을 긋는 것이 좋습니다. 당신이 밑줄을 그은 부분과 다음의 구절들을 비교해 보십시오.

1. **사랑 안에서 참된 것을 하여.** 부부는 서로에 대한 미움의 감정을 가지고 자신들의 분노를 상대방에게 쏟아부어서는 안됩니다. 그렇다고 해서 상처받은 심정과 화가 나는 감정을 속으로만 누르고 회피함으로써 사이가 멀어지는 것도 좋지 않습니다. 부부는 서로의 갈등과 차이점들에 대해 상대방의 입장과 필요를 존중하는 가운데 사랑 안에서 참된 것을 말할 수 있어야 합니다. 자신의 입장이나 주장을 정당화시키거나 상대방으로 하여금 자신이 잘못했다는 감정을 갖게 하기 위해 사실 자체를 과장되게 포장하거나 윤색시키려 하지 마십시오. "언제나", "결코 ……없다"와 같은 극단적인 용어들을 사용하지 않도록 조심하십시오. 이러한 용어들은 대개의 경우 사실이 아니며, 문제의 해결은커녕 오히려 분노와 갈등의 골을 더 크게 벌어지게 할 뿐입니다.

2. **은혜를 끼치게 하라.** 당신의 화난 감정을 상대방에게 알릴 때 상대방이 기꺼이 받아들일 뿐 아니라 이후로 당신을 대하는 데 있어서 도움이 된다고 느낄 수 있는 방법으로 하십시오. 당신이 보거나 들은 바를 사실 그대로 알리는 것에 유의하십시오. 결코 상대방의 인격이나 자존심을 건드리는 방법은 안됩니다. 당신의 배우자가 행한 구체적인 일(또는 행하지 않은 일)에 대해 간단히 말하십시오. 상대방이 말한 것(또는 말하지 않은 것)에 대해 사실 그대로 언급하십시오. 사실 자체를 언급하는 선을 뛰어넘어 그 사람 자체에 대해 그가 기분 나쁜 사람이라든가 무심하고, 무책임한 사람이라는 등의 개인적인 성격이나 인품을 판단하는 유형의 말은 하지 않아야 합니다. 당신이 직면한 문제에 대해 공격하십시오. 그러나 서로를 향해 그렇게 해서는 안됩니다.

3. **더러운 말은 너희 입 밖에도 내지 말고 오직 덕을 세우는 데 소용되는 대로 선한 말을 하여.** 분노의 감정은 부부 사이에서 항상 분별되고 조절되어야 합니다. 그럴 때 그것은 서로를 파괴하기보다는 서로에 대한 헌신과 사랑을 견고하게 하는 원동력이 될 수 있습니다. 분노의 감정이 일어날 때 상대방을 꺾고 내 입장을 관철시켜 승리하기보다는 그 문제를 지혜롭게 해결함으로써 부부관계를 더 견고하게 강화시키는 데 주력하십시오.

4. **적절한 시간과 장소를 택하라.** 부부는 서로가 자신의 감정과 문제들을 언제, 어디에서 가장 잘 다룰 수 있는지 알아놓는 것이 필요합니다. 부부간에 해결해야 할 문제들에 대해 충분한 시간과 여유를 갖고 두 사람의 관계 향상을 위한 최선의 방법을 찾는 것이 중요합니다.

5. **해가 지도록 분을 품지 말고.** 어떤 특정한 시간을 정하여 문제를 해결하려 하는 경우가 아닌 이상 분노의 감정을 그대로 품지 마십시오. 무작정 그것을 품

고 있음으로써 더 커지지 않도록 하십시오. 경우에 합당한 상황이 형성되는 대로 즉시 그 문제를 다루어 분노의 감정을 해결해야 합니다.

너희는 모든 악독과 노함과 분냄과 떠드는 것과 훼방하는 것을 모든 악의와 함께 버리고 서로 인자하게 하며 불쌍히 여기며 서로 용서하기를 하나님이 그리스도 안에서 너희를 용서하심과 같이 하라(엡 4:31-32).

XVI. 당신이 배운 분노와 갈등의 문제를 다루는 데 있어서 이번 주에 당신의 부부관계에 적용되기를 원하는 것 두 가지를 골라 기록하십시오.

____

____

요점정리

서로 다른 두 사람이 같은 공간에서 함께 생활하다 보면 불가피하게 갈등이 생기게 마련입니다. 한 사람의 결점은 대부분 함께 살아가는 동반자에게도 영향을 끼치게 됩니다. 부부간의 결혼생활에는 갈등을 일으킬 수 있는 여러 가지 요소들이 있습니다. 즉 불편하고 짜증나는 행동들, 기본적으로 가치관이 다른 행동들, 행동 양식의 차이, 다른 데에서 오는 긴장과 갈등, 그리고 서로를 향한 염려 등이 있습니다. 경우에 따라서는 이들 중의 어느 한가지 요소로 인해 부부간의 갈등이 생기기도 하지만 대부분의 경우에는 여러 요소들이 복합적으로 얽혀 갈등이 야기됩니다.

부부는 갈등의 상황에서 긍정적인 반응을 보일 수도 있고 부정적인 방법으로 그 문제에 대처할 수도 있습니다. 부정적인 방법 두 가지로는 상대방의 감정이나 시간, 장소를 불문하고 분노의 감정을 그대로 터뜨리는 것과 자신으로 하여금 화나게 한 요소에 직면하지 않으려고 상대방으로부터 자신의 감정을 은폐하는 것입니다.

그러나 중요한 사실은 부부간의 갈등이 반드시 분노의 상황으로 귀결되는 것만은 아니라는 점입니다. 부부는 자신들의 갈등의 상황을 보다 긍정적으로 다룰 수가 있습니다. 여기에는 세 가지 방법이 있는데, 적절한 때가 오기까지 분노를 연기하는 것, 그 자리에서 상대방을 비난하기보다는 갈등의 상황을 재고하고 재해석하는 것, 분노를 직접적으로 대면하는 것 등입니다. 에베소서 4:15, 25-32은 우리가 갈등의 상황에서 서로 사랑 가운데 참된 것을 말해야 함을 지적해 주고 있습니다.

연습문제

이 연습문제는 당신이 제7과의 학습목표를 달성했는지의 여부를 스스로 점검하도록 준비되었습니다. 각 물음에 성실하게 답하시기 바랍니다. 정답은 마지막 질문 다음에 있습니다.

1. 다음의 각 항목에 참 또는 거짓으로 답하시오.

_____ ① 부부관계는 다른 어떤 관계보다도 갈등의 소지가 많다.

_____ ② 개인적인 차이는 부부관계에서 갈등의 원인이 될 수 있다.

_____ ③ 부부는 배우자의 개인적인 습관이나 태도로 인해 짜증을 내면 안된다.

_____ ④ 부부간에 어떤 가치 판단에 대한 차이가 있을 때 그들은 어떤 것이 옳은지 결정하여 그대로 따라야 한다.

_____ ⑤ 다른 데에서 오는 긴장과 갈등은 종종 배우자에게 집중된다.

_____ ⑥ 부부는 서로에 대한 지나친 염려로 화를 내게 되는 경우가 있다.

2. 갈등과 분노의 문제를 다루는 데 있어서 부부관계에 해를 끼치는 두 가지 방법을 적으시오.

①______________________________

②______________________________

3. 다음 중 분노의 문제를 다루는 좋은 방법을 고르시오.

① 분노를 연기함

② 분노를 재고함

③ 분노를 대면함

④ 위의 모든 방법

4. 다음의 성경 구절과 요약 문구를 맞는 것끼리 연결하시오.

_____ ① 약 1:19하-20	a. 분노로 인하여 죄를 짓지 말라.
_____ ② 엡 4:26	b. 부부간에는 잠잠할 때가 있다.
_____ ③ 전 3:7하	c. 성내기도 더디하라.
_____ ④ 엡 4:32	d. 서로 인자하게 대하라.
	e. 성급히 분을 내는 것은 어리석다.

정답

1. ① 참 ② 참 ③ 거짓 ④ 거짓 ⑤ 참 ⑥ 참

2. ① 분노를 터뜨림 ② 분노를 은폐함

3. ④

4. ① c ② a ③ b ④ d

예습

당신 부부는 문제들에 대해 결정을 내려야 할 때 어떻게 하십니까? 당신이 직접 대부분의 결정을 내립니까 아니면 당신의 배우자가 결정을 합니까? 한 사람이 기득권을 가지고 독단적으로 가정 문제의 제반사를 결정하고 있지는 않습니까 아니면 모든 일들에 대해 부부가 함께 결정을 내리고 있습니까?

제8과에서는 매일 부딪치는 문제들에 대해 어떻게 결정을 내리며 어떻게 갈등을 해결할 수 있는지에 대한 것들을 배우게 됩니다. 당신은 제8과를 통해 부부가 결정을 하는 데에 따르는 일반적인 어려움들을 인식하고 그것들을 어떻게 제거 내지는 극복할 수 있는지에 관한 것을 알게 될 것입니다.

이제 일주일 동안 당신은 가정에서 누가, 어떻게 결정을 내리고 있는지에 대해서 생각해 보시기 바랍니다.

제4단원: 동등한 동반자 관계

제8과
결정과 갈등의 해결

개관

변화와 결정의 상관관계

갈등의 해결과 결정에 따르는 요소들

결정의 유형

독단적인 결정

억압형 결정

태만형 결정

상호 결정

상호 결정을 위한 요소들

서로의 생각과 느낌을 나눔

상대방의 견해에 귀를 기울임

문제를 규명함

갈등은 언약결혼에 있어서도 불가피한 요소

요점정리

연습문제

예습

제7과는 우리로 하여금 언약결혼에 있어서도 갈등은 본질적이며 불가피한 것임을 이해하도록 도움을 주었습니다. 우리는 부부간에 있을 수 있는 몇 가지 갈등의 요인들을 살펴본 바 있습니다. 최근에 있었던 갈등을 기억해 보십시오. 그 때 당신이 왜 그런 감정을 가졌었는지 그 이유를 지적할 수 있겠습니까? 그때 당신이 그러한 감정 상태에 빠지도록 영향을 준 요소들은 무엇이었습니까?

우리는 그러한 감정상태에 있을 때 긍정적으로 또는 부정적으로 그 상황에 대한 반응을 보일 수 있습니다. 부부간의 갈등이 반드시 분노가 일어나 피차간에 상처를 주는 것으로 귀결되는 것은 아닙니다. 부부는 분노의 감정을 그대로 터뜨리거나 상대방으로부터 분노의 감정을 은폐하기보다는 바람직하고 적극적인 방법으로 갈등의 문제를 조절할 수 있습니다.

제7과에서 공부했던 갈등의 문제를 보다 긍정적인 차원에서 다루는 세 가지 방법을 기억할 수 있습니까? 그렇지 않다면 제8과를 공부하기 전에 그 내용들을 다시 한 번 복습하십시오.

개관

부부가 어떤 갈등의 상황에 돌입했을 때 두 사람이 다 그 상황에서 똑같이 지지 않고 문제를 풀어나갈 수 있겠습니까? 이번 과에서 당신은 어떤 갈등이 생겼을 때 부부가 어떻게 효과적으로 그 상황에서 필요한 결정을 함으로써 피차간에 승리할 수 있는가 하는 것에 관한 요소들을 배우고 발전시켜 갈 것입니다.

우리는 본 과에서 부부로 하여금 피차간에 승자가 되지 못하도록 하는 다섯 가지 요소들을 살펴보고 부부들이 결정을 내리는 네 가지 방법들을 주목하여 볼 것입니다. 그러면서 보다 효과적으로 문제를 해결할 수 있는 성경적인 모델을 배우게 될 것입니다.

이제 제8과의 내용에 들어가기 전에 먼저 종이를 꺼내 당신 부부는 문제들에 대해 어떻게 결정을 내리고 있는지를 써보십시오. 그 방법이 당신 부부에게 잘 적용되고 있습니까? 이번 과를 통해서 당신 부부간의 결정과정에 적용할 수 있는 최소한 한가지 이상의 새로운 방법들을 찾도록 노력하십시오.

학습목표

· 어떤 문제에 대한 해결과 그 해결을 위해 결정을 내리는 것에 대한 개념을 분명하게 정의한다.

· 사람들이 문제의 해결을 위해 결정을 내리는 과정에서 적용하고 있는 일반적인 네 가지 방법을 설명한다.
· 갈등의 해소를 위해 결정을 내리는 데에 따르는 어려움 다섯 가지를 이해한다.
· 갈등의 해소와 결정을 내리는 데에 관한 성경의 입장을 요약한다.
· 갈등의 해소와 결정을 내리는 것에 관한 요령을 발전시킨다.
· 본 과를 통해 배운 요령을 이번 주에 어떤 결정을 내려야 할 때 적용한다.

변화와 결정의 상관관계

영이 : 난 지금 매우 화가 났어요! 우리가 경제적인 어려움에서 벗어날 때까지는 피차간에 근검절약하며 살기로 약속했는데 이번에 지출 내역을 보니까 당신이 새옷을 사기 위해 16만 원씩이나 초과하여 썼어요. 나는 그 약속을 지키기 위해 그런 데에 돈을 쓰지 않고 살아왔어요. 그런데 제 입장에서 볼 때 당신에게는 그런 것이 별 관심사도, 문제도 되지 않는 것 같아요. 마치 당신에게 속은 기분이에요. 제가 필요한 것은 당신의 필요만큼 중요한 것이 아니라고 생각하세요?

철수 : 당신은 지금 내가 불공평하게 내 것만 신경쓰고 당신이 필요한 것에 대해서는 무관심하다고 말하는 거요?

영이 : 그래요!

철수 : 나는 전혀 그럴 의도가 없었소. 나는 그저 할인판매하는 것이 있길래 샀던 것뿐이오. 내가 우리의 약속을 어기고 돈을 쓴다고는 생각하지 않았소. 당신이 내 행동에 대해 그렇게 나오니까 내 마음이 좀 상하는군. 나는 지금도 내 결정이 잘한 거라고 생각하는데 말이오.

Ⅰ. 이 대화에서 갈등의 요인이 되고 있는 것을 골라 밑줄을 치시오.

· 짜증 혹은 불평
· 가치관의 차이
· 생활양식의 차이
· 다른 요소들로부터의 갈등, 긴장
· 서로를 향한 지나친 염려

위의 대화에서 영이가 자신의 분노의 감정을 조절하기 위해 사용한 방법들을 골라 밑줄치시오.

· 분노를 터뜨림
· 분노를 은폐함
· 분노를 연기함
· 분노를 재고함
· 분노를 대면함

영이와 철수의 관계는 이후로 어떻게 진행되겠습니까? 그들에게 닥친 상황에 대해 그들은 서로 자신의 느낌을 상대방에게 털어 놓았습니다. 그들은 이 과정에서 서로의 가치관의 차이를 확인하였고, 문제를 직접적으로 대면하였으며, 그 상황에 대한 자신들의 생각과 심정을 털어 놓았습니다. 그들은 누구도 상대방에게 모욕적인 언사를 사용하지 않았고, 상대방이 그 상황을 자신과 똑같이 보리라고 기대하지도 않았습니다. 그들은 이러한 점에서 서로를 이해하고 있었음에도 불구하고 그들 가운데에는 여전히 갈등이 남아 있었습니다.

Ⅱ. 만약 영이와 철수가 이 문제를 없었던 것으로 하고 잊어버리려 한다면 어떤 일이 일어나겠습니까? 체크하시오.

_____ 이 문제는 자동적으로 흘러가 버리고 다시는 이러한 일이 일어나지 않을 것이다.
_____ 영이가 다시 이 문제를 들고나설 것이다.
_____ 철수가 다시 이 문제를 들고나설 것이다.
_____ 이러한 문제를 다시 일으킬 다른 어떤 일이 그들에게 생길 것이다.
_____ 영이가 겉으로는 아무 말도 안하겠지만 속으로는 여전히 철수에 대한 분노의 감정을 그대로 갖고 있을 것이다.
_____ 철수가 겉으로는 아무 말도 안하겠지만 속으로는 여전히 영이의 말로 인해 심기가 불편할 것이다.

부부간의 관계는 서로를 이해하는 것만으로는 불충분할 때가 있습니다. 부부는 자신들의 성격이나 생활양식, 가치관 등의 차이로 인해 일어나는 갈등에 대해 어떻게 대처하며 살아갈지 결정해야 합니다.

Ⅲ. 당신은 영이와 철수가 직면한 문제의 해결을 위해 그들에게 어떤 제안을 하겠습니까? 당신의 생각을 골라 체크하시오.

_____ 새로 산 옷들을 다시 가게에 갖다 줘라.
_____ 영이도 철수가 쓴 만큼 자기가 원하는 것을 사게 하라.
_____ 영이가 철수의 행동을 이해하고 받아들여야 한다.
_____ 철수가 자신의 잘못을 인정해야 한다.
_____ 그 외? ____

만약 부부가 직면하는 갈등의 전부가 이런 것이라면, 모든 부부는 자신들의 차이를 극복하고 결국은 더 이상 갈등을 겪게 되지 않을 것입니다. 그러나 오랜 부부생활을 한 사람은 누구나 부부간의 갈등이 부부생활의 연수가 더해감에 따라 그 가능성도 함께 증가된다는 사실을 알 것입니다. 부부는 세월의 흐름에 따라 변해가며, 그들을 둘러싼 세계도 변화를 거듭합니다. 부부는 이러한 변화들에 대해 많은 것들을 조정해야 하며 새로운 결정을 내려야 합니다. 우리의 주변 세계는 날로 변해가며, 새로운 아이디어가 나오고 부부 개개인에게도 변화가 일어납니다. 그러므로 부부는 날마다 새로운 결정을 해야 할 상황에 직면하게 됩니다.

Ⅳ. 지난 일 년 동안에 일어났던 변화 한가지씩을 아래의 빈 칸에 적으시오.

당신의 배우자에게 일어난 변화 ______________________________

당신의 생각에 일어난 변화 ______________________________

당신의 주변 환경에 일어난 변화______________________________

부부는 자신들의 삶에 일어나는 상황들에 대해 어떤 결정을 내리는 데 있어서 그 대부분을 생각없이 그때그때 결정을 합니다. 그들은 어떤 변화나 위기적인 상황에 대해서도 늘 하던 대로 반응을 보입니다. 예를 들어, 학교에 다니는 어린 준이가 성적이 뚝 떨어진 성적표를 가져왔다고 가정해 보십시오. 그 부모가 어떻게 반응하겠습니까? 어머니는 학교 선생님과 만날 약속을 하고, 아버지는 준이의 숙제와 공부를 감독하기 시작합니다. 그뿐만 아니라 그들은 준이의 텔레비전 보는 습관이나 잠자는 습관까지 더 세밀하고도 구체적으로 감독을 합니다. 그들은 전에는 준이의 떨어진 성적 때문에 신경을 써야 했던 적이 없었는지도 모릅니다. 준이의 교육과 관련된 외부 인사를 만나는 것은 주로 어머니의 일이었고 준이로 하여금 숙제를 하고 공부를 하게 하는 것은 주로 아버지가 맡아서 해왔기 때문에 이런 반응을 보이는 것은 충분히 예상할 수 있는 것이었습니다. 그들은 준이로 하여금 학교 공부를 잘하려면 텔레비전 보는 시간을 최대한 줄이고 잠자는 시간도 규칙적으로 정해야 한다고 생각했습니다.

그러나 준이에게는 또다른 문제가 있었는데 그것은 부모로서도 신중하게 토론을 하고 결정을 내려야 할 일이 있었습니다. 준이의 어머니와 만난 자리에서, 선생님은 준이가 다른 아이들을 따라가는 데 어려움이 있는 것 같다고 말했습니다. 준이의 문제는 단순히 숙제를 못해 가거나 충분한 수면을 취하지 못하는 것에 그치는 것이 아니었습니다. 선생님은 준이를 유급시키는 것이 좋겠다고 말했습니다. 준이의 어머니는 이 말에 수긍하고 선생님의 제안에 따르려 했으나, 아버지는 자신들이 준이를 좀더 특별히 지도하고 돌봐주면 준이가 자기 또래의 아이들과 함께 진급하여 공부한다 해도 잘할 수 있을 것이라고 생각했습니다.

Ⅴ. 당신의 가정에 이러한 문제가 생기고 당신 부부간에 이로 인해 의견의 차이가 생긴다면 당신은 이 갈등의 상황을 어떻게 다루겠습니까? 당신의 생각 하나를 골라 체크하시오.

_____ 의견의 일치를 볼 때까지 계속 대화를 나눈다.
_____ 아마도 준이 어머니의 의견에 따를 것이다.
_____ 아마도 준이 아버지의 의견에 따를 것이다.
_____ 준이의 선생님이 결정하게 한다.
_____ 제비뽑기를 한다.
_____ 그 외? ____

이러한 갈등이 표면에 부상하게 된 것은 그들이 부모가 되고 어린 아들이 학교에 다니게 되는 가정 환경의 변화에 기인한 것입니다. 그리고 여기에는 그들의 자녀가 학교에서 모범생이 될 수 없다는 생각에서 오는 갈등도 포함되어 있습니다. 이것은 돈 때문에 생긴 영이와 철수의 갈등과 마찬가지로 부부간에 어떤 결정이 내려져야 하는 갈등 상황입니다.

여기에 몇 가지 변화의 예들이 있습니다. 이러한 변화에 직면한 부부는 무엇인가 적절한 결정을 내려야 합니다. 제시된 것들 가운데는 당신 부부가 이미 경험했거나 경험하고 있는 중이어서 당신이 내렸던 결정을 생각나게 하는 것들도 있을 것입니다.

Ⅵ. 다음 중에서 당신이 지난 일 년 동안에 겪었던 변화의 예에 체크하시오. 그리고 현재 겪고 있는 것들이 있으면 밑줄을 그으시오.

주변환경의 변화

· 고장난 기계의 수리나 대체
· 타지방으로의 이동을 수반한 승진 기회
· 이웃이나 친척들과의 문제 또는 불화
· 자연재해로 인한 재산 손실
· 아이에게 생긴 질병
· 재정적 위기

생활의 변화

· 행복한 결혼생활에 관한 정의
· 전자레인지로 인해 더 신속해진 요리 준비
· 컴퓨터화된 가계부
· 극장에 가는 대신 집에서 비디오로 영화 관람

· 건강한 식생활, 영양관리에 관한 기사들
· 남자와 여자의 역할 변화
· "부부의 삶" 공부 그룹

개개인의 변화

· 약 20 킬로그램의 체중 감량으로 더 매력적이고 활기에 넘치는 생활 영위
· 질병이나 다른 상해로 인한 고통
· 임신과 출산, 자녀 양육
· 중년의 변화
· 예수님을 영접하고 성숙해 가는 믿음생활 영위

이러한 변화들을 생각해 볼 때, 결혼이란 항상 외적으로나 내적으로 밀어닥치는 변화의 와중에 서 있는 것이며, 부부는 계속해서 그들의 관계를 새롭게 점검하며 다가오는 변화에 대처해야 합니다. 그러나 대부분의 부부는 어떤 구체적인 대화나 깊은 생각하지 않고 이러한 변화들을 맞이하곤 합니다. 부부는 서로 폭넓은 대화를 주고 받으며 때로는 신중한 결단을 내려야 할 때도 있습니다. 당신 부부가 함께 걸어온 지나간 발자취를 더듬으며 성공적으로 결단을 내리고 변화에 대처하였던 순간들을 곰곰이 생각해 보십시오. 서로에게 감사하고 간직할 만한 많은 순간들이 있을 것입니다.

Ⅶ. 당신이 앞에서 체크한 바 있는 변화들 중에 한가지를 택하여 다음의 질문들에 답하시오.

1. 그것이 당신의 결혼생활에 어떠한 영향을 미쳤습니까?

____

2. 그 결과는 무엇이었습니까?

____

3. 그 변화에 대처하였던 방법에 대해 만족하십니까?

예 ______ 아니오 ______

갈등의 해결과 결정에 따르는 요소들

부부의 주변에 생기는 문제들 가운데에서 많은 경우는 부부간의 다른점으로 인해 더 복잡한 양상을 띠고 나타납니다. 준이의 부모는 어느 쪽으로든 준이의 학교 생활에서 드러난 문제에 대해 결정을 내려야 했습니다. 이 상황에서 어떤 결정을 내리는 데 있어서 그것을 더욱 복잡하고 어렵게 만드는 것은, 준이의 아

버지는 학교 성적을 매우 중요시하는 타입이며 또 자기의 자녀가 그 일을 잘 해낼 것이라고 믿는 반면에 어머니는 남편의 생각처럼 자신의 자녀가 그렇게 되기를 원하지만 인생에는 반드시 그것만이 전부가 아니며, 무엇보다도 자기 자녀가 행복하고 만족한 삶을 사는 것에 더 관심을 두고 있다는 사실에서 비롯됩니다.

부부가 매일의 삶속에서 직면하는 어떤 변화나 문제가 꼭 밖에서만 오는 것은 아닙니다. 그것은 부부간의 가치관이나 신념 등의 차이에 의해서도 무수히 많이 올 수 있으며, 그러한 변화들은 또한 부부간의 갈등이 되기도 합니다. 참고로 자신들이 직면하였던 어떤 문제나 부부간의 갈등에 대해 그것을 성공적으로 대처했던 경우들을 기억하는 부부는 별로 없습니다. 사람들은 자신들이 과거에 성공적으로 대처했던 문제보다는 해소되지 않은 갈등에 초점을 맞추어 기억하는 경향이 있습니다. 이제 다음에 제시된 바, 부부생활에서 흔히 볼 수 있는 갈등의 요소들을 보고, 당신의 결혼생활에서 갈등을 야기시킨 바 있는 것들을 찾아보십시오. 당신은 그러한 요소들로 인한 갈등들을 어떻게 해소하였습니까? 여전히 갈등을 일으키고 있는 것이 있습니까?

Ⅷ. 다음의 도표에 당신의 결혼생활에 영향을 주는 갈등의 요소들을 골라 적당한 칸에 그 정도를 표기하시오.

	문제가 되지 않는다	해결 되었다	여전히 문제가 된다
금전관계			
—돈을 쓸 것인가, 저축할 것인가			
—어떻게 돈을 쓸 것인가			
—어떻게 돈을 저축할 것인가			
—물건을 살 때 오래 쓸 수 있는 비싼 것을 살 것인가, 아니면 오래 가지 못할지라도 싼 것을 살 것인가			
—신용 카드를 사용할 것인가 아닌가			
직장관계			
—부부가 다 직장 생활을 할 것인가, 한 사람만 할 것인가			
—상대방의 일에 얼마나 관여하려 하는가			
—직장관계로 인해 이사할 것인가, 안할 것인가			
—직장 일에 따라 가족과의 시간을 희생할 것인가 안할 것인가			

	문제가 되지 않는다	해결 되었다	여전히 문제가 된다
가정에서의 책임관계			
—누가 청소, 요리, 빨래 등을 할 것인가			
—누가 집의 고장난 곳을 수리할 것인가, 또는 수리공의 작업을 감독할 것인가			
—누가 집안을 꾸미고 장식할 것인가			
—어떻게 손님을 접대할 것인가			
—누가 편지나 크리스마스 카드, 지불해야 할 청구서 등을 쓰고 보낼 것인가			
성적, 정서적 관계			
—산아제한을 한다면 어떻게 할 것인가			
—언제, 어떻게 성관계를 가질 것인가			
—어디에서 성관계를 가질 것인가			
—언제 혼자있는 시간을 가질 것인가			
—어떻게 자신의 심정을 표현하는가			
—어떻게 자신의 사랑을 표현하는가			
자녀관계			
—자녀를 가질 것인가 갖지 않을 것인가			
—어떻게 자녀를 양육할 것인가			
—어떻게 자녀를 돌보고 교육시킬 것인가			
—언제, 누가 자녀를 돌볼 것인가			
—자녀에게 어떤 기대를 가질 것인가			
친지나 친구관계			
—얼마만큼의 시간과 에너지를 그들에게 투자할 것인가			
—어떻게 그들을 돌보고 관계를 돈독히 할 것인가			
—그들에게 도움을 요청할 것인가			
—부부의 사생활을 어느 정도까지 그들에게 말할 것인가			
교회나 신앙관계			
—어느 교회에 다닐 것인가			
—부부생활에 교회가 얼마만큼의 영향을 끼칠 것인가			

	문제가 되지 않는다	해결 되었다	여전히 문제가 된다
—가정예배를 드릴 것인가, 드린다면 어떻게 드릴 것인가			
—교회에 얼마만큼의 시간과 재물을 바칠 것인가			
—서로의 신앙이 부부관계에 얼마의 비중을 차지할 것인가			
여가활용 관계			
—여가시간을 어떻게 활용할 것인가			
—휴가 때 어디에 갈 것인가			
—여가시간을 각자 보낼 것인가, 부부가 함께 보낼 것인가			

당신 부부가 함께 직면해 온 문제나 갈등들을 돌이켜볼 때, 물론 거기에는 여전히 부부의 신중한 결정을 요하는 것들도 있겠지만, 그들 대부분의 문제나 갈등들은 어떤 면으로든 성공적으로 해소되어 왔음을 알게 될 것입니다. 여전히 앞에 문제가 쌓여있을지라도 부부는 함께 자신들이 행해온 일들에 대해 돌이켜 기념하며 축하할 필요가 있습니다. 이러한 과정을 통해 부부는 앞에 있는 갈등들을 능히 대처해 갈 수 있는 보다 큰 확신과 능력을 갖게 될 것입니다.

부부가 어떤 문제에 직면하게 될 때, 그들은 때로 문제 자체의 심각성과는 관계없이 적절한 결정을 내리고 갈등을 해소하는 데 있어서 어려움을 겪습니다. 당신은 그리 중요하지도 않아 보이는 것 때문에 여러 시간 동안 (또는 여러 날 동안) 열을 내며 부부싸움을 한 적이 있습니까? 이러한 요소들로 인해 부부생활에는 언제나 다양한 문제와 갈등의 상황이 야기될 수 있습니다. 모든 부부는 저마다 부부간의 갈등을 해소하고자 합니다. 그리고 대개는 다음과 같은 방식으로 해결하려 합니다.

① 내가 옳다. 내가 더 낫다. (당신보다는 내가 더 잘 알아. 내가 하는 것을 두고 보기나 하라구.)

② 이 모든 문제는 저 사람 때문이다. 나에게는 책임이 없다. (우리 아이의 학교 성적이 엉망인 것은 당신 때문이에요. 언제 함께 시간을 보내기라도 해보셨어요? 나는 할 일을 다 했다구요.)

③ 저 사람은 내 말을 들어야 한다. (당신은 내가 팥으로 메주를 쑨다 해도

내 말을 듣기만 하라구.)

④ 내가 참는다. 저 사람도 마음이 편치는 못할 것이다. (당신 뜻대로 하시오. 내가 희생하지. 이만하면 나도 괜찮은 사람이 아니겠소?)

⑤ 나는 이 결정에 관여하지 않을테니까 어떤 일이 일어나든 그것은 저 사람 탓이다. (우리가 어디에 가서 외식을 할지 당신이 정하시오. 그 대신 음식이 좋든 나쁘든 불평을 하거나 그것을 내 탓으로 돌리지 마시오.)

Ⅸ. 다음의 내용을 읽고 위에 제시된 유형의 갈등 해소와 관련된 것을 각각 골라 그 번호를 쓰시오.

_____ 1. 당신 왜 또 샤워 후에 물을 꼭 잠그지 않았어요? 그렇게 당부했잖아요. 기억나요? 답답한 양반 같으니라구.

_____ 2. 좋아, 당신 친정에 가자구. 우리 부모님께서 이해해 주시겠지 뭐.

_____ 3. 내가 전에 가본 적이 있으니까 내가 운전하겠소.

_____ 4. 당신 친구를 만나러 가는 거니까 내가 무슨 옷을 입을지 당신이 결정하시오.

_____ 5. 당신이 저 애를 엄하게 대했더라도 저렇게 되지는 않았을 거예요.

정답 : 1. ③, 2. ④, 3. ①, 4. ⑤, 5. ②

부부 사이에 어떤 갈등이 일어날 때 주로 문제가 되는 것은 위에서 본 것처럼 그 갈등을 유발시킨 실제적 사건보다는 그에 대한 부부간의 태도 내지는 대처방안입니다. 예를 들어, 어디에서 외식을 할 것인가 하는 경우에 있어서 실제적으로 문제가 되는 어디에서 먹을 것인가 하는 것보다는 어떻게 그것을 결정할 것인가 하는 것이 문제가 되곤 합니다. 왜냐하면 어떻게 결정하느냐 하는 것이 부부간 관계의 요점을 드러내는 것이기 때문입니다.

우리는 위에 제시된 것처럼 부부간 갈등 해소 방안에 관한 목록에서 부부 각자의 개인적인 필요나 요구를 볼 수 있습니다. 이러한 요소들은 대개 부부 사이에서 별로 잘 인식되지 않는 것들로서 많은 부부의 결혼생활에 자주 문제를 일으키는 요인이 됩니다. 그러나 이러한 것들은 흔히 부부의 친밀한 관계나 대화를 통해 해결될 수 있는 만큼 부부는 이러한 요소들을 분별할 필요가 있습니다. 그리고 그렇게 함으로써 이러한 요소들이 부부의 바람직한 문제해결을 위한 결정을 내리는 데 있어서 장애요소가 되지 않도록 그것들을 부부가 함께 조절해 갈 수 있습니다.

이제 부부간의 갈등 이면에 잠재해 있는 이러한 요소들을 살펴보겠습니다. 여기에 제시된 것들은 단지 일반적인 제안에 불과합니다. 이것들이 당신 부부의 관계에 있어서 적용되는 것인지는 당신이 결정할 문제입니다.

① 우월감 - 나는 내 배우자에게 있어서 중요하고도 뛰어난 가치있는 존재이고 싶다.

② 비난 - 불완전한 존재로서의 나를 내가 보는 것뿐 아니라 배우자가 그렇게 보게 하고 싶지도 않다.

③ 주목 - 나는 당신으로부터 무엇인가를 필요로 하고 있다. 그러나 어떻게 그것을 요청할지, 심지어는 그것이 무엇인지조차 잘 모르겠다.

④ 희생적 헌신 - 나는 당신을 위해서라면 무엇이든지 해주는 좋은 배우자이고 싶다. 그런데 당신이 똑같이 내게 해주지 않는다면 분노가 일어난다.

⑤ 결정 회피 - 나는 우리의 결정에 따른 책임을 지고 싶지 않다. 만약 그 결정이 잘못되었다면 당신은 화를 낼 것이고 나는 그런 당신의 모습을 보고 싶지 않다. 책임을 나누어 지기 보다는 차라리 결정을 하지 않고 그 모든 책임을 당신에게 돌리고 당신을 비난하는 것이 더 쉽다.

Ⅹ. 당신의 부부관계에 있어서 이러한 요소들이 얼마만한 영향을 주고 있는지 그 정도를 매기시오.

(1=관계없다, 2=약간 관계가 있다, 3=어느 정도 관계가 있다, 4=큰 관계가 있다.)

1. 우월감	1	2	3	4
2. 비난	1	2	3	4
3. 주목	1	2	3	4
4. 희생적 헌신	1	2	3	4
5. 결정 회피	1	2	3	4

1번과 3번 항목의 점수를 합쳐보십시오. 만약 점수가 6점 이상이면 당신의 부부 관계는 신중하게 조절할 필요가 있습니다. 그리고 2번, 4번, 5번의 합친 점수가 9점 이상이면 이 역시 조절될 필요가 있음을 암시해 주고 있는 것입니다.

이러한 요소들을 해결하기란 그리 쉬운 문제가 아닙니다. 그러나 이러한 문제들에 대해 함께 허심탄회하게 이야기함으로써 부부는 자신들이 의식적으로든 무의식적으로든 서로 상대방에게서 바라는 요소들을 알리고 나눌 수 있게 됩니다. 이러한 문제들은 뒤에 제시된 갈등 해소의 방법을 통해 보다 잘 조절할 수 있게 될 것입니다.

결정의 유형

여기에서 결정을 내린다는 것은 부부가 그들 주변에 생긴 어떤 변화나 그들 사이에 갈등을 야기시키는 문제에 대해 어떤 모양으로든 무엇인가를 행하거나 말하기로 결단하게 하는 어떤 행위나 대화라고 정의할 수 있습니다. 이제 부부가 결정을 내리는 네 가지 유형을 살펴보겠습니다.

독단적인 결정

이것은 한 사람이 결정하면 다른 한 사람은 그저 그 결정에 순응하고 따라가는 유형입니다. 이러한 결정은 비록 갈등이 크지 않을수는 있어도 한 사람이 독단적으로 결정하기 때문에 그들 관계에 있어서 외로운 결정일 수밖에 없습니다. 부부가 서로 만족할 만한 방법으로 분노나 갈등을 해소할 방법을 모색하거나 개발하지 않기 때문에 그들 사이에 친밀하고 다정한 관계를 갖기가 어렵습니다.

억압형 결정

어떤 부부들은 서로 상대방을 제압하기 위하여 힘을 사용합니다. 그들의 결정은 목소리가 더 큰 사람이나 신체적으로 더 강한 사람에 의해 좌우됩니다. 때로는 친구들이나 가족, 심지어는 아이들까지 자기들의 논쟁에 가담시켜 자기의 편을 들게 하는 사람들도 있습니다. 또는 상대방의 약점을 가지고 모욕하거나 비난함으로써 상대방을 무기력하게 만들어 제압하려는 부부도 있습니다. 그러나 이러한 무력적인 싸움은 서로를 파괴하고 다치게 할 뿐 부부관계를 견고하게 해주지 못합니다. 이들 사이에 순종의 원리란 존립할 수 없습니다. 이들 사이에는 언약결혼의 여지가 없습니다.

태만형 결정

어떤 부부들은 문제에 직면했을 때 결정하기를 두려워하며 피하려 합니다. 다른 사람들이 대신하여 결정해 주기를 바라거나 주변 상황이 돌아가는 대로 그에 순응하려 합니다. 이러한 부부들은 그들 관계에 있어서 어떤 선택을 하려 하지 않기 때문에 그들 관계는 성장이나 어떤 의도된 방향으로 개선할 수 없습니다. 언약결혼은 부부 상호간에 진지한 태도와 의도를 가지고 대하며 그로 인한 책임을 기꺼이 지는 것입니다. 그러므로 이러한 태만형 결정을 그 생활에 적용하는 부부에게는 언약결혼의 여지가 없습니다(제2과 참조).

상호 결정

부부 관계는 서로 상대방을 지배하거나 힘으로써 상대방을 강요해서는 안됩니다. 즉 서로를 용납하고 순종하는 가운데 이루어져야 합니다(엡 5:21-32).

사도 바울은 부부가 어떤 결정을 내릴 때 서로 합의하여 그렇게 하기를 원했습니다(고전 7:4-5상).

부부는 앞에 놓여진 문제를 주의깊게 점검하여 서로가 동의하고 받아들일 수 있는 결정을 내려야 합니다.

XI. 당신이 자라난 가정에서의 결정은 주로 어떻게 이루어 졌습니까?

① 독단적으로 ② 타인이나 주변 상황에 의해

③ 힘에 의해 ④ 상호 합의에 따라

이러한 결정 유형이 당신의 가정에 어떻게 적용되었습니까?

· 문제없이 잘 적용이 되었다.

· 많은 갈등과 문제를 야기시켰다.

이러한 결정 유형을 보며 자라온 당신에게 그것이 이제 당신 부부가 결정을 내리는 데 어떤 영향을 주고 있습니까?

· 전혀 없다 · 약간 있다 · 많은 영향을 준다

지나온 날들을 돌이켜 보면 당신 부부는 많은 경우에 있어서 부부 사이에 일어난 갈등들을 성공적으로 잘 다루어 왔음을 알게 될 것입니다. 이로 볼 때, 당신 부부에게는 분명히 적절한 결정을 내리는 데 필요한 기술이 있습니다. 다른 많은 부부들과 마찬가지로 당신 부부도 여기에 제시된 한가지 혹은 그 이상의 방법들을 사용해 왔을 것입니다.

그러나 당신이 갈등의 문제를 다루는 방법에 대하여, 어떤 유형이 당신 부부에게 더 잘 적용되는지, 그것을 어떻게 적용해야 하는지 등에 대해서는 별로 생각해 보지 않았을 것입니다. 그러므로 당신 부부가 효과적으로 갈등의 문제를 처리한 경우들을 되새기며 당신 부부의 장점을 유지하고 그것들을 계승, 발전시킬 필요가 있습니다. 그 가운데에는 물론 당신 부부가 결정을 내리는 방법에 있어서 어떤 변화를 주거나 좀 더 분명하게 하기를 원하는 것들도 있을 것입니다.

XII. 당신 부부가 어떤 결정을 할 때 주로 사용하는 유형에 체크하시오.

· 독단적으로 · 타인이나 주변 상황에 따라

· 억압에 의해 · 상호 합의에 따라

당신 부부의 결정과정에 대한 당신의 생각에 체크하시오.

· 대체적으로 만족한다.

· 대체적으로 만족스럽지 못하다.

· 어느 정도의 변화가 필요하다.

당신 배우자는 이와 똑같은 질문에 어떠한 반응을 보이리라고 생각합니까?

상호 결정을 위한 요소들

서로의 생각과 느낌을 나눔

우리는 제7과에서 자신의 생각과 느낌을 나누는 방법에 대해 살펴본 바 있습니다. "당신이 ……할 때, ……하기 때문에, ……느낌을 받게 돼요." 잠시 이 방법을 기억하며 생각해 봅시다.

부부간에 대화를 할 때, 당신이 보거나 들은 바, 즉 당신이 관찰한 것과 그에 대한 당신의 해석을 분리시켜 대화를 하십시오. 예를 들면 다음과 같습니다.

관찰 - 우리는 서로의 의견이 엇갈릴 때 늘 내 방식대로 일처리를 하곤 한다.

생각과 느낌 - 나는 내 방식대로 하기를 좋아한다. 나는 옳은 결정을 한다. 당신이 나에게 동의할 때 편안함과 사랑스러움을 느낀다.

해석 - 당신은 자신의 생각을 드러내려 하지 않는 사람이다.

여기에서 기억해야 할 것은 부부간의 대화에 서로의 "느낌, 관찰, 해석"을 적용한다거나 "당신이 ……할 때, ……하기 때문에 ……느낌을 받게 돼요"라는 형태로 이야기한다고 해서 거기에 무슨 마술적인 신비한 힘이 작용하는 것은 아니라는 점입니다. 그렇지만 이러한 유형의 대화는, 우리 각각의 생각이나 안목이 상대적이기 때문에 상대방은 나와 다른 견해를 가질 수도 있다는 것을 깨닫고 받아들이는 데 도움이 됩니다. 내 생각, 내 방식만이 옳다는 생각에서 벗어나 자신의 생각과는 다른 또 다른 올바른 견해를 볼 수 있는 여지를 마련해 줍니다.

"사랑은 자기 생각, 자기 방식만을 고집하지 않습니다. 짜증을 내거나 성내지도 않습니다. 불의를 기뻐하지 아니하며 진리와 함께 기뻐합니다." (고전 13:5-6 참조)

XIII. 다음의 대화를 "당신이 ……할 때, ……하기 때문에 ……느낌을 받게 돼요"의 유형으로 재구성하시오. 고린도전서 13:5-6의 말씀에 비추어 어떻게 이 대화를 해야 할지 생각해 보시오.

"당신은 제 친정 어머니를 방문할 때마다 곧장 텔레비전 앞에 가 앉곤 해요. 저희 어머니가 늘 외로워하신다는 것을 모르세요? 차라리 내가 혼자 어머니를 찾아가 뵙는 것이 더 좋겠어요."

____

____

____

____

상대방의 견해에 귀를 기울임

① 당신의 눈과 귀와 모든 것을 동원하여 서로 대화하는 가운데 상대방의 입장이나 생각을 이해하도록 하십시오. 텔레비전을 끄십시오. 읽던 신문을 한 쪽으로 치워 놓으십시오.

② 상대방으로 하여금 자신의 관찰과 느낌과 해석을 말하도록 권면하십시오. 상대방의 말에 귀를 기울이면서 상대방의 입장에서 그 상황을 보며 또한 상대방의 느낌이 어떠할지 상상력을 동원하여 그것을 그림으로 그려보십시오. 당신이 무대에서 상대방의 입장이 되어 연기를 한다고 생각해 보십시오. 그에 필요한 모든 자료들을 수집하십시오. 때때로, 필요하다면, 당신이 바로 듣고 이해했는지를 점검하기 위해 "당신 ……라고 말씀했어요?"와 같은 질문을 하는 것이 좋습니다. 당신이 상대방의 입장이나 생각을 바로 이해한 것이 분명해질 때까지 이 과정을 계속하십시오. 당신의 배우자를 동반자로 삼아 서로의 관계를 보다 잘 이해하고 두 사람 사이의 갈등을 해소할 수 있도록 노력하십시오. 당신 배우자의 말이나 감정을 꼬투리 삼아 상대방을 공격하는 일이 있어서는 안됩니다.

얼핏 보면 이것이 쉬운 일처럼 보일 것입니다. 그러나 다른 사람의 말을 듣는다는 것은 매우 어려운 일입니다. 특히 부부가 갈등의 상황에 처해 있을 때는 더욱 그렇습니다. 부부가 상대방의 말에 귀를 기울여 들을 때 그 당사자에게는 대략 다음과 같은 세 가지 양상의 반응이 나타날 수 있습니다.

· 내가 저 사람 말을 듣다 보면 아마도 그 말에 동의를 하고 내 생각을 바꿔야 할거야. – 이것은 고통스러운 작업이야.

· 내가 귀를 기울여 들으면 저 사람은 내가 자기 말에 동의하지 않을지라도 동의하고 있다고 생각할거야.

· 내가 저 사람에게 지지 않으려면 곧 내 입장을 변호하고 지지할 다음 말을 생각해야 해.

상대방의 말에 귀를 기울여 듣는다는 것은 어려운 일입니다. 현대인들은 대개 상대방의 말을 듣고 그를 이해하여 서로의 필요를 충족하며 서로의 관계를 견고하게 하기보다는, 자기 자신이 옳다는 것을 상대방에게 주지시켜 자신의 입장을 관철시키고 이기려는 경향을 강렬하게 보이고 있기 때문입니다. "미련한 자는 명철을 기뻐하지 아니하고 자기의 의사를 드러내기만 기뻐하느니라"(잠 18:2).

문제를 규명함

부부간에 문제가 생겼을 때 상대방의 말을 잘 듣고 그의 입장에서 문제를 보려 한다면 그 문제가 전과는 다르게 보일 것입니다. 부부는 동일한 문제에 대해 여러 가지로 다양한 정의를 내릴 수 있습니다. 그래서 부부 각자가 처음부터 서로 다른 견해를 가지고 대할 수 있으며, 제삼자가 여기에 또 다른 견해를 제시할 수도 있습니다. 어떤 문제가 생겼을 때, 그것을 획일적으로 한가지로 규명하기란 어려운 일입니다. 그러므로 갈등을 해소하는 데 있어서 주목할 것은 문제 자체를 규명하기보다는 그 문제의 해결이 가능한 방법을 규명하는 것입니다. 그렇게 될 때 부부는 서로의 필요를 충족시킬 수 있는 방향으로 문제를 풀어나갈 수 있습니다.

다음의 질문들은 당신이 문제의 해결이 가능한 방법을 규명하는 데 도움이 될 것입니다.

① 이것은 어떤 실제적 사실과 관련된 것인가 아니면 가치관의 차이로 인한 것인가? 실제적인 어떤 사건이나 사실에 관한 문제에 대해서는 갈등 해소를 위한 노력이 필요하지 않습니다. 그 근본 요소를 찾기만 하면 됩니다. 예를 들어, 학교의 종강날이 언제인가, 누가 주로 집안일을 돌보는가, 옷을 사는 데 누가 대부분의 돈을 투자했는가, 연중 휴일이 며칠이나 되는가 하는 것 등을 가지고 논쟁을 한다는 것은 이치에 맞지 않는 일입니다. 이러한 문제들은 학교에 전화를 걸어 묻거나, 집안일에 쏟는 시간을 계산해 보거나, 옷을 산 영수증을 대조 계산해 보면 되고, 휴무일에 관한 것은 달력을 참고하면 될 것입니다.

만약 이렇게 했는데도 갈등이 해소되지 않는다면, 이 갈등은 당신이 생각했던 것과는 다른 것이므로 새로운 정의를 내려야 할 것입니다. 예를 들어, 집안일에 따른 문제에 있어서 문제가 되는 것은 누가 대부분의 시간을 집안일에 소모했느냐에 있는 것이 아니라 부부가 둘 다 그 일로 인해 지치고 피곤해 있다는 데에 있습니다. 어떻게 그러한 책임들로부터 벗어날 수 있겠습니까?

반면에, 부부는 가치관이나 생각의 차이로 인해 갈등의 국면에 들어갈 수 있습니다. 당신의 주장과 상대방의 주장이 서로 부딪혀 갈등을 야기시킵니다. 어쩌면 당신은 아이들이 용돈을 얻기 위해서는 집안의 잔일들을 해야 한다고 생각할지 모릅니다. 그렇지만 당신 배우자에게 있어서는 그것 때문이 아니라 가정생활의 일부로서 아이들도 집안의 잔일들을 해야 한다고 생각할 수 있습니다. 부부는 이러한 경우에도 저마다 자기의 생각을 지지해 주는 아동 교육 전문가들을 얼마든지 찾아낼 수 있을 것입니다.

② 우리가 주목하고 다루어야 할 행동은 무엇인가? 부부는 자신들의 어떤 행동들이 서로에게 갈등을 야기시키는지에 대해서 생각할 필요가 있습니다. 어떤 말이나 행동들이 문제의 근원이 되는지, 다른 대안은 없는지 등에 관해 생각해야

합니다.

부부는 문제를 규명하는 데 있어서 그것을 개인의 성격적 차이 내지는 공격하는 태도로 연결시켜서는 안됩니다. 예를 들어, 집안을 정리하는 문제에 있어서 "내가 생각하기에 당신은 게으름뱅이이고, 당신이 생각하기에 나는 귀찮은 존재이다."라고 규명하는 것은 전혀 도움이 되지 않습니다. 이러한 상황을 해결할 수 있는 유일한 방법은 근본적으로 성격 자체를 변화시키는 것인데 이것은 결코 쉬운 문제가 아닙니다. 보다 바람직한 것은 "당신이 부엌 씽크대 위에 당신의 물건을 아무렇게나 놓은 것을 보면 화가 나요. 또 당신도 나중에 그것들이 필요할 때 찾아 쓸 수가 없으니 짜증이 날 거구요."라고 문제를 규명하는 것입니다. 여기에서 초점이 되는 것는 각자의 성격적인 특성이 아니라 행동입니다. 성격의 변화보다는 행동의 변화가 훨씬 쉽습니다.

③ 이 문제에 대해 합의를 해야 하는가, 아니면 각자 나름대로 행동할 것인가? 부부가 자녀 양육의 책임을 함께 나누는 경우 용돈을 주는 것과 같은 문제에 있어서는 부부의 합의가 필요합니다. 그러나 많은 부부들은 종종 서로의 동의가 필요없는 문제를 가지고 다투곤 합니다. 예를 들어, 여가시간을 가장 잘 보내기 위해 추리소설을 읽어야 할지, 아니면 신문을 읽어야 할지와 같은 문제를 가지고 다툰다면 그것은 전혀 소득없는 무익한 행동입니다. 왜냐하면 어떤 것을 읽든지 그것은 각자의 선택에 달려 있는 것이기 때문입니다. 부부는 이와 같은 문제로 얼마든지 다툴 수 있는 가능성이 있습니다. 한 사람이 세상사에 대해 이야기하기를 좋아하는데 비해 다른 사람은 유쾌한 농담을 하며 대화하는 것을 좋아해 상대방이 심각한 내용의 신문이나 책 보는 것을 좋아하지 않을 수 있습니다. 이러한 상황에서 문제는 어떤 내용의 글들을 읽고 대화를 하느냐가 아니라 두 사람이 각각 그들의 관계에서 원하고 있는 것이 무엇인가 하는 것에 초점을 맞추도록 재조정하는 것입니다.

④ 우리 두 사람이 이 문제에 대해 어떻게 생각하는가? 부부는 어떤 문제에 직면했을 때 그것이 둘 중 어느 한 사람에게 보다 더 중요하게 받아들여지고 있는지 살펴보아야 합니다. 만약에 그렇다면 그 사람은 좀 더 적극적으로 그 문제를 다루려 할 것이며 상대방과 더불어 적절한 해결방안을 모색하려 할 것입니다. 이때 서로의 생각이 어떠한지에 대해 살펴보는 것이 좋습니다.

⑤ 가능한 해결방법들을 모색하고 그것들을 적절하게 시도함 문제에 직면했을 때 당신이 생각할 수 있는 대로 가능한 해결방안들을 구체적으로 모색하십시오. 당신의 배우자가 할 수 있는 것보다는 당신 편에서 먼저 개인적으로 할 수 있는 것들에 초점을 두십시오. 때로는 부부간에 일정한 기한을 두고 약속을 해서 문

제의 해결을 시도해 보는 것도 좋습니다. 그리고는 일정 기간 후에 다시 그 문제에 대해 점검하면서 둘 다 만족할 만한 방향으로 문제가 해결되었는지, 또는 새로운 조정이 필요한지에 대해 알아보는 것입니다.

XIV. 종이 한 장을 준비하여 어떤 구체적인 행동의 변화가 일어나도록 다음의 내용을 각각 재구성하시오.

1. 당신은 왜 매일밤 내가 자려고 할 때마다 샤워를 하려고 하세요? 그 이유가 뭐예요?
2. 당신은 왜 항상 자기가 운전하겠다고 고집하면서 내게 일일이 길을 묻는거요?
3. 내가 부엌에서 힘들게 설거지를 하고 있는데 당신은 앉아서 텔레비전이나 보고 있는 거예요?

이제 잠시 시간을 내어서 제1과로 돌아가 부부간에 계약(또는 약속)을 맺는 것에 관해 복습하십시오(부부간에 약속을 하고 그것을 발전시키는 것에 대해서는 제10과에서 좀더 깊이 다루게 될 것입니다.).

갈등은 언약결혼에 있어서도 불가피한 요소

부부간의 사랑과 서로의 필요를 충족시키기 위해서는 그들에게 직면하는 갈등 상황을 잘 인식하고 그에 적합한 해결방안을 모색하는 결단이 있어야 합니다. 부부에게 갈등이 일어난다는 것은 고통스러운 일임과 동시에 근심을 수반하는 것입니다. 그러나 일단 그 상황을 잘 극복하면 부부의 사랑과 서로를 향한 헌신은 더욱 견고하고 깊어지게 됩니다.

갈등과 분노는 우리에게 진리를 깨닫게 하는 도구가 됩니다. 성경은 문제가 있는데도 그것을 솔직하게 시인하며 그 문제를 직면하지 않고 아무런 문제도 없는 것처럼 가장하는 행위를 질책하고 있습니다. 예레미야와 에스겔 선지자는 이스라엘 백성과 하나님 사이의 관계에 금이 가고 있는데도 여전히 이스라엘에 아무런 문제가 없는 것처럼 모든 것이 잘될 것이라고 외친 선지자들을 통렬하게 공박하였습니다.

"그들이 내 백성의 상처를 심상히 고쳐 주며 말하기를 평강하다 평강하다 하나 평강이 없도다."(렘 6:14; 8:11; 겔 13:10-11, 14-16 참조)

하나님은 그 백성과의 관계에 무엇인가 문제가 있으면 그것을 추적하여 드러내십니다. 그리고 이런 과정을 통하여 잘못된 것을 고치고 다시 정상적인 바른 관계로 회복시키십니다. 하나님은 어떤 문제가 있으면 갈등 상황을 통해 그 안의 진실을 밝히 드러내기를 원하십니다.

예수님은 종종 바리새인, 서기관들과 날카로운 충돌을 경험하셨습니다. 성전 정화 사건에서도 볼 수 있듯이 그분은 결코 갈등을 회피하시지 않았습니다(막 11:15-19). 이처럼 그리스도인 부부들은 그들의 관계에 어떤 문제가 일어났을 때 그에 수반되는 갈등이나 분노를 솔직하게 시인하고 심각하게 받아들여야 합니다. 그것을 무시하지도 말고 아무 문제도 없는 것처럼 가장하지도 마십시오.

XV. 당신의 부부생활 가운데에서 어떤 문제가 발생했을 때 그 갈등의 해소를 위해 당신이 주로 취하는 역할이 무엇인지 해당되는 것에 체크하시오.

· 선동가 - 항상 주도적 역할을 한다.
· 평화주의자 - 어떤 희생을 치르더라도 평화를 찾는다.
· 화해론자 - 가능한 해결책을 찾는다.
· 회피주의자 - 문제를 직면하기보다는 노련하게 그 상황을 회피한다.
· 해결사 - 늘 문제를 해결할 준비가 되어 있다.

성경은 갈등의 해결을 위한 모본으로 서로를 용서하라고 권면합니다. 상대방의 말을 잘 듣고 또 갈등을 통하여 살아가는 기술이 있다 해도 우리가 기억해야 할 것은, 모든 사람은 죄된 성품을 가지고 있는 피조물로서 순간적으로 서로에게 상처를 주는 말을 하고 관계를 회복하려는 노력보다는 상대방의 기선을 꺾고 이기려 하는 것에 더 집착하는 경향이 있다는 것입니다.

부부는 자기 중심적이고 자기 변호적인 말로 상대방을 헐뜯고 상처를 줄 때 결국 그러한 말을 자기 자신에게 되돌려받곤 합니다. 자신이 한 말은 결코 빈말이 되어 자신에게 돌아오지 않습니다. 상대방에게 상처를 줄 뿐만 아니라 자신도 상처를 받게 되는 것입니다.

그러므로 부부간 갈등 해소의 마지막 단계는 서로를 용서하는 것입니다. 이제 제2과에 제시된 바 있는 부부간의 용서에 관한 기사를 다시 읽으며 당신의 부부가 경험한 갈등과 연결시켜 부부의 갈등 해소와 용서와의 관계를 깊이 생각해 보시기 바랍니다.

XVI 당신은 부부관계에 어떤 갈등의 문제가 생겼을 때 그것을 해소하기 위해 어떻게 대처하는지 해당되는 것에 체크하시오.

______ 나는 불만을 속으로만 품고 털어놓지 않는 경향이 있다.
______ 재빨리 그 문제를 제껴 놓는다.
______ 그것을 완전히 극복하기 위해서는 시간이 걸린다.
______ 내 감정을 가라앉히고 조절할 장소를 필요로 한다.
______ 다른 일에 몰두한다.

_____ 곧 말 수가 적어진다.
_____ 곰곰이 그 문제를 생각한다.
_____ 이 상황을 통해 미래에 있을지도 모를 비슷한 상황에 보다 잘 대처할 수 있는 교훈으로 삼으려 한다.

요점정리

결혼생활은 끊임없는 갈등이 생기게 마련입니다. 부부에게 끊임없이 밀어닥치는 변화들은 그들로 하여금 계속해서 그들이 생각하는 것, 살아가는 방법에 있어서 새로워질 것을 요구하고 있기 때문입니다. 부부는 서로 다른 생각을 가질 수 있으며 서로의 의견에 동의하지 않을 수 있다는 것을 인정해야 합니다. 그러면서도 동시에 문제의 해결을 위해 서로 어떤 결론 내지는 결단에 이를 수 있어야 합니다. 부부가 어떻게 합의된 결정을 내리는가 하는 것은 어떤 결정을 내리는가 하는 것 못지 않게 중요한 일입니다.

좋은 결정을 내리는 데에는 부부간의 관계가 중요한 역할을 합니다. 만약에 한 사람이 부부간의 관계에 있어서 상대방보다 우월하다는 생각을 가지고 그를 이기려 한다면, 문제에 대한 책임 소재를 상대방에게 두고 그를 비난한다면, 상대방으로 하여금 무조건 자신의 말에 복종하게 하려 한다면, 자신이 무조건 희생하려 한다면, 자신은 결정에 참여하지 않고 그로 인한 결과에 대해서도 책임을 지려 하지 않는다면, 결국 그런 부부 사이에는 문제가 일어나 서로의 사랑과 대화를 위협하는 결과를 초래하게 됩니다.

부부가 어떤 결정을 내리는 데에는 네 가지 유형이 있습니다. 독단적인 결정(한 사람이 일방적으로 결정), 억압형 결정(한 사람이 다른 사람을 누르고 결정), 태만형 결정(결정을 회피 또는 참여 안함), 상호 결정(서로의 의견 합의에 따라 결정함).

부부 상호간의 합의된 결정을 위해서는 서로의 생각과 느낌을 분명하게 나누고, 서로의 말을 주의깊게 듣고, 적절한 행동을 취할 수 있도록 문제 상황을 분명하게 확인, 정의내릴 수 있어야 합니다. 부부간의 갈등은 언약 결혼에 있어서도 불가피한 요소입니다. 그렇지만 부부는 성경적인 모본을 통해 이러한 상황을 잘 극복할 수 있어야 하며, 갈등 해소를 위한 성경적인 모본의 최종단계는 상호간의 용서로 귀결될 수 있습니다.

연습문제

이 연습문제는 당신이 제8과의 학습목표를 달성했는지의 여부를 스스로 점검하도록 준비되었습니다. 각 물음에 성실하게 답하시기 바랍니다. 정답은 마지막 질문 다음에 있습니다.

1. 다음의 빈 칸을 채워 "부부간의 결정"에 대한 정의를 내리시오.

부부간에 결정을 내린다는 것은 부부가 그들 내외 주변에 생긴 어떤 _____나 그들 사이에 __________을 야기시키는 __________에 대해 어떤 모양으로든 무엇인가를 __________하거나 __________하기로 __________하게 하는 어떤 __________이나 대화라고 할 수 있다.

2. 사람들이 문제해결을 위해 그 대안을 결정하는 유형 네 가지를 나열하시오.

①

②

③

④

3. 부부가 결정을 내리는 것을 어렵고 복잡하게 만드는 요소가 아닌 것에 체크하시오.

_____ ① 우월감

_____ ② 비난

_____ ③ 사랑

_____ ④ 결정 거부

4. 다음 항목 1과 항목 2가 서로 긴밀하게 관련되는 것을 골라 연결하시오.

항목 1	항목 2
① 나는 당신이 …할 때 …하므로 …느낌을 받게 돼요.	ⓐ 서로의 생각과 느낌을 나눔
② 당신의 눈과 관심과 말을 사용하여 서로의 의견을 나누라.	ⓑ 상대방의 견해에 귀를 기울임
③ 서로 일정 기간 약속을 하라.	ⓒ 문제나 그 상황에 대한 정의를 내림
④ 상대방의 입장에서 현재의 상황을 보도록 하라.	
⑤ 변화가 필요한 행동을 주목하고 구체화하라.	

5. 이번 주에 어떤 결정을 내려야 할 일이 있을 때 당신은 위에 제시된 요소

들 가운데 어떤 것을 사용하겠습니까?

정답:

1. 변화, 갈등, 문제, 행, 말, 결단, 행동
2. ① 독단적인 결정 ② 억압형 결정 ③ 태만형 결정 ④ 상호 결정
3. ③ 4. ① ⓐ, ② ⓑ, ③ ⓒ, ④ ⓑ, ⑤ ⓒ 5. 스스로의 답

예습

현대인들은 햄버거와, 자신의 조국과, 자신의 기호에 맞는 음악과, 다른 이웃들을 사랑한다고 말하곤 합니다. 오늘날, 사람들은 사랑이라는 말을 너무 지나치게, 그리고 함부로 사용하는 경향이 있습니다. 우리가 자기 배우자를 사랑한다고 말할 때 거기에 도대체 어떤 의미가 담겨 있습니까?

우리는 제9과에서 사랑에 대한 여러 가지 잘못된 개념과 성경적인 사랑의 원리를 살펴볼 것입니다. 이제부터 24시간 동안 당신이 사랑이라는 단어를 얼마나 많이, 그리고 어떻게 사용하는지 눈여겨보십시오.

제5단원: 사랑의 동반자 관계에로의 헌신

제9과

결혼과 사랑

우리는 제8과에서 부부간의 문제 해결을 위한 바람직한 결정을 내리는 데 장애가 되는 다섯 가지 요소들을 살펴본 바 있습니다. 이러한 요소들은 부부가 쌍방의 필요와 욕구들을 충족시키면서 서로가 승리자가 되게 하는 대신, 한 사람은 승리를 쟁취하고 한 사람은 패배하는 결과를 초래할 뿐입니다. 이 다섯 가지 요소들을 기억할 수 있습니까? 그렇지 못하다면 제8과의 요점정리를 다시 읽으십시오.

제8과는 우리에게 부부가 결정을 내리는 네 가지 유형을 소개하였습니다. 독단적인 결정, 억압형 결정, 태만형 결정, 상호 결정. 이 중 부부가 함께 문제를 해결할 수 있는 가장 좋은 방법은 상호 결정입니다.

우리는 제8과에서 자신들이 지금까지 어떻게 결정을 내렸는지 생각하며 그 효과에 대한 평가를 내렸습니다. 당신은 이 공부를 통해 지난 주 어떠한 변화를 체험한 적이 있습니까? 그렇다면 당신은 지금보다 더 자유롭게 서로의 생각을 표현하고 나눌 뿐 아니라 보다 더 신중하게 듣고, 용납하며 용서할 수 있을 것입니다.

부부간에 결정을 내리는 데 있어서 그것이 좋은 결정인지의 여부는 문제가 정확하게 파악, 분석되고 그것이 문제 해결을 위한 적절한 행동으로 이어질 수 있느냐 하는 데에 달려 있습니다.

개관

이 세상이 사랑으로 유지되고 돌아간다면, 우리가 살고 있는 이 세상은 매우 연약하고 흔들리기 쉬운 축에 의지하여 돌아가고 있다고 해도 과언이 아닐 것입니다. 우리의 현실 속에서 오가는 사랑은 사실상 언약부부에게서 볼 수 있는 사랑과 비교해 볼 때 별 관계가 없습니다. 그 둘 사이에는 많은 차이가 있습니다.

그러면, 언약적 사랑, 또는 행동적 사랑과 다른 종류의 사랑을 구분시키는 것은 무엇이겠습니까? 행동적인 사랑은 매일의 삶속에서 어떻게 표현되는 것입니까? 우리는 이제 당신이 처한 상황에서 어떻게 행동적인 사랑을 실천할 수 있는지에 관한 열 가지 안내 지침을 살펴보게 될 것입니다.

학습목표

- 사랑은 곧 헌신임을 이해한다.
- 헌신으로서의 사랑을 다른 여러 잘못된 사랑의 개념과 비교해 본다.

- 성경이 말하는 헌신으로서의 사랑에 대해 이해한다.
- 결혼생활에 적용되는 헌신적인 사랑의 원리 열 가지를 이해한다.
- 이 원리들이 나의 부부관계에 어느 정도까지 적용되고 있는지 평가한다.
- 헌신적인 사랑의 원리를 최소한 한가지 이상 실천한다.

행동적인 사랑

사랑과 결혼은 바늘과 실처럼 함께 붙어다닌다는 말이 있습니다. 사랑이 바늘이라면 결혼은 거기에 따라다니는 실과 같다고 합니다. 둘 중 어느 것도 상대방이 없이는 존재할 수 없다고 합니다. 이것은 오늘날 많은 사람들이 사랑과 결혼에 대해 어떤 생각을 갖고 있는가를 선명하게 드러내 주고 있는 말입니다. 예를 들자면 사랑하니까 결혼을 하고, 결혼했으니까 그들은 서로 사랑한다는 것입니다. 그러다가 서로 사랑하지 않게 되면 그 결혼은 더이상 지속되지 못합니다.

사랑이라는 말은 참으로 이해하기 어려운 단어입니다. 우리는 사랑이라는 말을 일상생활을 통해 자주 말하곤 합니다. "나는 일을 사랑합니다.", "나는 옛날 영화를 사랑합니다.", "나는 개를 사랑합니다.", "나는 당신을 사랑합니다." 우리는 사랑한다는 이유로 함께 잠을 자기도 하고, 자신은 양식을 좋아하지만 상대방이 중국 음식을 좋아하므로 중국 음식점에서 외식을 할 때도 있습니다. 사랑한다는 이유로 서로의 깊은 심중이나 느낌들을 나누기도 합니다.

우리가 사랑이라는 말을 사용할 때 거기에는 여러 면에서 차이가 있겠지만, 근본적으로 그 사랑은 감정으로서의 사랑과 직결되어 있습니다. 사전은 사랑이라는 단어를 대개 다른 사람에 대한 강도 높은 애정의 감정, 어떤 사람이나 사물에 대한 강렬한 열정, 또는 집착, 어떤 사람에 대한 강한 성적 욕구 등으로 정의를 내리고 있습니다. 이러한 감정들을 조절하기란 매우 어렵다고 말합니다. 이러한 사전적 정의는 오늘날 특정한 문화 속에서 통용되는 단어의 현재적 용례에 근거하고 있습니다. 간단히 말해서 오늘날 이 시대 문화권 속에서 인식되고 있는 사랑이라는 말은 강렬하고도 거의 통제 불능인 감정이라는 것입니다.

언약결혼은 그 중심에 위치한 부부관계입니다. 하지만 여기에서의 사랑은 이 시대 문화 속에서 인식되고 있는 사랑의 정의와는 다른 그 어떤 사랑입니다. 성경에서 말하고 있는 사랑은 어떤 감정이나 느낌에 근거한 것이 아닙니다. 성경적인 사랑의 개념은 서로에 대한 헌신과 사랑의 행위에 근거하고 있습니다. 성경은 우리에게 서로 사랑할 것을 권면하고 있습니다.

"내 계명은 곧 내가 너희를 사랑한 것같이 너희도 서로 사랑하라 하는 이것이니라"(요 15:12; 요일 4:7, 21; 고전 14:1상; 엡 5:1-2, 25 참조).

Ⅰ. 예수님께서 당신을 사랑하시는 증거를 아는 대로 쓰시오.

당신이 기록한 증거들 가운데에서 감정 혹은 느낌과 관련된 것이 얼마나 되는지 살펴보십시오. 또 행동과 관련된 것은 얼마나 되는지 유의하여 보십시오.

우리는 어떤 사람에게 다음과 같이 다른 사람에 대한 어떠한 감정을 갖도록 강요하거나 명령할 수 없습니다. "당신들은 한 형제, 자매처럼 서로 사랑해야 합니다." 그러나 어떤 행동을 취하도록 명령할 수는 있습니다. "싸우지 말고 잘 놀아라. 장난감을 함께 가지고 놀아라."

감정이란 명령한다고 해서 갖게 되는 것이 아닙니다. 우리 자신이 감정을 직접적으로 변화시킬 수는 없습니다. 임의적으로 다른 사람에 대한 어떤 감정을 갖게 할 수는 없습니다. 하지만 내 자신이 무엇을 할 것인지 선택할 수는 있습니다. 우리의 행동은 자신의 감정에 어떠한 영향을 줄 수 있습니다. 두 사람이 서로의 것을 나누며 서로의 삶을 나누게 되면 그들은 함께 있는 것을 즐거워할 수 있게 되고 나아가서는 서로에 대한 사랑의 감정도 갖게 될 수 있을 것입니다(요일 3:18-20 참조).

그러므로 감정을 변화시키는 유일한 길은 행동을 변화하는 것입니다. 말로써 사랑의 감정을 갖게 하는 것이 아니라 사랑이 배어나오는 행동을 하는 것입니다. 예를 들어, 나를 향해 다가오고 있는 커다란 개로 인해 두려움을 갖게 되었을 때, 자신에게 두려워하지 말라고 말한다고 해서 내 안에 있는 두려움이 사라지는 것은 아닙니다. 그 두려움의 감정을 변화시키는 유일한 길은 그 개가 쫓아올 수 없는 곳으로 피하든지 그렇지 않으면 침착하게 손을 뻗어 그 개를 쓰다듬어 친숙해지든지, 무엇인가를 행하는 것입니다. 그러면 두려움의 감정은 안도의 감정으로 변화될 것입니다.

이와 마찬가지로 자신이 배우자에 대해 화가 치밀었을 때 임의로 그 사람을 향한 사랑의 감정을 갖게 할 수는 없습니다. 그렇지만 그 분노의 상황을 잘 조절하고 서로 화해할 수 있는 적절한 행동을 하였을 때, 서로에 대한 사랑의 감정은 회복할 수 있습니다.

언약결혼에서의 사랑은 언제라도 쉽게 왔다가 사라질 수 있는 인간의 감정에 근거하지 않습니다. 그 사랑은 애정 가운데 행동하기로 헌신된 사랑입니다. 성경적인 사랑의 개념과 이 세상의 유행가나 영화에서 보여주는 감정에 근거한 사랑을 분류한다면 우리는 전자를 가리켜 행동적인 사랑이라 부를 수 있는 것입니다.

Ⅱ. 다음 유행가 제목이 보여주는 사랑의 개념은 행동적인 사랑의 개념과 어떻게 다릅니까?

1. 남자는 배, 여자는 항구
2. J 에게
3. 사랑해 당신을
4. 안녕 내 사랑
5. 가버린 당신
6. 사랑은 이제 그만

행동적인 사랑은 부부가 서로 자의에 의해서 선택한 헌신입니다. 부부는 서로가 먼저 사랑의 헌신을 하고 언약 가운데 살아가는 데 있어서 자신들의 행동을 감정이 아닌 사랑을 향한 결단에 근거해서 실천해야 합니다. 최소한 두 주 이상의 결혼생활을 해 본 사람이라면 상대방에 대한 사랑의 감정을 느끼지 못할 때가 있음을 인정할 것입니다. 그러한 느낌을 받게 되면 우리는 더이상 그 사람과 매일 매순간을 함께하기보다는 차라리 다른 곳에서 살기를 원할 수 있는데 바로 이 때가 서로를 향해 행동적인 사랑을 회복해야 할 때입니다.

그러나 우리는 이 세상의 문화권 속에서 살고 있습니다. 우리는 이 시대 문화의 사랑의 개념과 그 산물로부터 완전히 벗어나 자유로울 수는 없습니다. 그것들은 자동차나 사무실, 부엌 등 곳곳에서 흘러나오는 유행가로부터 우리의 일상생활 구석구석에 이르기까지 모든 것에 영향을 끼칩니다. 결혼생활에 대한 보다 분명한 이해를 위해 우리는 성경적인 사랑의 개념뿐 아니라 우리 자신의 부부관계에 영향을 끼치고 있는 이 시대 문화의 사랑의 개념 내지는 정의에 대해서도 살펴볼 필요가 있습니다. 라디오나 텔레비전에서 흘러나오는 사랑을 주제로 한 유행가에 귀를 기울여 보십시오. 이 시대가 추구하는 사랑은 성경에서 말하는 행동적인 사랑과는 다른 것임을 분명히 알게 될 것입니다.

Ⅲ. 당신이 즐겨 보는 텔레비전 쇼나 영화들에서 소개되고 있는 사랑의 모습을 아래 각 항목의 연장선상에 표시하시오.

변덕스러움 ______________________________ 일관됨

질투 ______________________________ 신뢰

이기적 ______________________________ 헌신적

일시적 ______________________________ 지속적

조건적 ______________________________ 무조건적

사랑의 정의

사랑은 낭만적인 것이다

낭만적인 사랑은 현 시대 문화의 중요한 특색 중의 하나입니다. 이러한 사랑을 가장 잘 표현한 말로 우리는 "사랑에 빠진다"는 표현을 들 수 있을 것입니다. 여기에서 "빠진다"는 말은 어찌할 수 없는, 어떻게 조절할 수 없는 감정을 나타낼 때 쓰는 표현입니다. 낭만적인 사랑은 적극적인 행동에 근거한 것이라기보다는 수동적인 감정의 경험이라 할 수 있습니다. 여기에는 우리 자신이 "빠지는" 것에 대해 어떠한 조절도 할 수 없음을 암시하고 있습니다. 그러나 자기 자신을 보다 매력적으로 보이게 하여 다른 사람으로 하여금 사랑에 빠지게 하거나 계속해서 자기를 사랑하게 할 가능성은 있습니다. 그래서 다른 사람에게 선정적인 사람으로 보이기 위해 어떤 특정한 치약만을 사용하거나, 자기 배우자를 기쁘게 하는 법에 관한 기사나 책을 읽기도 하고, 상대방의 가슴에 깊은 인상을 심어주기 위해 특별한 향수를 뿌리기도 합니다. 사람들은 대개 자기 자신을 사랑할 만한 사람이 되게 하고 매력적인 사람으로 보이게 하려 애씁니다. 그리고 사랑받는 것에 관심을 집중시키고 있습니다.

Ⅳ. 다음의 각 질문들을 통해 당신 부부가 데이트하면서 경험했던 낭만적인 요소들을 살펴보시오.

1. 당신에게 낭만적인 기억으로 남아있는 장소는 어디입니까?

___

2. 서로 낭만적인 사랑의 밀어를 주고받으면서 사용했던 특별한 단어들은 무엇이었습니까?

___

3. 서로 낭만적인 사랑의 감정을 일으키는 행위들은 무엇이었습니까?

___

당신의 결혼생활에서 낭만적인 사랑의 정도가 얼마인지 적절한 곳에 동그라미 하시오.

매우 중요　　　　어느 정도 중요　　　　별로 중요하지 않음

낭만적인 사랑은 어떤 정적인 상태이기 때문에 그것이 언제까지나 계속될 것이라는 착각에 빠질 수 있습니다. 마치 동화에서 흔히 볼 수 있는 것처럼 "그 왕자와 공주는 마침내 결혼하여 영원히 행복하게 살았더라"와 같은 발상인 것입니다. 결혼문제를 안고 있는 사람이 상담자에게 찾아와 도움을 요청하며 다음과 같이 말했습니다.

"저는 제 아내의 마음에 상처를 주고 싶지 않습니다. 그래서 제 심정을 그녀에게 털어놓을 수가 없어요. 하지만 분명한 사실은 제가 5년 전에 결혼하면서 그녀에게 가졌던 사랑의 감정을 이제는 더이상 갖고 있지 않다는 거예요. 사랑이 식어 버렸어요. 저도 텔레비전 광고에 나오는 사람처럼 사업차 다른 곳에 가자마자 호텔 방에서 사랑하는 아내에게 전화를 거는 그런 남편이 되고 싶어요. 정말 아내에게 그렇게 하고 싶어요. 그렇지만 전처럼 항상 그녀와 함께 있기를 갈망하는 마음이 이제는 없어요. 그녀를 보아도 예전처럼 그렇게 마음이 뛰지를 않아요."

이 사람에게 있어서 문제는 낭만적인 사랑의 감상이 시들해진 데에서 비롯됩니다. 그는 더이상 자신이 아내를 사랑하지 않는 것에 대해서 책임감을 갖지 않습니다. 사랑에 빠지는 것을 어쩔 수 없는 것으로 본다면 그 사랑에서 빠져나오는 것 또한 어떻게 막을 수 있겠습니까?

만약에 사랑이 순전히 어떤 감상적인 감정에만 근거하고 있다면, 그 사랑은 두 사람간의 친밀감이나 성적 충족감, 또는 결혼생활에서 오는 분노나 갈등의 파고에 따라 이리저리 흔들리게 될 것입니다. 그러나 언약결혼에서의 사랑은 그렇지 않습니다. 그것은 서로에 대한 헌신과 책임 준수에 근거하고 있습니다. 얄팍한 감상에 무기력하게 반응하는 종류의 사랑과는 다른 것입니다.

그렇다고 해서 언약결혼과 낭만적이고도 열정적인 사랑이 병립할 수 없는 것이라는 의미는 아닙니다. 결혼은 흔히 두 사람간의 낭만적이고도 열정적인 사랑으로 인해 시작되어 그들의 관계를 통하여 계속 지속될 수 있습니다. 낭만과 열정은 언약 부부의 삶을 보다 윤기나게 할 수 있습니다. 하지만 그것이 부부관계의 핵심일 수는 없습니다. 언약부부의 핵심은 사랑 안에 안주하는 것이 아니라 서로를 향해 적극적인 사랑으로 행동하는 데에 있습니다.

Ⅴ. 이번 주에 당신이 배우자에게 보다 부드러운 사랑의 관심을 행동적인 사랑으로 표현할 수 있는 것은 무엇입니까? 여기에 몇 가지를 적어본다면 다음과 같습니다. 즉, 저녁식사 후에 아내와 분위기 있게 커피 한 잔을 나눈다든지, 어깨를 주물러 준다든지, 아내의 귀에 사랑을 속삭인다든지, 남편이 볼 수 있는 곳에 짤막한 사랑의 편지를 써놓는 것 등을 생각할 수 있을 것입니다. 이 외에도 당신이 생각할 수 있는 것 몇 가지를 더 첨가해 보시오.

사랑은 집착이다

집착된 사랑은 낭만적인 사랑에 대한 사춘기적 애착을 가리키는 표현이라 할 수 있습니다. 이 때의 대상은 주로 유명 연예인이나 같은 또래로서 멀리서 동경의 대상이 되는 사람들입니다. 집착적인 사랑은 흔히 말하는 상사병으로서, 이 증상에 빠지면 그 동경하는 대상을 생각하느라 정상적으로 먹고 자고 일하는 것에 어려움을 겪습니다.

Ⅵ. 당신이 처음 배우자를 만났을 때 당신으로 하여금 그 상대방에게 집착하게 만든 어떤 신비한 요소가 있었습니까? 그 신비하게 보였던 요소들이 깨어졌을 때 당신의 사랑은 더 견고해졌습니까, 아니면 약화되었습니까? 왜 그렇습니까?

집착적인 사랑은 근본적으로 자기 중심적인 사랑입니다. 자신의 감정에 푹 빠져 있는 사랑입니다. 상대방에 대해 아는 것이라곤 별로 없습니다. 다만 그녀야말로 세상에서 가장 아름다운 여성이라는 것뿐입니다. 또는 그 남자야말로 천사도 노래를 그치고 그의 음성에 귀를 기울일 정도의 목소리를 가진 사람이라는 것뿐입니다. 그래서 그녀를 볼 때, 또는 그 남자를 볼 때마다 그리도 마음이 쏠리는 것입니다. 여기에는 두 사람 사이에 어떤 관계가 존재하지 않습니다. 있다 해도 그저 피상적인 관계일 뿐입니다. 그러나 상대방에 대해 좀더 알아가면 갈수록 그에 대해 막연히 가슴에 쌓아온 집착적인 사랑이 흔들리기 시작합니다. 이상적인 상태로 생각했던 사람도 결국은 현실적으로 살아 숨쉬는 인간에 불과하기 때문입니다. 그래서 두 사람 사이의 인격적인 관계가 진행될수록 집착적인 사랑은 종지부를 찍거나 사랑의 관계로 발전되어 갈 수 있습니다.

Ⅶ. 결혼하여 가정을 가진 사람이 이성인 유명 연예인이나 스포츠 선수에게 반하여 늘 그 사람에게 집착한다면 어떤 위험이 따르겠습니까?

사랑은 성적인 것이다

현대인들에게 있어서 사랑에 빠진다는 감정은 충동과 밀접한 관계를 갖는 것으로 받아들여지고 있습니다. 그러나 성적인 충동은 흔히 사랑과는 별 관계가 없습니다. 우리는 때로 좋아하지도 않는 사람이나 결코 백년가약을 맺지 않을 사람에게 성적인 충동을 받을 수 있습니다.

만약 자기 자신을 감정에 맡겨 버린다면, 또는 성적 유혹에 자신이 지배당한다면 그것은 다른 사람에 대한 이기적 성욕의 발로입니다. 소중히 여기고 존중해 주어야 할 하나님의 특별한 피조물인 인격체로서 상대방을 보는 것이 아니라 단순히 자신의 육체적 쾌락의 대상으로 전락시키는 것입니다.

성적 매력은 언약결혼에 있어서도 중요한 요소입니다. 부부는 서로에 대한 매력을 느끼면서 사랑의 감정을 갖게 되고 그로 인해 친밀하면서도 사랑이 넘치는 관계를 형성해 갈 수 있는 것입니다. 성숙한 사랑은 단순히 성적인 요소에만 국한되는 것이 아닙니다. 그것은 자기 배우자의 총체적 인성과 결부되어 있습니다. 언약결혼 부부는 자신의 자아나 필요 충족에 급급하기 이전에 먼저 자기 배우자와의 깊은 사랑의 관계에 우선순위를 부여합니다.

Ⅷ. 결혼을 통한 성적인 사랑은 연약한 수풀과도 같아 조심스럽게 가꾸고 성숙시켜가야 합니다. 하루의 피곤하고 바쁜 일과로 지쳐있는 상태에서 부부간의 성적인 사랑의 분위기가 무르익기는 어려운 일입니다. 이번 주에 이러한 측면에서 당신이 할 수 있는 일은 무엇입니까?

• 어떻게 하면 당신의 성적인 부부생활을 좀더 다양하게 영위할 수 있도록 그 시간과 장소 등을 조절할 수 있겠습니까?

• 어떻게 하면 당신의 성적인 매력을 강화시킬 수 있겠습니까?

• 어떻게 하면 당신의 배우자가 성생활을 보다 잘 즐길 수 있겠습니까?

사랑은 애타적이다

애타적인 사랑은 언약결혼에서의 행동적인 사랑과 가장 밀접한 관계가 있습니다. 사랑이라는 말의 헬라어역인 아가페는 인간에 대한 하나님의 사랑과 성령 충만한 삶을 사는 사람에게 가능한 사랑의 모습을 묘사하고 있는 단어입니다. 아가페 사랑의 초점은 자기 자신의 욕구나 필요 충족이 아니라 다른 사람에 대한 관심과 돌봄에 있습니다. 비이기적 사랑입니다. 도리어 자신을 남에게 내어주고, 타인 중심이며, 사랑하는 사람의 인격을 존중해 줍니다. 아가페 사랑은 예수께서 그 따르는 사람들에게 가졌던 사랑을 모본으로 삼습니다. 뒤에 나오는 행동적인 사랑에 대해 토의할 내용들을 다시 한 번 점검해 보십시오.

사랑은 우정이다

행복한 결혼생활을 하고 있는 부부들에게 서로에 대한 느낌을 이야기해 달라고 하면 흔히 그들은 서로를 사랑할 뿐만 아니라 가장 좋은 친구라고 말하는 것을 봅니다. 그들은 함께 살아가고, 함께 있는 것을 즐깁니다. 서로의 시간이나 활동들, 나아가 자신들을 함께 나눕니다.

우정적인 사랑과 애타적인 사랑은 언약결혼의 행동적인 사랑에 아주 중요한 요소가 됩니다. 그렇다고 해서 행동적인 사랑과 다른 종류의 사랑이 서로 관계가 없다는 것은 아닙니다. 분명히 부부간에는 성적인 매력과 낭만적인 사랑의 요소들이 있어야 합니다. 이런 것이 없으면 결혼하려는 의사가 처음부터 생겨나지 않았을지도 모릅니다. 사도바울은 고린도전서 7:2-5에서 그리스도인간의 결혼에 있어서도 성적인 표현이 그 결혼의 중요한 요소가 된다는 것을 분명히 밝히고 있습니다.

Ⅸ. 다음의 각 항목과 행동적인 사랑이 서로 비슷한 점과 그렇지 않은 점을 각각 설명하시오.

낭만적인 사랑 ______________________________

집착 ______________________________

성욕 ______________________________

애타적 사랑 ______________________________

우정 ______________________________

행동적인 사랑의 원리

행동적인 사랑은 우리의 감정이 아닌 사랑 안에서 실천되는 우리의 행함에 그 초점을 맞춥니다. 낭만적인 사랑은 어떤 느낌을 받기 위해서 수동적으로 기다리는 것입니다. 그러나 행동적인 사랑은 우리가 사랑 안에서 창조해 낼 수 있는 그 어떤 것입니다. 이제 언약부부의 행동적인 사랑의 원리를 몇 가지 살펴보겠습니다.

자신의 감정에 좌우되지 말고 사랑 가운데 행하라.

당신의 행동을 조절하여 당신이 어떻게, 무엇을 행할지 선택하여 그것을 행하십시오. 예수님은 왼뺨을 치는 자에게 오른뺨을 내밀며, 5리를 가자고 하는 자에게 10리를 함께 가라고 당부하셨습니다. 예수님께서 이 말씀을 하실 때 우리가 정말 그렇게 하고 싶은 마음이 생길 것을 기대하시지는 않으셨을 것입니다. 그러나 예수님의 제자라면 자기 왼뺨을 치는 자에게 즉석에서 한 대 갈기고 싶고, 원치 않는 사람에게서 당장에 벗어나고 싶을지라도 예수님의 말씀대로 행동해야 한다는 것입니다.

우리는 그리스도의 제자로서 매일의 삶에서 오는 문제들에 대한 악순환에서 벗어나야 합니다. 예를 들어, 자기 배우자가 낮에 직장에서 생긴 좋지 않은 일로 인해 내게 비난을 하며 그 분풀이를 한다면 우리의 혈압도 곧 올라가 이렇게 되받아 칠겁니다. "어떻게 그게 내 책임이에요? 내가 뭘 어쨌다구요. 일이 잘 안될 때마다 내 핑계를 대지 말고 스스로 책임을 질 줄 알아보세요!"

그러나 행동적인 사랑은 상대방이 하는 말을 잘 들으려고 노력합니다. 그리고 곰곰이 생각하면서 상대방의 생각이나 느낌을 이해하려고 합니다. 아무리 화가 나도 자신의 감정을 그대로 표출하여 상대방을 비난하기보다 그 감정을 상대방이 들을 수 있는 말로 언어화하여 이해를 추구합니다. 때로는 그러한 비난이나 분노의 감정에 대해 어떻게 사랑으로 대처할까를 함께 의논하기도 합니다.

물론 사랑 가운데서 행한다는 것이 화가 난 감정이나 그로 인한 갈등은 무시한 채 무조건 좋게만 대처한다는 것은 아닙니다. 사실은 그 반대입니다. 사랑 가운데 행한다는 것은 부부를 갈라놓는 문제들을 피하기보다는 엄밀히 다루어 분노의 감정을 해소하는 것입니다.

Ⅹ. 성원이가 막 퇴근하여 집에 돌아왔습니다. 그는 오늘 점심을 걸렀고, 퇴근길에 교통 체증으로 차 안에 갇혀 있었으며, 일할 것으로 가득찬 가방을 들고 들어오는 참이었습니다. 집에 들어오니 부엌에서는 아직도 저녁식사 준비가 안 되었고, 두 아이는 큰 소리로 떠들며 온 집안을 헤집어 놓고 있었습니다. 그뿐 아니라 침실 앞에서는 그들이 기르는 커다란 셰퍼트가 가로막고 자고 있는 것이었습니다.

이때 성원이가 이 상황에서 어떠한 반응을 보일지 그의 기분상태와 관련시켜 가능한 상황들을 묘사해 보시오.

성원이가 기분은 그렇지 않더라도 행동적인 사랑으로 이 상황에 대처한다면 어떻게 할 수 있을지 묘사해 보시오.

성원이 기분에 그의 아내가 어떻게 긍정적으로, 그리고 어떻게 부정적으로 나올지 묘사해 보시오.

서로의 사랑은 평생을 통해 실천해야 할 영원한 것임을 인식하고 공고히 하라.

부부는 좋을 때나 나쁠 때나, 부유할 때나 가난할 때나, 아플 때나 건강할 때나, 언제든지 한 몸이요 서로에게 속한 존재들입니다. 성경은 사랑을 가리켜 영원한 것이라고 말하고 있습니다(고전 13:8). 그러나 서로 심하게 다투는 와중에 부부는 쉽게 결정적으로 위협적인 말을 해댑니다. "당신이 정 그렇게 나온다면,

어디 나 없이 어떻게 되나 두고 봅시다." 부부는 종종 이러한 위협의 말로 말다툼을 그치게 됩니다. 상대방이 화가 난 채 아무런 말없이 두 손 들지도 모릅니다. 그러나 이러한 상태로는 해결책이란 없습니다. 이러한 위협이 종종 강력한 영향력을 주기 때문에 사람들은 반복하여 이러한 위협의 말을 토해내려는 유혹을 받곤 합니다. 그렇지만 이것은 상대방의 신뢰나 부부간의 친밀한 관계를 파괴하는 결과를 초래할 뿐입니다.

XI. 당신이 부부싸움중에 사용했을지도 모를 위협적인 말에 체크하시오.

- "친정 어머니께 가겠어요."
- "나는 더 이상 당신이란 사람을 사랑하지 않아요."
- "당신이 돌아올 때쯤이면 나는 여기에 더 이상 없을 거예요."
- "당신을 돕는 것은 이번이 마지막이오."
- "당신은 이제 마음대로 돈을 쓸 수 없소."
- "아이들은 내가 키울거요. 더 이상 아이들을 볼 수는 없을거요."
- 그외 ____________________

언약결혼에 있어서 더 이상 사랑하지 않는다거나 함께 살지 않겠다는 등의 말을 함부로 해서는 안됩니다. 사람들은 종종 상대방을 공략하기 위해 마음에도 없는 말을 깊이 생각하지도 않고 토해내곤 합니다. 부부는 서로를 신뢰할 수 있어야 합니다. 그러나 걸핏하면 끝장내겠다고 위협하는 사람과 신뢰의 관계를 구축하기란 어려운 일입니다.

서로의 심정을 이해하고 알리라.

이것은 당신이 상대방이 무슨 생각을 하고 있으며, 어떤 감정상태에 있는지, 또 상대방이 중요시하는 것이 무엇인지를 이해하고 있음을 상대방에게 전달하는 것입니다. 부부는 이러한 감정이입을 통해 서로에 대한 사랑을 강력하게 전할 수 있습니다. 이 일을 위해서는 부부가 결단하여 지속적으로 상대방을 이해하려 해야 하며, 상대방의 말을 듣는 기술과, 자기 자신을 아는 것이 필요합니다.

① 감정이입은 상대방을 이해하려는 의지와 결단이 필요합니다. 부부는 상대방에게 신실하며, 자신의 영역 세계를 벗어나 상대방의 입장에 서서 그의 경험을 이해하려는 결단이 있어야 합니다. 그러나 제7과에서도 살펴본 바와 같이 부부가 갈등의 상태에 돌입해 있을 때에는 이와 같이 하기가 매우 어렵습니다. 상대방의 입장에 서서 그의 시각으로 그 상황을 이해하려 하기보다는 먼저 자신의 입장을 변호하려 하기 때문입니다.

② 감정이입은 기술이 있어야 합니다. 당신이 아무리 당신 배우자를 이해하

려고 해도, 제8과에서 말한 것처럼, 상대방의 말을 지혜롭게 듣는 기술이 발달되지 않으면 그렇게 할 수 없습니다.

언약부부의 사랑은 우리를 향한 하나님의 사랑을 반영하는 것입니다. 하나님은 우리의 중심을 아십니다. 우리 마음의 감추어진 비밀(시 44:21)과 마음의 비밀한 생각(시 94:11; 눅 11:17), 우리의 행위(시 69:5), 심지어는 우리가 말하기 전에 무슨 말을 할 것인지도 다 아십니다(시 139:4). 그리고 하나님은 우리의 고통(출 3:7)도 알고 계십니다. 이와 마찬가지로 부부는 사랑 가운데 서로를 알아가야 합니다. 서로를 알 수 있는 방법 중의 하나가 바로 상대방의 말을 효과적으로 들을 수 있는 기술을 배우는 것입니다. 물론 하나님께서 우리를 아시는 것처럼 배우자를 온전히 알 수는 없습니다. 하지만 그렇다고 해서, 우리가 서로를 이해할 수 있는 능력을 개발할 수 없다는 것은 아닙니다. 때론 우리가 상대방을 이해하려고 노력하는 것이 매우 부족할 수 있습니다. 그러나 우리가 상대방을 이해하려고 노력할 때 그 당사자는 자신이 진실로 사랑받고 있으며 존중받고 있음을 느끼게 될 것입니다.

③ 감정이입은 자신을 아는 것이 필요합니다. 자신의 편견이나 가치관, 이해의 한계를 알고 있습니까? 자신을 알게 될 때 우리는 자신이 상대방을 잘못 이해할 수 있다는 것, 상대방의 생각이나 느낌을 곡해할 수 있다는 것을 알 수 있습니다. 부부는 상대방의 눈 속에 있는 티를 보고 무엇을 행하려 하기 이전에 자기 눈 속에 있는 들보로 인해 자신의 생각이나 판단이 잘못될 수 있음을 알아야 합니다(마 7:3-5).

XII. 당신이 배우자의 말을 듣고 그 심중을 바로 이해하는 데 종종 장애가 되는 요소에 체크하시오.

- 배우자가 자신의 어머니 또는 아버지와 당신을 비교하는 것
- 배우자가 당신의 어머니 또는 아버지와 비교하는 것
- 일에서 오는 압박
- 부모에게서 떨어지려 하지 않는 아이들
- 짜증이나 우울
- 이기심이나 자기 중심성
- 비현실적 기대

자신에 관한 것을 깊고도 폭넓게 상대방과 나누라.

행동적인 사랑은 상대방을 신뢰하는 가운데 다른 누구와도 나누지 않는 자신의 비밀한 바람이나 생각들을 깊이 나눕니다. 그리고 자신의 일이나 여가활동,

종교, 성생활 등 사소한 것에서부터 중요한 것에 이르기까지 자신의 삶에 관련되는 여러 측면들을 폭넓게 나눕니다.

서로의 생각이나 관심, 삶을 나누는 것 없이 그저 상대방을 이해하려고만 하는 것은 상대방을 심문하고 조사하는 것이나 상대방을 상담하려고 하는 것과 그리 다를 바가 없습니다. 자신에 대해 이야기하는 것이 없다면 상대방은 나 자신의 생각이나 느낌, 삶과 아무런 관계가 없는 것입니다.

XIII. 당신이 당신 배우자와 함께 나누기를 원하는 것은 무엇입니까?

• 인생의 목표 ______________________________

• 어떤 생각 ______________________________

• 어떤 비밀 ______________________________

• 어떤 문제 ______________________________

당신은 이번 주에 당신의 관심과 삶을 나눌 만큼 당신의 배우자를 충분히 신뢰하겠습니까? 예 _______ 아니오 _______

자신에게 있는 것들을 깊고도 폭넓게 상대방과 나누라.

언약부부는 자기에게 있는 것들을 서로 나눌 줄 압니다. 시간을 더 내어 상대방의 말에 귀를 기울이고, 자신의 특별한 재능을 발휘하여 상대방이 할 수 없어 보이는 것은 도와줍니다. 후식을 나누어 먹는가 하면 함께 가정의 공간 사용을 설계하기도 합니다.

부부가 함께 나눌 수 있는 것들로는 이외에도 여러 가지가 있습니다. 어떤 행위에 대한 찬사나 건설적인 비판은 자신의 행위의 배경을 이해하지 못하는 타인보다는 자신을 안팎으로 잘 아는 배우자를 통해 이루어질 때 보다 의미가 있습니다. 부부간의 판단이나 평가는 서로에게 툭 던져지기보다는 지혜롭게 사용되어야 할 귀중한 자산입니다. 예를 들자면, 아내는 자신이 작성한 연설 원고나 스트레스가 쌓이는 상황에서 자신이 아이들을 대한 태도나 방법에 대해 남편에게 그의 의견을 알려달라고 부탁할 수 있습니다. 또한 남편도 자기가 입은 옷이나 이웃과의 관계에 대해서 아내에게 생각하는 바를 알려달라고 요청할 수 있습니다.

부부간의 관계에 있어서, 자신의 판단이나 의견을 제시하고자 할 때 중요한 것은 상대방으로 하여금 그것을 요청하도록 기회를 제공하는 것입니다. 만약에 당신이 먼저 그것을 상대방에게 전달하려고 하면, 자기 생각을 상대방에게 선뜻 내던지기보다는 먼저 상대방이 당신에게서 진정으로 원하는 것이 그것인지 점검하는 것이 좋습니다. 석탄이나 나무 조각들은 겨울 눈보라가 휘몰아치는 북부

지방의 가정에는 매우 귀중한 것들입니다. 그러나 만약 이것들이 따뜻한 지역에 거주하는 가정의 앞마당에 쌓여 있다면 그것은 필요한 것이 아니라 지저분하고 쓸모없는 것들에 불과할 것입니다. 그러므로 당신에게 있는 지혜의 석탄과 목재를 제시하려 할 때, 먼저 상대방이 현재 추운 지역에 있는지, 그것들을 사용할 수 있는 화로가 있는지 살펴야 합니다.

XIV. 다음 중 배우자가 당신에게서 가장 자주 듣는 종류의 말에 체크하시오.

칭찬　　비난　　건설적인 비판

당신이 이번 주에 당신의 배우자에게 칭찬할 것을 찾아 여기에 적어 보시오.

사랑 가운데 자신을 훈련하고 책임을 다하라.

부부는 자기 자신을 조절하고 훈련할 뿐 아니라 매일의 삶 속에서 자신의 책임을 다해야 합니다. 서로를 사랑하는 사람들로서 상대방의 말에 귀를 기울이고, 자신의 관심과 삶을 나누고, 상대방이 자신을 필요로 할 때 함께 있어 주며, 약속한 것은 반드시 행하는 등의 자기 훈련을 끊임없이 해야 합니다.

결혼생활에서 얻을 수 있는 극적인 경험들 가운데 많은 것들은 부부가 서로에 대해 신의를 다하며 책임감 있게 대할 때 그 결과로서 오게 됩니다. 예전과 달리, 근래에 아기를 낳는 젊은 부부들을 보면 많은 경우에 남편이 아기를 낳는 아내의 곁에 서서 자신의 피로나 염려, 배고픔은 아랑곳없이 출산의 고통 가운데 있는 아내를 위로하고 격려하며 고통스러운 시간을 보내는 것을 봅니다. 이외에도 부부는 많은 경우에 그것이 고통스럽고 어려운 상황이라 할지라도, 함께 손잡고 자기 책임을 다하는 가운데 문제나 어려움을 극복해 갑니다.

XV. 당신 부부가 예전에 서로 상대방의 필요에 예민하게 부응함으로써 어떤 상황이나 순간을 잘 극복했던 때를 소개해 보시오.

부부는 서로에 대해 무책임하고 신뢰할 수 없는 행동을 할 경우 결혼생활에 커다란 위기를 맞을 수 있습니다. 자신이 하겠다고 약속해 놓고서 그것을 지키지 않는 것만큼 배우자를 화나고 실망하게 하는 것은 없습니다. 신실하지 못한 태도는 서로를 향한 부부의 신뢰를 파괴할 뿐 아니라 부부 사이에 커다란 골이 생기게 하고 서로에게 언약한 대로의 헌신된 삶을 살지 못하게 하는 치명적인 결과를 초래할 수 있습니다.

상대방을 존중하며 대하라.

사람들은 다 다릅니다. 부부도 저마다 다른 생각과 감정, 판단, 계획 등을 가질 수 있습니다. 우리가 서로를 이해하기 위해 아무리 노력한다 해도 궁극적으로 서로의 차이를 다 극복할 수는 없습니다. 부부가 서로를 존중하며 대한다는 것은 자신들이 서로 다르며, 또한 다를 수 있다는 것을 인정하는 것입니다. 서로 하나가 되겠다는 언약에도 불구하고 자신들이 한 개인으로서 서로에게서 분리된 채 구별된 존재로 남아있을 수 있다는 것을 인식하는 것입니다. 우리는 서로가 같지 않은 존재로 창조되었습니다. 그러므로 서로 자신의 닮은 꼴로 만들려고 해서는 안됩니다.

행동적인 사랑은 곧 그리스도인의 제자 훈련이다.

우리가 그리스도인으로서 아무리 경건한 행동을 하고 경배를 드린다고 해도 하나님 앞에서 함께 언약을 맺은 배우자를 신실하게 사랑하지 않는다면 그 모든 경건의 모양은 헛된 것입니다(말 2:13-14). 자기 배우자에게 하는 대로 또한 하나님께서도 그렇게 하기 때문입니다(엡 5:22; 마 25:31-46).

서로를 용서하기에 힘쓰라.

행동적인 사랑은 언제나 서로를 용서하려고 노력합니다. 제2과에서 공부한 용서에 관한 부분을 다시 한 번 점검해 보시오.

하나님을 신뢰하고 의지하라.

앞에서 이미 제시한 바, 행동적인 사랑을 위한 이 모든 원리들을 종합해 볼 때 우리가 그것들을 실천하기란 불가능하게 보일 것입니다. 사실상 우리의 노력으로는 아무것도 성취할 수 없습니다. 하나님의 은혜와 인도하심 외에는 길이 없습니다. 하나님이 우리의 중심에 자리잡고 계시지 않는다면 우리는 이기적인 자기 중심성에 의해 지배당하며, 양심의 소리에 의해 질책을 당하게 될 것입니다(요일 3:20). 하나님은 우리보다 크시며, 우리의 의지와 결단이 연약하여 쓰러지려 할 때에 우리를 붙잡고 능하게 하실 수 있습니다. 하나님은 참으로 우리의 반석이시요, 요새이시며 우리를 보호해 주는 확실한 피난처입니다. 하나님의 약속과 신실하심 안에서 이루어진 결혼이야말로 인간의 어떤 맹세나 충성에 근거한 것보다 더욱 강력한 것입니다. 언약결혼은 사랑을 향한 우리의 노력과 훈련을 요구합니다. 그러나 그러한 노력은 언제나 하나님의 은혜와 우리를 통해 역사하시는 하나님의 손길 안에서 이루어져야 한다는 것을 잊지 마십시오.

XVI. 지금까지 공부한 행동적인 사랑의 열 가지 원리들을 다시 읽으십시오. 그리고 어떤 면에서든 당신에게 하는 말처럼 느껴지는 원리들에 대해서는 그 옆에 "A", 이번 주에 실천하기를 원하는 것에는 "B"라고 쓰시오.

요점정리

언약결혼에 있어서의 행동적인 사랑은 그 사랑에의 헌신과 행동적인 측면에서 이 세상의 시대적 문화가 제시하는 사랑의 개념과는 서로 다릅니다. 언약 부부는 자신들의 느낌이나 감정에 의해 좌우되지 않고 서로를 사랑하며 사랑으로 말미암은 행동을 합니다.

인간의 감정에 근거한 낭만적인 사랑이나 피상적인 이상을 향한 집착과 달리 언약적 사랑은 상대방을 그 중심에 두며 자신을 내어주는 사랑입니다. 이기적 욕망은 자기의 쾌락을 위하여 상대방을 이용하지만 행동적인 사랑은 상대방의 전인격을 받아들이고 또 거기에 자신을 내어 맡깁니다.

우리는 앞에서 매일의 삶을 통하여 행동적인 사랑을 실천하기 위한 열 가지 지침을 공부한 바 있습니다.

- 자신의 감정에 좌우되지 말고 사랑 가운데 행하라.
- 서로를 평생의 배우자로 알고 헌신하라.
- 서로의 심정을 이해하고 알리라.
- 자신에 관한 것을 깊고도 폭넓게 상대방과 나누라.
- 자신에게 있는 것들을 깊고도 폭넓게 상대방과 나누라.
- 사랑 가운데 자신을 훈련하고 자기의 책임을 다하라.
- 상대방을 존중하며 대하라.
- 행동적인 사랑은 곧 그리스도인의 제자훈련이다.
- 서로를 용서하기에 힘쓰라.
- 행동적인 사랑을 위해서는 자신의 노력이 아닌 하나님께 의지해야 한다.

연습문제

이 연습문제는 당신이 제9과의 학습목표를 달성했는지의 여부를 스스로 점검하도록 준비되었습니다. 각 물음에 성실하게 답하시기 바랍니다. 정답은 마지막 질문 다음에 있습니다.

1. 행동적인 사랑을 한 마디로 묘사한다면 무엇이 가장 적절하겠습니까?

① 헌신

② 인내

③ 끈기

④ 책임감

2. 사랑에 관한 잘못된 개념들 중에서 서로 관계있는 것끼리 연결하시오.

_______ ① 낭만　　ⓐ 이기적 필요에 근거함

_______ ② 집착　　ⓑ 어떤 이상에 근거함

_______ ③ 욕망　　ⓒ 감정에 근거함

3. 다음 행동적인 사랑의 원리들 중에서 처음부터 네번째까지의 원리에 해당되지 않는 것은 무엇입니까?

① 나는 내 감정이 허락될 때 사랑 가운데 행한다.

② 나는 나의 배우자를 평생 사랑하고 그에게 헌신한다.

③ 나는 나의 배우자와 서로의 심정을 이해하고 알린다.

④ 나는 나 자신에 관한 것을 깊고도 폭넓게 나눈다.

4. 다음의 빈 칸들을 채움으로써 행동적인 사랑을 위한 나머지 여섯 가지 원리들을 완성하시오.

① 나는 내 __________ 깊고도 폭넓게 __________

② 나는 __________ 가운데 나를 __________ 하고 나의 __________을 다한다.

③ 나는 나의 배우자를 __________ 하며 __________

④ 나는 __________ 이 곧 __________의 __________임을 주지한다.

⑤ 나는 나의 배우자를 __________하기 위해 __________

⑥ 나는 __________을 하기 위해 나 자신의 __________이 아닌 __________께 의지한다.

5. 행동적인 사랑을 위한 원리들 중에서 당신이 이번 주에 가장 적용해 보고 싶은 것 한가지를 골라 쓰시오.

정답

1. ①

2. ① - ⓒ , ② - ⓑ , ③ - ⓐ

3. ①

4. ① 자신에게 있는 것을, 나눈다. ② 사랑, 훈련, 책임

③ 존중, 대한다. ④ 행동적인 사랑, 그리스도인, 제자훈련
⑤ 용서, 애쓴다. ⑥ 행동적인 사랑, 노력, 하나님

5. 스스로의 답

예습

사진기의 발전 과정을 살펴볼 때, 가장 두드러진 특징 중의 하나를 고르라면 그것은 아마도 사진기의 렌즈가 자동적으로 조절되어 초점이 맞추어지는 것일 것입니다. 자동으로 조절되므로 그냥 찍어도 사진이 흐릿하게 나오지 않습니다. 만약에 결혼생활에도 이와 같은 자동 장치가 있어 버튼만 눌러도 모든 것이 자동으로 조절된다면 얼마나 좋겠습니까? 그러나 부부는 자신들에게 주어진 축복들과 문제들을 냉철하게 주지하면서 결혼생활의 균형과 조화를 지속적으로 유지해 가야 합니다.

우리는 이제 제10과 "결혼과 미래"를 공부하면서 언약적 관계로서의 결혼생활이 앞으로 어떻게 발전되어 가야 하는지 그 목표들을 살펴보고 거기에 초점을 맞추는 작업을 하게 될 것입니다.

제5단원: 사랑의 동반자 관계에로의 헌신

제10과

결혼과 미래

우리는 제9과에서 평생 동안 부부 사이에 지속될 종류의 사랑을 살펴보았습니다. 행동적인 사랑은 예수께서 자신을 따르는 자들에게 보여주셨던 사랑을 모본으로 하고 있습니다. 이러한 아가페적 사랑은 이기적이지 않으며, 상대방을 존중하고, 자신을 내어주는 사랑입니다. 그리고 사랑하는 사람의 전인격에 자신을 헌신하는 것입니다.

우리가 하루하루를 살아가면서 이러한 사랑을 실천하기는 어렵습니다. 그래서 우리는 제9과를 통하여, 행동적인 사랑을 매일의 삶속에 적용하고 실천하는데 도움이 될 열 가지 지침들을 살펴본 바 있습니다. 그 중에서 얼마나 기억하고 있습니까? 만약 다섯 가지 이상을 기억할 수 없다면 제9과의 요점정리를 다시 한 번 읽으십시오.

이번 주에 당신이 실천하기로 작정한 지침들은 무엇이었습니까? 결혼생활을 하면서 당신의 행동 양식을 변화시키거나 새로운 방법으로 부부의 관계를 개선, 발전시키려는 의도를 보여주는 어떤 행동들을 실천하였습니까?

개관

당신은 지금까지 살아오면서 미래를 미리 한번 알아보았으면 하는 생각을 품어보신 적이 있습니까? 많은 심리학자들이나 사회학자들은 우리가 자신의 목표를 분명하게 설정한다면 우리의 미래가 바뀌어질 수 있다고 말합니다.

내가 지금으로부터 1년, 2년, 또는 25년이 되면 어디에서 무엇을 하는 사람이 되겠다는 결정을 함으로써 우리는 마침내 우리가 목표한 상태에 도달하게 되기까지 필요한 습관이나 기술, 지식 등을 습득해 갈 것입니다.

언약결혼은 저절로 되어지는 것이 아닙니다. 거기에는 구체적인 계획이 설정되어야 합니다. 부부의 관계 유형이나 생활 방식, 개인적 습관 등이 사랑의 동반자 관계를 형성하기에 합당하도록 변화되어가야 합니다.

우리는 본 과에서 결혼에 관한 큰 꿈을 꾸게 될 것입니다. 그리고 그러한 꿈을 현실로 나타나게 할 여러 가지 목표와 결혼의 목적들을 살펴보고 개발할 것입니다.

학습목표

· 사랑의 동반자 관계로서의 언약결혼을 정의한다.

· 제1과에서 나와 배우자 사이에 맺은 바 있는 언약을 평가한다.

· 나의 배우자와 함께 현재 언약으로서의 우리의 결혼을 얼마나 이해하고 있는지 점검한다.
· 나의 결혼이 앞으로 어떻게 발전해 가야 할지에 대한 장기적, 단기적 목적과 목표들을 설정한다.
· 설정한 목표들 중에 하나를 택해 그것을 실천하기 시작한다.

결혼과 위기적 상황에 대처

인생을 살다보면 종종 우리가 선택하지 않은 많은 상황들이 우리에게 생기는 것을 봅니다. 뜻하지 않은 질병이나 가족의 죽음, 새로운 이웃, 새로운 기회, 부부간의 요구나 감정의 변화, 중년의 위기 등 많은 것들이 우리 주위를 엄습합니다. 이러한 상황들이 우리의 의도와는 상관 없이 우리에게 닥칠 수 있습니다. 그러나 그러한 상황이나 사건들에 대해 어떻게 대처하는가 하는 것은 우리의 선택에 달려 있습니다. 가정의 위기나 스트레스에 관한 연구조사에 의하면, 가정에서 부부의 관계를 결정하는 것은 그들에게 닥치는 어떤 스트레스나 위기적인 상황보다는 그 상황에 어떻게 대처하는가에 의해 더 크게 좌우된다고 합니다. 예를 들어, 남편이 실직을 하거나 만성질병으로 고생하시는 연로한 부모님과 함께 기거할 경우, 어떤 부부는 그러한 위기적 상황에서 오는 스트레스에 파묻혀 허덕이는가 하면, 어떤 부부는 같은 위기적 상황에 직면한다 하더라도 부부가 서로 더 가까워짐을 느끼거나 더 견고한 관계를 구축해 갈 수 있습니다.

1. 다음의 사례를 읽고 이어지는 질문에 답하시오.

성우와 영순이는 그들이 두번째 결혼기념 여행을 가기로 계획했던 일주일 전에 예기치 않은 재정적 위기에 봉착하게 되었습니다.

성우와 영순이가 그들의 관계에 긴장을 가져다 줄 이 상황에 어떻게 대처할 수 있었겠는지 설명해 보시오. 성우와 영순이가 어떻게 하면 이 상황에서 그들의 관계에 긍정적인 영향을 가져올 수 있도록 대처할 수 있겠습니까?

부부가 어떤 위기적 상황에서 전보다 더 견고한 관계를 유지하느냐 아니면 그 위기에 의해 제압당하고 마느냐 하는 데에는 여러 가지 요소들로 좌우될 수 있습니다. 이러한 요소들은 위기적 상황 하에 있는 부부의 관계에 큰 영향을 끼치게 됩니다. 그러한 것은 어쩌다가 우연히 생기는 것이 아닙니다. 그 요소들로는 다음과 같습니다.

① **자신들이 스트레스 쌓이는 상황에 있음을 이해하고 받아들임.** 이러한 부부는 모든 것이 정상인 것처럼 가장하지 않습니다. 도리어 이럴 때일수록 더욱 서로에 대해 마음을 넓게 갖으며 상대방이 다른 때보다 더 우울할 수 있고, 잘 잊어버릴 수 있으며, 평상시에 하던 일에도 더 어려움을 겪을 수 있다는 것을 이해하고 받아들입니다.

② **문제에 대해 공동으로 대처함.** 부부는 "당신의 문제니까 잘 해보시오"라고 말하기 보다는 "이 문제는 우리가 공동으로 함께 관련된 것이오"라고 말할 수 있어야 합니다. 위기적 상황이 부부 중 한 사람에게만 닥쳐도 사실상 그 위기는 부부 공동에게 닥친 것이며 부부는 그 위기를 함께 나누어야 합니다. 아내가 직장을 잃었다면 부부는 함께 이 문제를 상의하고 대책을 강구해야 합니다. "그녀에게만" 달린 문제는 아닌 것입니다.

③ **비판하기 보다는 문제나 위기에 대한 해결을 모색함.** "이제 어떻게 해야 할까요? 우리가 할 수 있는 일은 무엇이지요?"와 같은 말은 부부간에 대화의 길을 여는 통로가 됩니다. 부부는 "당신이 ……더라면 결코 이러한 일은 일어나지 않았을 거요"나 "이러한 일이 생길까봐 염려했었는데 결국 당신은 내 말을 듣지 않았군요"와 같은 치명적인 말을 하지 않도록 주의해야 합니다.

④ **서로에 대한 사랑과 헌신을 직접적이고도 분명하게 전달함.** 부부는 함께 살아가면서 종종 서로를 껴안고 "사랑해"라고 말할 수 있어야 합니다. 부부관계에 좋은 약이 됩니다.

⑤ **문제나 위기적인 상황에 대해 자연스럽게 이야기함.** 만약 둘 중 하나가 암 수술을 해야 할 상황에 있다면, 이러한 문제에 대해서도 부부는 함께 자신들의 두려움이나 희망을 나누고 기도할 수 있어야 합니다. 서로에게 슬픔을 주지 않으려고 대화하기를 피한다거나 모든 것이 정상인 양 가장하지 않는 것이 좋습니다.

⑥ **서로 가까이, 함께 지내도록 노력함.** 평소에 개별적인 모습의 관계를 유지했던 부부라도 어떤 문제나 위기적인 상황에서는 좀더 많은 시간과 활동을 함께 나누는 것이 좋습니다. 전에는 각각 따로 행동했을지라도 이 때는 좀더 많은 부분을 함께 대화하며 생활해야 합니다. 서로를 기피함으로 문제나 위기적인 상황 자체를 피하려고 하는 것은 바람직하지 않습니다.

⑦ **서로의 역할을 융통성있게 나눔.** 위기적인 상황에서는 각자의 역할을 가릴 것 없이 서로 필요를 나누어 져야 합니다. 아기를 낳는 것 역시 위기적인 사건이 될 수 있습니다. 그 아기로 말미암아 가정의 분위기나 질서에 많은 변화가 생기기 때문입니다. 식사를 준비한다거나 집안 청소를 하는 일, 저녁에 아기를 돌보는 일 등 많은 변화에 대해 좀 덜 피곤한 사람이 서로의 짐을 나누어지거나 당

장에 다른 어떤 할 일이 없는 사람이 맡아서 행할 수 있어야 합니다.

⑧ **외부의 도움을 얻음.** 부부는 어려운 상황에 부딪혔을 때 그와 비슷한 경험이 있는 사람을 찾아 도움을 받는 것이 필요합니다. 그들은 그러한 상황에 직면했을 때 이웃을 통해 집안의 잔일들과 간단한 음식을 준비하는 일에 도움을 받았을지도 모릅니다. 아니면 서로 여행을 떠났을 때 상대방의 집을 봐주는 등의 일을 나누어 할 수도 있습니다. 부부는 문제 상황을 구체적으로 보고 지혜롭게 외부의 도움이나 좋은 아이디어를 찾는 것이 필요합니다.

⑨ **자신들의 필요나 느낌에 건설적인 방법으로 대처함.** 부부가 다 한층 증가된 스트레스로 인한 긴장 상태 속에 있다면, 그들은 평소보다 서로에게 쉽게 화를 낼 수 있는 가능성이 큽니다. 부부는 이러한 상황에서 자신의 감정을 그대로 터뜨려서 서로에게 상처를 주거나 서로를 기피하여 멀어지는 일이 없도록 조심해야 합니다. 그리고 이럴 때 마약을 복용한다거나 술에 의지하는 것은 결코 문제에 대한 바른 해결책이 되지 못함을 분명히 알아야 합니다.

Ⅱ. 최근에 당신 부부에게 있었던 위기나 문제 상황을 기억해 보십시오.

앞에 제시된 요소들 중에서 당신 부부가 문제를 해결하기 위해 시도했던 것들의 번호를 적으십시오. 그리고 당신 부부에게 있어서 적용하기에 어려웠던 요소들의 번호들도 적으십시오.

위기 상황에 바로 대처하기 위한 요소들을 주의깊게 보면, 거기에는 다 부부의 입장에서 무엇인가를 선택하는 문제가 개입되고 있음을 알 수 있을 것입니다. 예를 들어 위기적 상황이나 문제에 직면했을 때 부부는 그 상황의 책임을 상대방에게 돌리면서 서로를 비난하든지, 아니면 함께 그 상황에 대처하든지의 선택을 해야 합니다. 문제를 회피하든지 그 문제에 대해 함께 대화하며 해결책을 모색할 수 있습니다. 올바른 선택을 하는 것은 건강하고 성숙한 결혼생활을 위한 필수적 과제입니다. 부부는 문제나 위기에 대한 대처방안을 선택합니다. 그러면서 동시에 보다 성숙한 관계를 위한 기회로서 선택을 할 수 있습니다.

Ⅲ. 앞에서 당신 부부가 적용하기에 어려웠다고 적었던 요소들을 다시 보십시오. 당신들이 선택하고 실천했던 행동들 가운데에서 무엇이 그 상황의 해결을 더 어렵게 만들었다고 생각하는지 적으십시오.

어떻게 선택을 하고 행동을 했더라면 그 상황이 보다 효과적으로 좋아졌을 것이라고 생각합니까?

당신은 이번 과를 공부하면서 당신 부부를 위한 중요한 선택과 결단을 내려야 합니다. 당신은 지금까지 언약결혼에 관한 아홉 가지 내용을 공부하였습니다. 그 배운 것을 가지고 이제 어떻게 하겠습니까? 그동안 이 공부를 하면서 당신 부부의 삶에 변화된 것이 있습니까? 이것을 통하여 당신의 삶이 어떻게 변화되기를 원하십니까?

이제 이미 배운 교훈들을 숙고하면서 당신 부부의 삶의 변화를 위해 계획을 설정하는 작업을 할 것입니다. 당신에게 제시될 각 과의 핵심 주제들을 주의깊게 살펴보십시오.

이제 언약결혼의 개념들을 재고하면서 당신 부부가 어떻게 하면 앞에 제시된 대로 어떤 문제에 대해 건강한 원리를 적용하며 대처할 수 있을지 생각해 보십시오. 부부간에 일어나는 어떠한 변화나 또는 변화의 가능성은 그 부부에게 있어서 하나의 위기가 될 수 있습니다. 그것이 좋은 변화라 할지라도 그렇습니다. 부부는 이때 어떤 결단을 내려야 합니다. 그것은 어쩌면 지금까지 익숙해져 왔던 방향의 변화일 수도 있습니다.

언약결혼의 개념들 - 재고찰

Ⅳ. 아래의 각 개념들 중에 당신이 이해하고 있다고 여겨지는 것이나 당신의 부부생활에 적용하려고 노력하고 있는 것들에 체크하시오.

만약 각 항목들 중에서 그 내용이 생각나지 않거나 의문이 생기는 경우에는 그 번호에 △표시를 하고, 각 항목마다 해당 페이지가 제시되었으므로 필요한 부분을 찾아 앞에서 공부한 내용을 간단히 복습하도록 하시오.

당신 부부에게 필요하다고 여겨지는 것에는 ☆표를 하시오.

언약으로서의 결혼

① 언약은 한 남자와 한 여자 사이의 사랑과 신뢰의 관계를 말미암은 열매이다. 언약과 결혼식 날의 결혼서약은 다르다(부부 교재 30쪽).

② 언약부부는 자신들 때문에 일어난 일을 가지고 자기 배우자를 비난하기보다는 먼저 서로 자신들의 행동에 책임을 지려 한다(부부 교재 32쪽).

③ 언약부부는 서로의 자유를 존중하며 상대방으로 하여금 무엇을 억지로 하도록 강요하지 않는다(부부 교재 34쪽).

④ 언약은 감정이 아니라 행동에 의해서 실천된다(부부 교재 36쪽).

⑤ 언약부부는 자신들의 관계를 잘 유지하고 성숙시킨다(부부 교재 38쪽).

⑥ 언약부부는 조건없이 서로를 사랑하고 신의를 지킨다(부부 교재 39쪽).

약속으로서의 결혼

언약결혼은 :

① 영원하다(부부 교재 49쪽).

② 대가가 따른다(부부 교재 50쪽).

③ 자유와 책임이 공존한다(부부 교재 52쪽).

④ 다른 사람의 기대가 아닌 일대일의 인격적인 관계이다(부부 교재 54쪽).

⑤ 중요한 목적을 내포하고 있다(부부 교재 55쪽).

⑥ 무조건적인 사랑의 약속이다(부부 교재 56쪽).

⑦ 서로를 용서한다(부부 교재 57쪽).

⑧ 서로를 위로한다(부부 교재 59쪽).

⑨ 소망의 약속이다(부부 교재 61쪽).

독특성을 존중함

① 우리는 서로의 말이나 행동에 대해 지나치게 예민한 반응을 보이지 않으려 노력한다(부부 교재 70쪽).

② 우리는 서로에게만 집착함으로써 주변세계로부터 멀어지는 것을 방지하려고 노력한다(부부 교재 73쪽).

③ 언약 부부의 각 사람은 반쪽이 아닌, 하나의 단란한 개별적인 존재들이다(부부 교재 73쪽).

④ 개별성은 변화의 가능성을 제공한다(부부 교재 77쪽).

⑤ 부부가 서로의 개별성을 인정하려면 서로에 대한 신뢰가 필요하다(부부 교재 77쪽).

⑥ 부부의 연합은 두 사람 사이에 일체감을 구축해 준다(부부 교재 77쪽).

⑦ 부부가 서로 연합하고 하나되려면 서로의 차이를 극복하는 능력이 있어야 한다(부부 교재 77쪽).

하나됨을 기념함

① 부부는 하나님의 형상대로 지음받은 존재들로, 하나님의 창조세계에 대한 권위와 책임을 동시에 부여받았다(부부 교재 87쪽).

② 부부는 하나님의 형상대로 지음받은 존재들로 그들 사이의 관계는 강제가

아닌 사랑의 관계로 특징지워진다(부부 교재 89쪽).

③ 부부는 다른 사람들과는 구별되는 그들만의 독특한 특성을 지니고 있다(부부 교재 92쪽).

④ 부부간에 있는 차이점들은 서로 조화와 협력하는 삶을 가능하게 한다(부부 교재 97쪽).

⑤ 부부의 차이점들은 서로의 양보와 절충이 있어야한다(부부 교재 97쪽).

⑥ 부부가 서로 닮았다는 것은 사랑과 친밀한 관계의 기초가 된다(부부 교재 98쪽).

⑦ 부부의 유사성은 적절한 균형이 수반되어야 한다(부부 교재 98쪽).

결혼과 그 목적

한 남자와 한 여자가 결혼하는 데에는 결혼 초기나 언약 가운데 지속적인 결혼생활을 하는 중이거나 모두 여러 가지 바람이나 목적이 있게 마련입니다. 이러한 목적들에 해당되는 것들의 몇 가지 예를 들면 다음과 같습니다.

① 보호를 제공함 (부부 교재 110쪽)

② 사회적 압력에 대처함 (부부 교재 111쪽)

③ 새로운 위치를 제공함 (부부 교재 112쪽)

④ 경제적 필요를 제공함 (부부 교재 113쪽)

⑤ 성적 만족과 친밀한 사랑의 관계를 나눔 (부부 교재 114쪽)

⑥ 공통적 목적을 달성함 (부부 교재 117쪽)

결혼과 동반자 관계

부부가 서로 돕고 함께 감당해야 할 영역들은 다음과 같습니다.

① 자녀양육 (부부 교재 127쪽)

② 직업 (부부 교재 130쪽)

③ 가정 (부부 교재 132쪽)

④ 교회와 지역사회 (부부 교재 134쪽)

⑤ 세계 (부부 교재 134쪽)

분노와 갈등의 조절

부부 사이의 관계를 파괴하는 두 가지 잘못된 태도

① 분노를 터뜨림 (부부 교재 149쪽)

② 분노를 은폐함 (부부 교재 150쪽)

부부의 관계를 유지할 뿐 아니라 더욱 돈독하게 할 수 있는 세 가지 방법

① 분노를 연기함 (부부 교재 151쪽)

② 분노를 재고함 (부부 교재 153쪽)

③ 분노를 대면함 (부부 교재 154쪽)

결정과 갈등의 해결

부부가 매일의 삶속에서 직면하는 문제들에 대해 함께 상의하고 결정해 가는 네 가지 방법

① 서로의 생각과 느낌을 나눔 (부부 교재 175쪽)

② 상대방의 견해에 귀를 기울임 (부부 교재 176쪽)

③ 문제를 규명함 (부부 교재 176쪽)

④ 가능한 해결 방안들을 모색하고 그것들을 적절하게 시도하라(부부 교재 178쪽).

결혼과 사랑

행동적인 사랑의 원리들

① 자신의 감정에 좌우되지 말고 사랑 가운데 행하라(부부 교재 194쪽).

② 서로의 사랑은 평생을 통해 실천해야 할 영원한 것임을 인식하고 공고히 하라(부부 교재 195쪽).

③ 서로의 심정을 이해하고 알리라(부부 교재 196쪽).

④ 자신에 관한 것을 깊고도 폭넓게 상대방과 나누라(부부 교재 197쪽).

⑤ 자신에게 있는 것을 깊고도 폭넓게 상대방과 나누라(부부 교재 198쪽).

⑥ 사랑 가운데 자신을 훈련하고 책임을 다하라(부부 교재 199쪽).

⑦ 상대방을 존중하며 대하라(부부 교재 200쪽).

⑧ 행동적인 사랑은 곧 그리스도인의 제자 훈련이다(부부 교재 200쪽).

⑨ 서로를 용서하기에 힘쓰라(부부 교재 200쪽).

⑩ 하나님을 신뢰하고 의지하라(부부 교재 200쪽).

Ⅴ. 제1과를 공부하면서 당신 부부가 작성하였던 언약서를 펴놓으십시오. 그리고 위에 제시된 것들 중에서 당신 부부의 언약에 포함되어있는 것이 있는지 살펴보시오. 당신들이 새롭게 그 언약서에 첨가하기를 원하는 것들이 있습니까? 새롭게 변화시키거나 첨가하기를 원하는 것들을 나열하시오.

새로운 언약

본서의 핵심적인 주제들과 당신 부부가 작성한 언약서를 다시 보면, 처음에 당신들이 언약을 맺을 때에는 포함시키지 않았던 많은 요소들이 지금 당신 부부의 언약의 일부가 되어있음을 알게 되었을 것입니다. 그뿐 아니라 당신 부부의 관계에 새롭게 적용하기를 원하는 언약 결혼의 요소들을 눈여겨 보게 되었을 것입니다. 언약은 결코 부부간의 제한된 계약과는 다른 것임을 기억하십시오. 언약은 서로를 향한 평생의 헌신이요 약속입니다. 다음의 내용은 언약 결혼의 한 가지 예가 될 수 있습니다.

“우리는 서로에 대해 사랑과 신실함으로 대하고 행동하며 살아갈 것을 언약합니다. 우리는 우리 자신이 행하는 것들에 대한 책임을 함께 질 것이며 우리의 결정한 바에 대해 서로 책임을 전가하며 비난하는 일을 하지 않을 것입니다. 그리고 서로를 향한 감정이 어떠하든 언제나 서로를 사랑할 것입니다.”

Ⅵ. 종이를 한 장 준비하여 당신이 처음에 작성한 언약에 새로운 변화를 주고 싶은 내용을 적어 새 언약문을 작성하도록 하시오. 그리고 그 새 언약문을 모임 시간에 당신의 배우자와 함께 나누도록 준비하십시오.

결혼의 목적

언약은 영원한 것입니다. 그리고 무엇에 우리 자신을 바치고 힘써야 하는지 알려줍니다. 하지만 우리가 어떻게 그것을 실천할지에 대해서는 가르쳐주지 않습니다. 언약은 우리에게 부부가 추구해야 할 이상들을 소개해 줍니다. 이에 반하여, 목적은 그 언약이 현실적으로 실천되기 위해 우리가 어떠한 변화를 모색하고 추구할 것인지를 말해 줍니다. 우리가 언약 가운데 약속한 것을 지키고 성취하기 위해 어떻게 우리 자신이 그 일에 임할 것인지에 관한 일반적인 방향을 설정해 주고 있습니다. 목적은 앞으로 우리가 성취하기를 원하는 어떤 것들을 의미합니다. 부부는 하나님의 인도하심에 따라 자신들의 언약을 실천하기 위한 목적들을 발전시켜 갈 수 있습니다. 위에 제시된 언약에 적합한 목적들의 간단한 예를 들면 다음과 같습니다.

① 서로를 비난하기보다는 자신의 심정과 생각들을 나누는 것을 배운다.

② 행동적인 사랑을 함께 실천하는 삶으로 발전시켜가는 과정의 하나로서 소년 소녀 가장의 연로한 조부모님들을 대신 봉양하는 일에 지원한다.

③ 서로의 일을 엄격하게 구분했던 옛날 사람들의 방식과는 달리 가능한한 집 안팎의 여러 가지 일을 함께 행함으로써 부부의 유사성 내지는 하나됨을 발전시켜간다.

목적은 일반적인 언약의 약속에 비해 우리가 어떤 일을 행하고 추구할 것인지에 대한 보다 분명한 청사진을 제시해 줍니다. 우리가 특별히 관심을 기울일 필요가 있다고 생각되는 바, 언약의 핵심적인 부분들이 무엇이며, 언약의 약속들은 어떻게 성취해가야 할지에 관한 것들을 밝혀줍니다.

Ⅶ. 당신의 결혼생활에 관한 장기적, 단기적 계획을 위하여 당신이 추구할 몇 가지 사항들을 써보시오.

1. ______________________________

____

2. ______________________________

____

3. ______________________________

____

결혼의 목표들

목표는 보다 중요한 목적을 위한 중간 단계의 과제들이라 할 수 있습니다. 우리가 어떤 기계의 부속품으로서 작은 태엽을 하나 만든다고 할 때, 양쪽에 조그마한 핀들을 맞대어 붙이고는 그 안에 태엽을 감아 넣습니다. 이러한 부품을 만들 때, 물론 지시사항에 따라 신중하게 만들지만 그렇다 해도 그 기계가 기대하는 그대로 나오리라는 보장이 없습니다. 결혼의 목표들도 이와 같습니다.

부부는 그들의 보다 큰 목적을 위하여, 그것들을 매일의 삶에 실천하기 위하여, 구체적인 목표를 세워놓고 최선을 다해야 합니다.

그러나 여기에는 두 가지 문제가 제기됩니다. 첫째로는 훌륭한 목표들을 세워놓는다 하더라도 그것들을 제대로 지키거나 따르지 않게 되는 것입니다. 그러면 목적을 달성하기란 기대할 수 없습니다.

둘째는, 훌륭한 목표들을 세우고 그것을 실천하기도 하지만, 그것이 기대했던 대로의 목적들을 달성하게 되지 못하는 경우입니다. 선미와 대영이는 그들 사이의 관계가 좀더 원활하게 되기를 원했습니다. 이것을 위해 그들은 제8과에 있는 것과 같이 서로의 말을 주의깊게 듣는 기술을 발전시키고 사용하자는 목표를 세웠습니다. 마침내 상대방의 말을 보다 잘 들을 수 있게 되었습니다. 그런데 그들의 대화나 의사소통은 여전히 만족스럽지 못하였습니다. 그 이유를 찾던 가운데 그들은 원활한 의사소통을 위해서는 상대방의 말을 경청하는 기술뿐 아니라 서로의 감정이나 생각, 비전 등을 나누고 어떠한 문제에 대해서도 비난보다는 서로의 책임을 나누어질 수 있어야 한다는 것을 알게 되었습니다. 경청하는 것 한가지의 목표를 가지고는 만족스러운 의사소통이라는 목적을 달성할 수 없었던 것입니다.

이와 같이 우리가 어떤 목표들을 세웠다고 해서 그것이 반드시 보다 큰 목적 달성에까지 연결되는 것은 아닙니다. 하지만 항상 구체적인 목표들을 세우는 것은 중요합니다. 이와 같은 이유 때문에 어떤 구체적인 지침들을 설정하지 않은 채 보다 큰 목적을 달성하려고 하는 것은 마치 지도를 잘못 볼 수도 있다는 이유로 지도없이 낯선 곳을 여행하려고 하는 것과 동일합니다. 지도없이 어떻게 낯선 곳의 목적지를 찾아갈 수 있겠습니까? 선미와 대영이가 처음에 서로의 말을 귀담아 듣는 태도와 기술을 발전시키려고 하지 않았다면 그들이 그 외에도 여러 가지를 서로 나누어야 한다는 것을 깨닫기는 어려웠을 것입니다.

Ⅷ. 다음의 세 문장 중에서 한 문장은 목적이고 다른 두 문장은 그 목적을 달성하기 위한 목표들입니다. 목적에 해당하는 문장에는 O, 목표에 해당되는 문장들에는 X표를 하시오.

_____ 서로의 아기를 돌봐주기 위한 동네 모임에 참여한다.
_____ 좀더 많은 시간을 내어 서로가 즐기는 시간을 갖는다.
_____ 두 주에 한 번 꼴로 목요일 오후에는 일을 하지 않는다.

보다 분명하고 구체적인 지침들을 설정하기 위해서는 분명한 목적을 세우고 그것에 비추어서 다각도로 생각하며 관찰하는 것이 필요합니다. 어떤 지침이나 목표를 세울 때 고려해야 할 사항들을 몇 가지 살펴보겠습니다.

① 누가 무엇을 말하고 무엇을 행할 것인가? 목표달성을 위해 당신과 당신 배우자가 행할 일은 무엇입니까? 가능한한 구체적으로 서로의 역할을 생각하십시오. 당신은 무슨 말을 하시겠습니까? 어떤 행동을 취하시겠습니까? 누가 어떤 태도를 취하고 어떤 느낌을 받는가 하는 것보다는, 누가 무슨 일을 행할 것인가 하는, 구체적으로 눈에 보이는 행동 지침들이 중요합니다. 당신이 무대 위에서 연극하는 배우들을 코치하면서 무엇이 연기되어야 할지에 대해 말한다고 생각해 보십시오.

· 양로원에 전화를 걸 때는 현주가 한다. 그리고 우리가 담당한 가족들을 만나 무엇을 할 것인지에 대한 계획은 함께 세운다.

· 우리는 어떤 위기적 상황에 처했을 때 서로에게 자신의 감정이나 심정들을 솔직하게 이야기한다. 그래서 상대방이 자신의 감정 상태나 심정을 이야기하는 것을 들으면 듣는 사람은 냉장고에 붙인 점수판에 2점을 가산한다. 만약 상대방의 잘못을 꼬집고 비난하거나 "당신이 그 때 그렇게만 하지 않았더라면…… 했을텐데"와 같은 말을 한 사람에 대해서는 1점을 뺀다.

누가 어떤 말을 하고 무엇을 할 것인지에 관한 것을 정할 때에는 긍정적인 방향으로 하십시오. 무엇인가가 일어나는 쪽으로 행동 지침을 세우십시오. "우리는 서로를 비난하지 않는다."라는 것은 부정적인 문장입니다. 그들의 관계에 아무런 일도 일어나지 않습니다. 이런 것은 부부가 어떤 바람직하지 않은 행동에 대해 어떻게 행동할 것인가 하는 것으로 초점을 전환함으로써 단순히 "비난하지 않는다"라는 방침을 설정하는 것보다 보다 긍정적인 방향으로 바꿔 유도할 수 있습니다. 즉, "서로의 감정이나 심정을 이야기한다"는 것이 그 한 예가 될 수 있을 것입니다.

② 어느 정도까지, 얼마나 자주, 언제? 부부가 어떤 목표를 세우면서 자신들의 역할이나 책임사항들을 고려할 때 이 요소들은 매우 중요한 것입니다.

예를 들면 다음과 같습니다. "은영이는 일주일에 한번씩 차를 닦는다", "민수는 9시 이전에 언제라도 설거지를 한다", "현주는 다음 주 주말이 되기 전에 전화를 한다", "우리 둘 중에서 한 사람이라도 화가 나있으면 우리는 위기적 상황에 있는 것이다."

③ 달성할 수 있는 목표의 설정. 목표를 세울 때 감당할 수 없는 너무 광범위한 목표를 세우지 않도록 하십시오. 목표는 언제라도 수정할 수 있는 것이고 그러한 가운데 목표의 달성이 더 빨리 일어날 수도 있습니다. 처음부터 너무 크게 야심만만한 목표를 세웠다가 실패하면 그것을 다시 수정하여 시작하기란 쉬운 일이 아닙니다.

예를 들어, 남편과 아내가 서로 상대방이 집안에서 맡은 일을 정하고자 할 때, 남편이 전혀 요리를 해본 경험이 없는 사람이라면 처음부터 일주일 동안의 요리를 다 준비하도록 정하는 것보다는 일주일에 한 번 정도 저녁 식사를 준비하도록 하는 것이 바람직합니다.

현주와 종수에게 있어서 양로원을 방문하는 것은 그들의 관계에 새로운 전환기를 마련해 주는 것이었습니다. 하지만 그들의 목표는 단순히 양로원에 전화를 걸고 첫 방문을 하는 것에 국한되어 있어 할머니, 할아버지를 만나고 그분들을 도우며 기쁘시게 하는 데에 있어서 그들이 그 모든 필요를 충분히 감당할 수 없는 실패의 가능성을 고려하고 있지 않습니다. 그들에게 있어서는 할머니, 할아버지보다도 차라리 갈 데 없는 미혼모와 짧은 시간에 한 가족처럼 더 가깝게 될 수도 있는 것입니다.

④ **평가의 시기와 방법.** 목표는 보다 큰 목적을 위해 일정한 기간 동안 시간을 정해놓고 실천하는 것입니다. 거기에는 마무리를 하는 시간이 있어야 합니다. 아니면 최소한 그 목표를 계속 실천해 갈 것인지에 대한 평가 등을 실시해야 합니다. 예를 들면, 위에서 부부가 서로의 감정과 심정을 솔직하게 토로할 때 점수를 주기로 한 경우에, 매 주말에 한 주간의 점수를 합산하여 평가를 내리거나 또는 계속해서 그것을 실시할 것인지에 대한 결정을 내리는 것이 필요합니다. 이를 통하여 부부는 주말마다 자신의 점수를 보면서 그들이 어떻게 지내왔는가를 알 수 있습니다. 또 그 일을 계속해서 실시하기로 결정할 경우, 매주마다 자신들의 관계 상태를 비교 점검할 수도 있습니다. 물론 계속해서 자신들의 관계를 점수로 평가하기를 원하지는 않을 것입니다. 어쨌거나 이러한 목표는 부부에게 그들의 관계에 있어서 새로운 행동 유형을 제시해 줄 수 있고, 나중에는 점수로 계산하지 않고도 계속해서 그러한 관계를 유지하도록 할 수 있는 것입니다.

Ⅸ. 다음의 내용을 읽으면서, 목표로 제시된 내용의 행동 주체에 동그라미, 실천될 행동 내용에 밑줄, 언제·어떻게·얼마나 자주 할지에 세모, 평가 시기 내지는 방법에 해당되는 것에는 괄호를 하시오.

"문숙이와 나, 동진이는 8월 10일부터 17일까지 한 주간 동안 매일 아침 자명종 시계가 울리자마자 자리를 박차고 일어난다. 그리고 8월 18일에는 그동안 얼마나 이 목표를 잘 이행했는지 점검한다."

Ⅹ. 당신이 문제 Ⅶ에서 기록한 바 있는 결혼 생활의 장기적, 단기적 목적들 가운데 하나를 실천하기 위해 당신이 생각할 수 있는 실천 방안 내지는 목표들을 기록하시오. 우리가 위에서 공부한 목표설정을 위한 안내지침들을 적용하는 것을 잊지 마십시오.

부부간의 계약

여기에서 계약은 항상 부부 두 사람 가운데 일어나는 일종의 특별한 목표설정임과 동시에 목표달성에 따른 결과의 양태를 제시해 주는 것입니다. 종수와 현주의 예를 다시 들자면, 그들이 상호간에 15점을 얻었을 경우 특별 외식을 한다고 했을 때, 그들 사이에 계약이 맺어진 것입니다. 그들은 설정된 목표에 함께 행동으로 참여하고, 그 결과에 따른 보상에도 함께 임하는 것입니다.

부부는 목표를 세울 때 보다 긍정적인 행동변화에 초점을 맞추는 것이 좋습니다. 원치 않는 것보다 일어나기를 원하는 행동과 그 변화에 목표를 두십시오. 동시에, 계약을 맺을 때에도, 실패에 대한 벌보다는 기대했던 변화에 따른 보상에 주력하는 것이 좋습니다.

종수와 현주의 계약을 보십시오. 거기에는 불이행의 대가에 따른 벌에 관한 조항이 들어있지 않습니다. 상대방을 비난하게 되면 그 대가로 점수를 깎게 됩니다. 일주일 동안 설거지를 한다는 등의 벌칙 등은 없습니다. 관심은 변화에 있지 채벌에 있는 것이 아니기 때문입니다.

필요하다면 제1과에 제시된 계약에 관한 내용을 다시 복습하는 것이 좋습니다. 그 내용을 약술한다면, 계약은……

· 긍정적인 변화를 위한 것입니다.

· 구체적인 행동으로 실천되어야 합니다.

· 부부가 서로 새롭고 긍정적인 변화를 제시하는 것이어야 합니다.

· 일정 기한을 정해놓고 시도하는 것입니다.

부부는 둘 중 한 사람의 개인적인 행동 변화에 관한 계약을 맺을 수도 있습니다. 그러나 부부간 상호의 관계와 계약하에서는 어떤 모양으로든 부부 두 사람이 거기에 개입될 수밖에 없습니다. 예를 들어, 종수가 자기로 인해 일어난 갈등의 상황에서 억지를 부리며 자기 아내에게 도리어 큰소리를 치기보다는 자기 스스로 그 상황에 대한 책임을 지기 원한다고 할 때, 그들은 부부간에 이러한 계약을 맺을 수 있습니다. 즉, 현주가 볼 때, 남편 종수가 분명히 화가 났는데 "이건 내 책임이야. 내가 …… 했기 때문에 일어났으니까." 또는 "이 문제를 어떻게 해야할지 생각해 봅시다."와 같은 말을 할 때마다, "여보 당신이 그렇게 말해 주니 고마워요"와 같은 감사의 표현을 하는 것입니다. 종수는 자신들의 부부생활을 위해 그가 책임을 스스로 질 것을 원했고 현주는 그에 대해 감사와 그러한 목표를 위해 함께 노력할 것을 다짐하는 것입니다. 여기에서 초점은 일차적으로 종수의 행동 변화에 있었지만 그 일을 위해서는 두 사람이 다 거기에 개입된 것입니다.

부부는 자신들의 관계에서 두 사람이 원하는 변화를 위해 상호간에 계약을 맺어 그것을 교환실천할 수도 있습니다. 예를 들어, 종수가 일주일에 두번씩 저녁 준비를 하고, 현주는 그 대신 잔디를 깎는다는 등의 계약이 그것입니다. 집안일에 관한 책임을 분담함으로 그들은 서로 자신들의 행동에 변화를 가져오되 그것을 상호간의 계약하에서 실천할 수 있는 것입니다.

XI. 다음 모임에서 당신의 배우자에게 제시하고 싶은 교환계약을 하나 작성해 보시오.

부부가 상호간에 계약을 맺고 그것을 실천하는 데에 있어서, 부부는 그 실천을 방해하는 계약상의 헛점이 있는지 주의하여 볼 필요가 있습니다.

· 어느 한 편에 의해 계약사항이 이행되지 않을 때 어떻게 할 것인가? 만약, 종수는 약속대로 일주일에 두 번 저녁식사를 준비했는데 비가 와서 현주가 잔디를 깎을 수 없었다면 어떻게 해야 하겠습니까? 종수가 저녁 식사를 준비하지 않았다면 그가 잔디 깎는 일을 해야 합니까? 계약 이행에 있어서 어떤 일이 일어날 수 있는지, 그럴 때 어떻게 대처할 것인지 미리 생각해 보는 것이 좋습니다.

· 두 사람에게 모두 각각 맡겨진 일이 있는가? 부부간의 계약에 있어서 어느 한 사람에게서만 변화가 일어나도록 되어있는 것은 좋은 계약이 될 수 없습니다. 물론 그렇다고 해서, 내가 무엇을 행하면 상대방도 반드시 그 만큼 무엇인가를 그 대가로 행해야 한다거나, 상대방이 안하면 나도 안해도 된다는 식의 의미는 아닙니다. 여기에서 주장하고자 하는 것은, 계약이란 부부 두 사람이 다 참여하는 것이어야 한다는 것입니다.

· 두 사람에게 모두 계약 이행에 대한 의지와 결단이 있는가? 부부간의 계약에는 일장일단이 있습니다만 부부 관계에 있어서 어떤 변화를 시도하는 데에 효과적인 방법인 것만은 분명합니다.

계약은 두 사람의 자유 의사에 따라 이루어져야 합니다. 어느 한쪽도 상대방을 의식해서, 타의적으로 계약을 맺거나, 계약을 강요당하는 느낌을 받아서는 안됩니다.

XII. 당신이 문제 XI에서 작성한 계약에 대해 당신 부부가 어떠한 반응을 보일지 그 정도를 분석하고 적합한 것에 체크하시오.

· 나는 그 계약대로 이행하려 하겠지만 내 배우자는 그렇게 하려 하지 않을 것이다.

· 내 배우자는 그 계약을 이행하려 하겠지만 나는 어쩌면 그렇게 하지 않을지도 모르겠다.

· 우리 둘 다 그렇게 하려 하지는 않을 것이다.

· 우리는 다 그 계약대로 실천하려 할 것이다.

종수와 현주의 예를 들어, 한가지 가능한 계약의 사례를 요약하여 제시하면 다음과 같이 될 수 있습니다.

	아내	남편
바람직한 행동	잔디 깎기	저녁 준비
언제 · 얼마나 자주	한 주에 한 번	한 주에 두 번
결과	남편이 준비한 두 번의 저녁 식사	아내가 잔디를 깎아줌
평가시기	5월 10일	5월 10일

언약과 계약

양로원에 전화를 거는 것, 자신의 생각이나 느낌을 나눌 때마다 서로 점수를 주는 것, 또는 서로 잔디를 깎는 것과 식사 준비하는 일을 바꾸어 하는 것 등을 가리켜 언약결혼이라고 할 수 있겠습니까? 여러 가지 면에서 볼 때, 그렇지 않습니다. 언약은 자의에 따라 조건없이 서로에게 향한 약속이요, 결단이요, 헌신이라 할 수 있습니다. 그것은 결코 계약의 수준과 동일하다고 볼 수 없는 것입니다. 내가 한번 전화를 한다고 해서 그것이 서로를 깊이, 그리고 적극적으로 사랑하겠다고 한 약속을 성취하는 것이라거나 서로를 사랑으로 돌보는 것이라고 할 수는 없습니다. 아래의 그림은 그 단계가 위에서부터 아래로 내려갈수록 위의 단계를 보다 구체적으로 설명해 주고, 반면에 언약적인 약속의 측면에서는 그 특성이나 강도를 점점 더 상실해 가고 있음을 묘사하고 있는 것입니다.

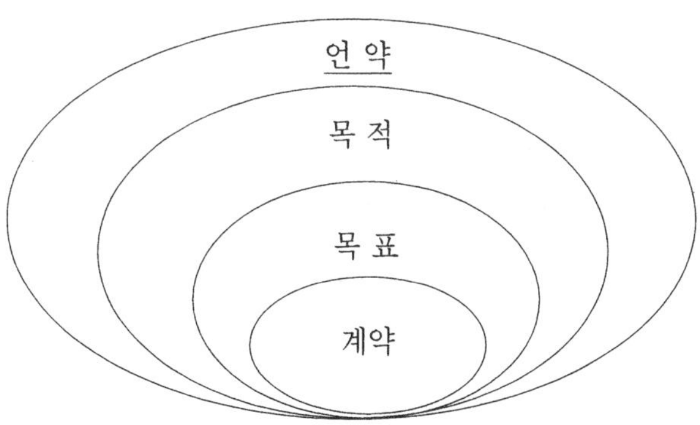

한편, 어떤 면에서 우리는 간단한 계약 안에서도 언약의 핵심적인 특성을 발견해 낼 수 있습니다. 그것은 바로 행동적인 측면과 부부 자신들의 개인적인 의지 내지는 결단의 측면입니다. 언약 부부는 함께 살아가는 가운데 생기는 여러 가지 상황들에 대해 그것을 무심하게 대처하기보다는 서로 자신의 책임을 다하며 문제의 해결을 모색합니다. 계약은 서로의 의사를 존중해 주는 가운데 바람직한 행동 및 상황의 변화를 위해 노력하는 것입니다. 부부가 서로의 관계를 돌보고 고양시켜가기 위한 것입니다. 부부 상호간의 기대요, 소망인 것입니다.

XIII. 우리가 지금까지 공부해 온 바, 부부간의 목적, 다양한 행동 목표들, 계약 등은 다 부부가 바람직한 변화와 성장을 경험하기 위한 것입니다.

당신 부부의 건강한 결혼생활과 그 성숙을 위해 당신이 공헌할 수 있는 바, 당신에게 있는 좋은 특성들은 무엇입니까?

그리고 당신의 배우자에게 있는 좋은 특성들을 무엇입니까?

XIV. 당신 부부가 진정한 사랑의 동반자 관계를 구축할 수 있는 가능성에 대해 당신은 어떻게 생각하고 있습니까?

매우 낙관적이다.

낙관적이다.

가능성이 어느 정도는 있다고 본다.

가능성이 별로 없다고 본다.

비관적이다.

매우 비관적이다.

요점정리

언약 부부는 그들에게 생기는 어떤 사건들이나 문제들로 인해 서로에 대한 자신들의 태도나 반응이 좌우되지 않습니다. 도리어 그런 상황을 통해 자신들의 결혼생활이 더 견고해지도록 계획을 세우며 행동으로 실천합니다. 그리하여 우리는 그 동안 언약 부부가 위기적 상황에서 보다 긍정적이고 발전적인 방향으로 행동하도록 영향을 주는 아홉 가지 요소들 내지는 개념들을 공부한 바 있습니다. 본 과에서는 그 동안 본서에서 제시해온 주요 개념들과 방법들을 간단히 재점검하였습니다. 당신은 어쩌면 언약으로 인한 관계에 관한 제반 측면들을 다시 보면서 당신이 제1과에서 생각해 본 바 있는 최초의 언약에 대해 약간의 수정을 가하기를 원하게 되었을지도 모르겠습니다.

우리는 또한 본 과에서 언약과 목적, 여러 가지 행동 목표들, 그리고 계약에 관한 상호 관련성을 살펴보면서, 이것들이 부부의 관계에 서로 어떠한 영향을 주고 있는지를 공부했습니다. 이것들은 부부 자신들의 행동에의 실천의지 내지는 의도를 대변해 주는 요소들로써, 부부로 하여금 매일의 생활에서 서로 자신들의 행동에 관한 책임을 의식하고 그것을 시정, 개선함으로써 더욱 견고한 사랑의 관계에 이르도록 도움을 주는 것들입니다.

연습문제

이 연습문제는 당신이 제10과의 학습목표를 달성했는지의 여부를 스스로 점검하도록 준비되었습니다. 각 물음에 성실하게 답하시기 바랍니다. 정답은 마지막 질문 다음에 있습니다.

1. 가정적인 문제나 위기로 인해 부부의 관계에 영향을 미치는 것은 주로 무엇 때문이겠습니까?

① 가정에 미친 위기 자체 때문에

② 가정에 미친 위기의 정도에 따라

③ 위기에 대한 부부의 대처 방법에 따라

④ 부부에 대한 주위 사람들의 태도 방법에 따라

2. 가정적인 문제나 위기에 처한 부부가 그 상황을 극복하고 보다 더 견고한 관계를 구축하는 데 필요한 요소에 해당되지 않는 것을 고르시오.

① 부부가 서로의 생각이나 심정을 분명하고도 직접적으로 전달한다.

② 자신들이 스트레스 쌓이는 위기적 상황에 있음을 인식한다.

③ 문제를 회피하기 보다는 문제를 대면하여 그것에 대한 대화를 계속한다.

④ 비난할 대상을 찾는다.

3. 다음의 각 항목에 참 또는 거짓으로 대답하시오.

_____ ① 문제에 직면한 부부는 그 문제의 해결을 위해 그것이 누가 할 일이든 필요한 일이라면 기꺼이 최선을 다해 실행해야 한다.

_____ ② 문제에 직면한 부부는 어느 한 사람에게만 그 문제를 떠맡기기 보다는 부부가 함께 그 상황에 뛰어들어 문제의 해결을 도모해야 한다.

_____ ③ 문제에 직면한 부부는 가끔 서로를 기피함으로써 문제 상황을 피할 수 있다.

_____ ④ 문제에 직면한 부부는 그 상황을 해결하기 위해 할 수 있는대로 모든 재능이나 자료들을 총동원해야 한다.

_____ ⑤ 문제에 직면한 부부는 자신들의 감정을 그대로 폭발시키거나 서로를 기피해도 관계없다.

4. 알맞는 것끼리 연결하시오.

_____ ① 언약 ⓐ 부부가 기대하는 변화
_____ ② 목적 ⓑ 계획을 행동에 옮겨 실천하려는 최선의 노력
_____ ③ 행동목표들 ⓒ 행동과 더불어 그 후에 실천될 결과
_____ ④ 계약 ⓓ 서로에 대한 자의적인 헌신과 결단

정답

1.③ 2.④ 3.① 참, ② 참, ③ 거짓, ④ 참, ⑤ 거짓

4. ①-ⓓ, ②-ⓐ, ③-ⓑ, ④-ⓒ

예습

텔레비전의 연속극을 보면 흔히 "다음에 계속"이라는 자막으로 끝을 맺는 경우들을 봅니다. 언약결혼에 관한 공부 역시 본 교재로 끝나는 것이 아니라 계속되어야 합니다. 우리는 이제 남은 마지막 두 과를 통해 풍성한 결혼생활을 위한 노력은 일생 동안 계속되어야만 할 과정임을 확인하게 될 것입니다. 제11과는 당신이 언약 부부로서 계속 성장해 가는 데에 필요한 자료들을 발견하도록 도와줄 것입니다.

제6단원: 성숙한 부부 관계

제11과

성숙한 삶을 향한 동반자

개관

성숙한 결혼 생활을 위한 훈련의 목적

지속적인 성숙을 위한 자료들

다른 부부들

부부 성경공부

부부 기도 수양회

부부 그룹 공부

성숙한 결혼 생활에 관한 참고도서

요점정리

연습문제

예습

"열 번 찍어 안 넘어가는 나무 없다"는 옛 금언은 언약 결혼에도 상당 부분에서 일리 있는 말입니다. 우리가 그 동안 배워온 여러 가지 언약 결혼의 개념과 지침들 가운데 상당 부분은 당신에게 있어서 새로운 내용들이었을 것입니다. 그 내용들은 당신으로 하여금 당신의 배우자나 다른 사람들에게 이전과는 다른 새로운 방법으로 관계를 맺어가도록 권면하는 것들이었습니다. 이러한 것들을 당신이 매일의 삶의 양식으로 적용시키기 위해서는 많은 노력과 반복적인 실천의지 및 결단이 있어야 합니다.

한편, 당신이 이러한 새로운 방법들을 매일의 삶에서 실천하다 보면 예전과는 다른 감정상태를 새롭게 경험하게 될 것입니다. 언약 결혼은 어떤 상황에서 느껴지는 느낌이나 감정상태가 아닌 책임감 있는 행동 의지에 초점을 기울입니다. 언약 부부는 그들에게 일어난 상황에 대해 무심하게 자기 느낌대로 대처하는 것이 아니라 그 상황에서 자신들의 관계가 보다 더 견고하게 될 수 있는 방향으로 대응해 갑니다.

우리는 제10과에서 부부가 어떤 문제나 위기적 상황에서 공통적으로 보다 긍정적이고 적극적인 대처를 하는 데 영향을 주는 아홉 가지 요소들을 점검해 본 바 있습니다.

부부가 행동적인 사랑의 특성들을 자신들의 관계에서 적용하고 실천할 수 있는 좋은 방법은 분명한 목적과 그에 수반되는 행동 목표들을 설정하는 것입니다. 그리고 부부간에 서로 바람직한 행동을 격려하고 그에 대한 보상을 해주는 계약을 맺는 것도 언약관계에 있어서 책임있는 행동을 하는 좋은 방법이 될 수 있습니다.

성숙한 언약 결혼은 결코 저절로 되는 것이 아님을 기억하십시오. 언약 결혼은 분명한 의지와 결단, 헌신을 통해 진정한 사랑의 동반자 관계라는 이상적인 목표를 향해 지속적으로 정진해야 하는 것입니다.

개관

당신은 옆에 운전 교사나 부모님 없이 처음으로 당신 혼자 운전하려고 운전대를 잡았던 때를 기억하십니까? 처음으로 혼자 운전한다는 것은 가슴이 두근거리며 짜릿한 흥분을 가져다 주는 순간일 수도 있습니다만 동시에 두려움을 가져다 주기에 충분한 경험이었을 것입니다.

이제 곧 본 "부부의 삶" 공부 과정도 끝날 것입니다. 그 전에 당신은 본 과에서 당신 부부가 스스로 지속적인 성숙을 하기 위해 어떻게 계획을 세워나가야 할지에 대해 공부하게 될 것입니다. 그리고 성숙을 위한 당신의 이러한 과정이 즐겁고도 효과적인, 생산적인 것이 되도록 도울 수 있는 많은 자료들과 사람들이 당신 주위에 있음을 발견하게 될 것입니다. 당신 부부는 성숙을 향한 여행의 영원한 동반자입니다!

학습목표

- 부부 관계의 성숙을 향한 훈련은 평생 동안 지속되어야 할 과정임을 확고히 한다.
- 부부 관계의 성숙을 위한 자료들을 알게 된다.
- 각 자료의 의도와 거기에서 얻을 수 있는 도움들을 알게 된다.
- 성숙한 부부 생활을 위한 프로그램에 부부가 함께 참여한다.
- 부부생활을 위한 여러 프로그램 중에서 최소한 한가지를 택해 한 달 동안 시범적으로 그 모임에 참석한다.

성숙한 결혼 생활을 위한 훈련의 목적

본서의 서론 부분에서도 언급한 바와 같이, 성숙한 결혼생활을 위한 훈련의 목적에는 부부 관계를 보다 견고하게 강화시켜 주는 기본 원리들과 아이디어와 방법 내지는 지침 등을 배우는 것과, 결혼에 관한 제반적인 측면들을 살펴보고 이해하며 평가하는 것, 자기 자신들의 결혼 생활에 대한 좋은 특성들이나 장점 등을 인식하고 기념하는 것, 부부 관계의 긍정적인 변화와 성숙을 위해 함께 필요한 계획을 세워 그것의 실천을 위해 결단하고 행동하는 것 등이 해당됩니다.

한편, 성숙한 부부 관계를 위한 훈련 프로그램이 부부들에게 큰 도움이 될 수 있지만, 부부들이 단지 프로그램에만 의존하면서 위에 제시된 것과 같은 목표들을 이루려고 한다면 많은 시행착오를 거듭할 수밖에 없을 것입니다. 당신의 결혼 생활을 풍성하고 성숙하게 하는 훈련과정은 단순히 이러한 그룹 모임에 참석한다고 해서 다 되는 것이 아닙니다. 또 이 모임에 끝까지 참여한다고 해서 그러한 과정이 끝나는 것도 아닙니다. 우리는 매일의 삶을 통해 부딪히고 경험하는 것들에서 성숙한 부부 관계를 위한 훈련의 기회를 얻고 그 과정을 통과하는 것입니다.

① **주변 친지들의 결혼 생활을 지켜보면서 성숙한 결혼 생활의 원리와 아이디어, 지침 등을 배움.** 때로 우리는 주변 이웃이나 친지들로부터 부부 관계의 소극적인 면을 배울 수도 있습니다. "우리 다른 사람들 앞에서 그들이 하는 것처럼 서로를 깎아내리거나 좋지 않은 농담의 대상으로 삼는 일을 하지 않도록 약속합시다." 이러한 소극적인 측면은 우리도 남들처럼 똑같은 일을 하고 있다는 사실을 깨달을 때 강력하게 우리도 그러지 말아야겠다는 변화 의지를 불어넣는 원동력이 될 수 있습니다. "그 사람을 보면 하는 일이라곤 직장에 가서 번 돈으로 조그마한 기계나 새로운 운동 기구 같은 것을 사는 데에 그 돈을 다 써버리는 것 같아요. 마치 어린아이가 장난감을 사는 데에 가진 돈을 다 써버리는 것처럼요. 그 사람들은 매우 자기 중심적인 것 같아요. 우리도 혹시 그들과 다를 바 없이 살고 있지 않나 염려가 돼요."

우리는 주변 사람들로부터 소극적인 것뿐 아니라 긍정적이고 적극적인 측면도 배울 수 있습니다. 나의 경우도 결혼한 첫해에 학생 부부를 위해 지어진 조그만 아파트에서 생활하면서 곧 주위의 학생 부부들과 친하게 되었습니다.

그 중에서도 우리는 특별히 옆집에 사는 결혼한 지 5 년 된 부부를 통해 많은 것을 배우게 되었습니다. 그들은 5년 여의 결혼생활을 하면서도 여전히 사랑과 헌신이 넘치는 아름다운 관계를 맺고 있었기 때문이었습니다. 그런데 어느날 저녁, 그들이 서로 언성을 높여 다투는 소리가 들려왔습니다. 그들의 관계를 염려하며 당혹감에 젖은 채 우리는 약 30여 분 동안 그들의 논쟁을 조심스럽게 들었습니다. 그들의 설전은 끝이 없는 것 같았습니다. 그런데 놀랍게도 얼마 후에 우리는 그들이 서로 웃는 것을 들었습니다. 그리고 약 10 분이 지난 후에 그들은 손을 잡고 우리 집에 와서 함께 아이스크림을 사먹으러 가지 않겠느냐고 물었습니다. 우리는 그들이 그렇게 말다툼을 하고도 자신들의 관계를 허물어뜨리지 않았다는 사실에 크게 놀랐습니다. 어떻게 보면 그들은 전보다 더욱 가까워진 것처럼 보이기까지 했습니다. 이때 우리는 부부간에 갈등과 마찰이 일어난다 하더라도 그것에 적절하게 잘 대처하면 오히려 더욱 돈독한 부부 관계를 가질 수 있다는 것을 배우게 되었습니다.

이렇게 매일의 삶을 통해 부부 관계를 더 성숙하게 하는 경험은 대개 어떤 특별한 계획을 세워서 얻어지는 것이 아닙니다. 이웃의 갈등을 듣고 보면서 갈등에 대해 무엇인가를 배우게 되는 것입니다. 마음의 문을 열고 새로운 것을 배우며 경험할 수 있는 기회가 오면 겸손히 그것을 받아들이는 것입니다. 그리고 부부는 자신들의 관계를 끊임없이 변화되고 성숙되어가는 과정으로 볼 수 있어야 합니다.

Ⅰ. 당신의 결혼 초기에 주변 부부들에게서 받은 이상적인 부부 관계의 모본은 무엇이었습니까? ______________________________

현재 당신 친구들 가운데 가장 훌륭한 결혼생활을 하고 있다고 생각되는 사람과 그의 결혼생활에 대해 소개해 보시오. ______________________________

____

당신의 결혼생활 중에서 그 부부의 관계를 닮기 원하는 것 한가지를 서술하시오. ______________________________

② **자신의 결혼생활에 대한 제반 측면들을 살펴보고 평가함.** 사람들은 어떤 새로운 것을 경험할 때마다 그것과 이전의 경험을 비교하면서 그것들이 서로 다른 것임을 알게 됩니다. 예를 들어, 우리는 주변의 친구 부부가 다툴 때 주의를 기울여 들으면서 이와 같은 생각을 할 수 있습니다. "저 사람들은 우리와 다르게 다투는군. 우리는 서로 화를 낼 뿐 저 사람들처럼 그 문제에 대해 심각하게 논쟁하지는 않는데. 저들은 때로 저렇게 싸우면서도 매우 행복해 보여. 우리도 문제가 생겼을 때 몇 시간씩 말도 없이 서로에 대해 화만 낼 것이 아니라 저 사람들처럼 할 수는 없을까?" 이처럼 어떤 상황이나 부부 관계에 있어서의 평가는 문제를 대면하거나 그 문제의 해결을 위한 핵심적인 단계라 할 수 있습니다. "우리에게 잘못된 점이 있다면 그것이 무엇일까? 이 문제에 대해 우리가 각자 생각하고 느끼는 것은 무엇인가? 우리의 관계에 어떤 변화가 와야 서로의 차이를 극복하고 좀더 좋은 관계를 가질 수 있을까?"

Ⅱ. 당신 부부 가운데 결혼생활에서 어떤 필요나 문제에 직면하는 쪽은 주로 누구입니까? 나 ______ 배우자 ______

만약 당신의 배우자가 그런 사람이라면, 그런 상황을 평가하는 것이 당신 부부의 결혼생활에 도움이 된다고 생각합니까? 예 ______ 아니오 ______

당신의 배우자가 자신의 필요나 문제를 기꺼이 평가하고 변화되려고 노력한다면 그런 자세에 대해 어떻게 감사의 표시를 하겠습니까?

____

____

③ **자신들의 장점과 특성들을 기념함.** 우리가 부부관계에서 이러한 현상을 보기란 그리 용이한 일이 아닙니다. 잠시 발에 관해 생각해 봅시다. 발에서 어떤 감촉이 느껴집니까? 발이 따뜻합니까, 아니면 차갑습니까? 양말이나 스타킹을 신었을 때 피부에 와닿는 감촉이 어떻습니까? 샌달을 신었을 때 발가락 사이에 바람이 잘 통과하며 피부에 부드러운 느낌을 줍니까? 발가락을 꼼지락거려 보십시오. 열 개의 발가락이 이상없이 잘 움직입니까? 상처난 곳은 없습니까? 당신

발가락의 근육은 얼마나 강합니까? 이러한 질문들이 이상하게 여겨질 것입니다. 이러한 질문을 받아 발에 관심을 두기까지 당신은 자신의 발에 대해 어쩌면 전혀 의식하고 있지도 않았을 것입니다. 최근에 당신의 발의 상태에 대해 생각해 본 적도 없을 것입니다. 그러다가 발이 아팠을 때에야 비로소 발에 대해 관심을 가지고 생각했을 것입니다. 아마도 당신이 오래 서 있었거나 지나치게 걷고 또는 달렸기 때문에 발에 무리가 왔을지도 모릅니다. 어쩌면 발이 너무 시리거나 땀에 젖은 상태로 방치되어 있어 발가락에 경련이 생겼을 수도 있습니다.

결혼이란 어떤 면에서 발과 같습니다. 결혼에 문제가 생기고 그로 인해 상처를 받았을 때에는 결혼에 대해 많은 생각을 합니다. 하지만 별 문제가 없어 보일 때에는 생각 없이 그저 흘러가는 대로 따라갑니다. "아직 부서지지 않았다면 괜찮다"는 말은 많은 사람들이 결혼에 있어서 "아직 부서지거나 상처를 주지 않는다면 괜찮다. 아직 그것에 대해 생각할 필요가 없다"는 말로 확대 적용될 수 있을 것입니다.

그러나 결혼과 발의 문제는 근본적으로 다릅니다. 언약 관계는 서로를 인정하고 간직하는 관계입니다. 부부는 자신들의 관계에서 좋은 요소들을 찾아내 그것들을 칭찬하며 인정하며 기념할 필요가 있습니다. 어떤 문제나 갈등이 생겼을 때 그것을 바로 보고 그것들에 바로 대처하고 해결할 수 있는 확신과 능력을 얻게 되는 것입니다.

부부는 여러 가지 방법으로 자신들의 결혼을 기념하고 축하하는 시간을 가질 수 있는데, 그 중 대표적인 것으로는 매년 결혼기념일을 기억하여 의미있는 순서와 시간을 갖는 것입니다. 이때 단순히 영화를 보고 외식을 하는 것으로 끝낼 것이 아니라 부부는 자신들의 관계를 진심으로 감사하고 축하하며 기념하는 시간을 갖도록 창조적인 노력을 기울일 필요가 있습니다. 결혼식 사진을 함께 보며, 또 지난 날들의 아름다운 순간들을 회상하며 서로 대화를 주고받는 가운데, 부드럽게 "당신을 사랑하오," "당신을 사랑해요"와 같은 사랑의 밀어를 나누는 것도 결혼을 기념하는 좋은 방법이 될 수 있습니다.

결혼기념일과 같은 연례적 행사 외에도, 부부는 바쁘게 살아가는 인생의 걸음을 멈추고 잠시 자신들의 관계를 생각해 보는 것도 좋습니다. 어떤 구체적인 행사나 계획을 세우지 않아도 좋습니다. 간단하게 서로가 한 일에 대해 찬사나 감사의 말을 표하는 것도 매우 유익한 방법이 됩니다.

· "당신이 직장에 갈 때뿐만 아니라 토요일, 나와 함께 있는 시간을 위해 멋있게 보이려고 노력할 때 참 기분이 좋아요."

· "우리가 어제 저녁에 그 문제에 대해 이야기할 수 있어서 감사해요. 오늘은

기분이 많이 좋아졌어요."

· "당신이 늘 제 친정 어머니께 전화를 걸어 우리 가정의 한 일원으로 대해주니 참 고마워요. 우리 가정이 당신만의 가정이 아니라 우리 두 사람의 가정이 되어 참 기뻐요."

Ⅲ. 당신이 당신 배우자에게 하고 싶은 감사나 찬사의 말을 하나 쓰시오.

____

____

④ 변화와 성숙을 위해 계획을 세우고 행동으로 실천함. 부부는 삶 속에서 이러한 과정을 실천해야 합니다. 변화와 성숙을 위한 계획은 흔히 어떤 문제나 고통스러운 순간의 와중에서 배태되어 발전할 수 있습니다. "우리 이제부터는 다른 사람들 앞에서 절대로 서로를 깎아내리거나 농담거리로 만들지 않도록 노력합시다." 이러한 결단은 부부가 그런 문제를 겪고 난 후에 그것이 발단이 되어 점차 바람직한 방향으로 그들의 관계를 개선, 변화시키는 원동력이 될 수 있습니다. 그러나 많은 경우에 이러한 좋은 계획을 세웠다고 해도 그것들은 매일의 삶의 바쁜 일과 속에서 주춤거리다가 사라져 버릴 수가 있습니다. 그러므로 아무리 간단한 형태라 할지라도 부부가 어떤 모양으로 계약을 맺을 경우, 부부는 그것을 통해 그들 관계에 변화가 시작되는 것을 경험할 수 있을 것입니다.

"우리는 아무리 화가 났을지라도 공공 장소에서는 그러한 문제로 부딪히는 것을 피하고 둘만의 관계 속에서 그 문제를 다루되 막무가내로 서로의 이름을 부르며 고함치기보다는 자신이 무엇 때문에 화가 났는지를 차분히 설명하는 방법으로 문제상황을 다루기로 합의한다. 그리고 지금부터 3주 동안 저녁 식사를 하면서 어떻게 합의 사항을 이행하고 있는지에 대해 대화를 하며 그 결과를 달력에 표시한다."

Ⅳ. 제10과를 통해 당신 부부가 합의하여 맺은 계약 사항을 점검하고 그 동안 어떠한 진전이 있었는지 살펴보시오.

당신 편에서? ____

배우자 편에서? ____

부부가 그들의 관계 속에서 어떤 계획을 세울 때 거기에는 물질적인 요소 사용에 관한 것들도 포함됩니다. 즉, 언제 중요한 물건을 살 것인가, 언제 여행을 갈 것인가, 얼마의 돈을 절약하고 어떻게 그 돈을 저축할 것인가 하는 등의 문제들이 그것입니다. 이러한 문제는 삶의 공간을 함께 나누고, 돈과 시간을 함께 나누는 차원에서 실시되어야 합니다.

부부는 매일의 삶 속에서 어떤 계획을 세우고 변화를 추구하는 데 있어서 여러 가지 면으로 자신들의 관계를 성숙시켜 갈 수 있습니다. 단순히 문제들을 회피하거나 상황이 흘러가는 대로 따라가는 것이 아니라 자신들의 관계가 나아가기를 원하는 방향으로 함께 생각하고 계획을 세울 필요가 있습니다. 한편 부부간에 계획을 세우는 데 있어서, 부부 자신들이 기대하는 변화에 대해 이야기하고 그것에 관한 계획을 세우는 것보다는 그들의 관계에 일어나지 않기를 원하는 것에 대해 이야기하는 것이 더 수월해 보일 것입니다. 즉, 서로가 인정받고 사랑을 받는 느낌을 주는 관계 형성을 위한 계획보다는 친구 앞에서 서로를 당황하게 하거나 서로에게 상처를 주는 갈등, 계획하지 않았던 임신 등의 일들이 일어나지 않도록 계획을 세우는 것이 더 쉬워 보인다는 것입니다.

Ⅴ. 제9과에서 설정한 바 있는 당신의 결혼의 목적들에 대해 다시 점검해 보시오. 지난 주간에 이러한 목적들을 실천하기 위해 무엇인가를 시작한 것이 있습니까?

성숙한 결혼생활을 위한 어떠한 프로그램이나 교재, 또는 결혼에 관한 텔레비전 방송도 부부가 자신들의 관계 속에서 성숙한 결혼생활에의 목적들을 달성하기 위해 여러 가지를 계획하고 적극적으로 실천하는 것을 대신할 수는 없습니다.

그러나 부부는 자신들의 목적을 추구할 때 서로에 대한 헌신과 결단을 지속하게 할 뿐 아니라 줄 수 있는 여러 자원들을 사용함으로써 보다 더 효과적이고 성숙한 관계를 발전시켜 갈 수 있습니다.

지속적인 성숙을 위한 자료들

다른 부부들

현재 당신 부부의 지속적인 성숙을 위한 자원들 가운데에서 가장 효과적인 것 중의 하나는 성숙한 결혼을 위한 훈련 그룹에서 당신이 새로이 알게 되었거나 친밀한 관계를 가져온 다른 부부들과의 관계입니다. 당신 부부는 그들과 서로의 사적인 생각들이나 느낌, 그리고 이전의 경험들을 이야기하며 서로를 알게 되는 기회를 가졌을 것입니다. 그리고 그들이 당신과 같은 종류의 문제나 어려움에 직면했을 때 그 문제를 해결하는 데에 도움이 되는 아이디어나 방법들뿐 아니라 그들도 역시 당신처럼 그러한 고통을 겪었다는 점에서 당신 부부만 유달리 이러한 문제나 어려움 속에서 고통을 당하는 것이 아니라는 점을 알게 될 것입니다. 다른 사람들의 결혼생활도 소설이나 영화에 나오는 주인공들처럼 그렇게 낭만적이고 좋기만 한 것은 아니라는 점을 알게 됨으로 부부는 세상 사람들은 다 행복한데 자기들만 엄청난 문제 속에 있다는 생각 대신 자신들의 문제가 그리 치명적인 것만은 아니라는 확신과 용기를 가질 수 있습니다.

Ⅵ. 당신이 성숙한 결혼생활을 위한 훈련 그룹에서 처음으로 다른 사람들과 자신의 사적인 생각이나 느낌, 경험 등을 이야기할 때 당신은 어떤 느낌을 받았습니까? 해당되는 말에 체크하시오.

불편하다	하고 싶은 말이 많다
우습다	너무 노출되는 것 같다
염려스럽다	망설여진다
흥미가 있다	도전이 된다

그러면 서로를 드러내놓고 이야기하는 것에 대해 지금은 어떻게 느끼고 있습니까? 해당되는 말에 체크하시오.

훨씬 편해졌다

많이 발전했다

차분하게 말할 수 있다

좋다

도움이 된다

그 외? ____

우리 사회에서는 친구나 가족들 앞에서 부부생활의 문제나 은밀한 일들에 대해 이야기하는 것을 금기시하고 있습니다. 사람들 앞에서 부부가 말다툼을 하고 자신들의 문제를 공개적으로 떠드는 것만큼 우리를 불편하게 만드는 것은 없습니다. 지나치게 자신들의 행복을 과시하고 떠드는 것도 마찬가지입니다. 사람들 앞에서 자신의 부부관계나 집안일을 이야기하지 않는 것은 아마도 자신들의 관계를 보호하고 지키려는 의도에서 비롯되었을 것입니다. 부부는 자신들의 갈등이나 문제를 둘이서 처리해야지, 그것을 가지고 친구나 부모 앞에서 자신의 감정을 터뜨리지 않도록 해야 합니다. 서로 신뢰해야지 헐뜯어서는 안됩니다. 법정에서도 부부가 상대를 비난하거나 공격하는 증언을 할 것을 요구하지는 않습니다.

우리는 여러 면에서 결혼생활의 사적인 측면을 때로 너무 강조하는 것 같습니다. 물론 부부는 자신들에게 일어나는 문제를 가지고 다른 사람들 앞에서 떠들기보다는 서로를 신뢰하는 가운데 당사자들이 대처해야 합니다. 하지만 그렇다고 해서 그것이 자신의 결혼생활에 대해 다른 사람과 상의하고 나눌 수 없다는 뜻은 아닙니다. 때로 우리가 어려운 문제로 곤경에 처해 있을 때 친구나 가족이 이를 이해하고 함께 있어주면 그것이 얼마나 도움이 되고 귀중한 일인지 모릅니다. 우리는 그들로부터 문제에 대한 다른 시각이나 새로운 아이디어를 얻음으로써 문제 해결에 도움을 얻을 수가 있는 것입니다.

Ⅶ. 영호와 선희는 그들의 주일학교 반에 있는 한 부부를 맞아 교제를 나누고 있었습니다. 그런데 갑자기 상대방의 아내가 자기 남편이 한 말 때문에 화를 벌컥 내는 것이었습니다. 순간 긴장감이 돌았습니다. 이 때 영호와 선희는 어떻게 해야 하겠습니까? 한가지를 택하시오.

1. 무시한 채 대화의 주제를 바꾼다.
2. 자신들에게도 문제가 있으므로 방관자적인 태도를 취한다.
3. 그들의 문제에 개입하여 해결하도록 돕는다.
4. 그들이 그 문제에 대해 이야기하면 좋지만 강요하지는 않는다.
5. 나중에 개인적으로 이 문제에 대해 이야기한다.
6. 그 외: ______________________________

다른 사람들과 자신의 결혼생활에 대해 이야기하는 것이 유익하게 하려면 언제, 어떻게 해야 하겠습니까? 자기 배우자에 대한 실망과 분노를 다른 사람들에게 그대로 터뜨리고 이야기하는 것은 도리어 그들의 관계를 무너뜨리는 결과밖에 가져오지 않습니다. 부부 사이는 분노와 파괴적인 갈등으로 인해 이미 상처난 가슴에 더욱 큰 상처를 줄 뿐입니다. 그러나 자신들에게 닥친 어려움을 상의하고 필요한 도움을 얻기 위해, 또는 자신들의 관계에 주어진 축복을 기념하고 감사하기 위해, 자신들의 삶을 다른 사람들과 나누는 것은 부부 관계에 큰 도움이 됩니다.

이러한 관계를 가질 수 있는 사람들은 양쪽이 다 성숙한 결혼을 위한 훈련 프로그램에 참여했던 사람들이 좋습니다. 서로의 장단점을 이미 잘 알고 있어 언약 부부로서 자신에게 있는 것들을 개발하며 지속적으로 성장하도록 서로에게 격려와 도전을 줄 수 있기 때문입니다. 이러한 나눔의 관계는 어느 한 쪽에 의해서만 일방적으로 일어나는 것이 아닙니다. 상대방에게서 필요한 도움을 받을 뿐 아니라 나도 그들에게 필요한 도움과 격려를 줄 수 있는 것입니다.

Ⅷ. 만약 당신의 배우자가 당신의 결혼생활에 대해 친한 친구와 함께 이야기하고 상의하는 것을 당신이 알게 되었다면 어떠한 느낌이 들겠습니까? 하나를 선택하시오.

배신당한 느낌을 받을 것이다.

도움에 대해 감사할 것이다.

당황해 할 것이다.

신경쓰지 않을 것이다.

좋은 아이디어라고 생각할 것이다.

신뢰할 만한 친구와 결혼에 관한 이야기들을 나눔으로써 올 수 있는 유익이 무엇이라고 생각합니까?

____

만약 본 교재의 과정이 끝난 후에도 그룹의 다른 부부들과 계속해서 만나 서로의 생활을 나누기 원한다면 이번 주 모임 때 그 문제에 대해 이야기해 보는 것도 좋습니다. 당신 부부 외에도 여러 부부들이 적어도 한 달에 한 번씩은 만나 부담없이 저녁식사를 나누며 자신들의 결혼생활의 진전상황을 이야기하고 또 그룹의 제안과 격려를 받으며 다음 달 계획 등을 세우기 위해 시간을 갖고 싶어 할 것입니다. 특정한 인도자를 세우거나 반원들끼리 돌아가며 모임을 인도해도 됩니다.

모임의 시간이나 성격, 형태에 대해서는 서로의 필요에 잘 부합되는 것으로 결정되어야 합니다. 정기적으로 만나기가 어렵다면 서로를 격려하며 확인해 줄 수 있는 계획들을 따로 세우십시오.

많은 부부들에게 있어서 이렇게 지속적인 성숙을 위한 계획을 세우고 노력하는 것은 쉬운 일이 아닐 것입니다. 당신은 지난 여러 주 동안 상당한 에너지를 이 훈련과정에 투자하였습니다. 그 외에도 결혼의 성숙을 위한 여러 가지 활동에 참여하였습니다. 그리고 많은 과제들이 당신에게 부여되었습니다. 그런데 이제 곧 예전의 일상생활로 돌아가게 될텐데 그렇게 되면 그동안 성숙한 결혼 생활을 위해 꿈꾸었던 기대나 가능성들이 점차 비현실적이고 불가능하게 보일 수가 있습니다. 그리고 부부간의 대화도 이전대로 진행되고 부부 관계는 다시 한 번 일상생활의 무의미 속에 빠져들어가게 될지도 모릅니다.

Ⅸ. 이러한 일이 일어나지 않게 하려면 어떻게 해야 하겠습니까?

· 당신을 전과 같은 상태로 만들고자 하는 옛습관을 찾아 고친다. 당신의 옛 습관은 무엇입니까? ______________________________

· 당신이 발전시키기를 원하는 새로운 습관은 무엇입니까?

____

당신 부부에게 있어서 지금까지 공부해 온 이 훈련과정은 무엇을 의미합니까? 당신 부부의 삶이 새롭게 변화되기 시작하는 원동력이 되겠습니까? 아니면 공부할 때는 뭔가 될 것 같았는데 끝난 후에는 실제적으로 변화된 것이 하나도 없는 단순한 하나의 경험으로 끝나게 될 것 같습니까? 이 차이를 만드는 것은 무엇입니까? 그 중의 하나는 계속해서 다른 부부들과 함께 서로의 경험을 나누고 지속적인 성장을 위해 격려를 주고받는 것입니다.

만약 모임의 차원에서 계속 정기적으로 만날 수 있는 여건이 주어지지 않는다면 다음과 같은 방법들을 통해서라도 당신들은 계속해서 서로를 격려하고 돕는 모임을 가질 수 있을 것입니다.

· 한 달에 한 번 내지는 서로의 합의에 따라 결정한 시간에, 함께 모일 수 있는 두세 쌍의 부부들끼리 한 조를 이루어 비싸지 않은 음식점에서 만남의 시간을 갖거나 집에서 간단한 다과를 들며 대화를 나눌 수 있습니다. "모이고 싶을 때 전화하시오"라는 말로 헤어지기보다는 미리 날짜와 시간을 정해 놓는 것이 좋습니다.

· 세 달에 한 번씩 전체 반원들이 함께 모이도록 계획하는 것도 좋습니다. 반원 중 한 사람의 집에서 간단히 저녁식사를 하며 모임을 갖거나 아니면 그냥 모임만 가져도 괜찮습니다. 그룹 중에서 한 사람을 정하여 모임을 인도하도록 하십시오.

· 반원들끼리 서로 긴밀한 관계를 갖고 연락하며 필요한 것을 돕도록 하십시오. 가능하다면 반원들 중 어린 자녀가 있는 부부에게 전화를 걸어 하루 저녁 아이들을 돌봐달라고 함으로써 그들 둘 만의 시간을 갖는 것도 좋은 방법일 것입니다. 이 외에도 다른 부부들에게 유익한 잡지 기사나 그림, 영화, 책 등을 소개하거나 보내주는 것도 좋은 방법입니다.

X. 위에 제시된 방법들 가운데 어느 것이 가장 실제적이고 효과적인 것이라고 생각합니까? 당신 같으면 어떤 방법을 택하겠습니까?

이외에도 다른 방법이 많이 있습니다. 당신이 출석하고 있는 교회를 잘 살펴보십시오. 당신 부부나 당신 그룹의 관심을 끌 만한 많은 자원들을 발견할 수 있을 것입니다.

부부 성경공부

당신 부부는 함께 성경공부를 함으로써 결혼에 관한 영적인 훈련을 쌓아갈 수 있으며, 동시에 자신의 결혼 생활에 대해 성서적 입장에서 깊이 생각해 볼 수 있는 기회를 갖게 될 것입니다.

부부 기도 수양회

기도 수양회는 부부로 하여금 서로 기도 동지가 되게 함으로써 영적으로 성장할 수 있는 계기를 만들어줍니다. 당신은 이러한 기회를 통해 기도가 얼마나 개인적으로나 부부생활 차원에서 서로를 성장하게 하는지 알게 될 것입니다. 이러한 기도 훈련 수양회는 적당한 장소를 택하여 1박 2일로 진행될 수 있습니다. 그리고 대개의 경우는 그룹으로 훈련을 실시하게 됩니다. "부부 기도 수양회"에 관한 안내지나 지도를 위한 제안, 추천할 만한 프로그램 등에 관한 자료는 교회진흥원 교회훈련부에서 얻을 수 있습니다.

당신 부부는 조용한 수양회를 가질 수도 있습니다. 일상생활의 분주한 삶의 현장에서 벗어나 조용한 장소에서 묵상하며 기도하는 가운데 당신 부부의 삶을 향한 하나님의 뜻을 발견하거나 인도하심을 받을 수 있으며, 미래를 위한 계획이나 중요한 결단을 앞에 두고 개인적으로, 또는 함께 이야기도 하고 기도하는 시간을 가질 수 있습니다.

XI. 다음의 각 항목들을 통해 부부로서의 당신의 기도생활을 평가해 보시오. 당신의 평가에 해당하는 숫자에 동그라미 하시오

	예	보통	아니오
1. 우리 부부는 정기적으로 기도하는 시간을 갖는다.	1	2	3
2. 우리 부부는 크고 작은 문제를 결정할 때 꼭 함께 기도를 한다.	1	2	3
3. 우리 부부는 기도시간에 자신의 깊은 심중이나 바라는 것들을 내어놓고 기도한다.	1	2	3
4. 우리 부부는 둘 다 함께 기도하는 시간을 원한다.	1	2	3
5. 우리 부부는 기도를 통해 하나님뿐 아니라 서로에게 더욱 가까워짐을 느낀다.	1	2	3

부부 그룹 공부

부부가 자신들의 관계를 지속적으로 성장시키기 위한 효과적인 방법 중의 하나로 자신들의 생활과 관련된 책이나 기사들을 읽고 서로 토의하는 것이 있습니다.

당신이 원한다면 현재의 반원들과 계속해서 만나 성숙한 결혼 생활에 관한 책들을 함께 공부하거나 주제별 단기 성경공부 자료들을 택해 훈련을 계속할 수 있습니다. 이러한 모임은 1주일 내지는 몇 주일에 걸쳐서 진행될 것입니다. 다음 페이지에 있는 "성숙한 결혼 생활에 관한 참고도서" 목록을 살펴보십시오.

당신 부부는 결혼에 관한 책들을 함께 읽음으로써 결혼에 관한 많은 것들을 계속 배워갈 수 있습니다. 그 방법은 여러 가지가 있을 수 있습니다. 예를 들

어, 차를 몰고 장거리 여행을 할 때, 현재 자기들의 생활에 관련된 주제나 결혼한 부부에 관한 책을 준비하여 서로 교대하면서 상대방이 운전하는 동안 책을 크게 읽어 줄 수 있습니다.

부부가 자신들의 관계를 성숙시켜 가는 데 있어서 중요한 것은 그러한 책들이 있을 때 그것을 같이 읽고 그 읽은 바를 토의하고 나누는 것입니다.

결혼생활의 성숙을 다루는 책들이 다 부부관계에만 초점을 기울이는 것은 아닙니다. 자녀를 가진 부모들은 자녀양육에 관한 내용들을 배우고 그 문제에 대해 서로 대화할 수 있습니다.

이러한 노력은 결국 그들의 결혼생활에 의미있고 유익한 결과를 가져다 줄 것입니다. 부부의 다양한 역할에 관한 각종 자료들은 당신의 결혼생활이 성숙해지는 데 매우 가치있고 귀중한 요소가 될 것입니다.

XII. 영순이는 차분히 앉아 책읽기를 좋아하는 타입이고, 남편 성우는 주로 밖에 나가 활동하기를 좋아하는 타입입니다. 어느 날, 영순이는 매주 결혼과 가정생활에 관한 책들을 꼭 읽어나가기로 결심을 하였습니다.

1. 영순이는 자신이 읽은 것을 남편 성우와 함께 나누어야 하겠습니까?
2. 영순이가 자신이 읽은 것에 대해 함께 이야기하려 할 때 성우는 어떠한 반응을 보여야 하겠습니까?
3. 당신 부부의 경우라면, 어떻게 효과적으로 부부간에 읽은 것을 나눌 수 있겠습니까?

성숙한 결혼 생활에 관한 참고도서

XIII. 다음의 도서 목록을 보면서 관심이 가는 제목의 책에 표시를 해 놓으시오. 당신이 알고 있는 책에 대해서는 별표를 하시오.

XIV. 당신이 제일 먼저 읽고 싶은 책은 무엇입니까?

부부생활

저 자	책 명	출 판 사
폴투니어	진정한 부부간에 이해와 사랑	보이스
로버트 멍어	내 마음 그리스도의 집	IVP
월터트러버슈	나는 너를 사랑하였다	생명의 말씀사
월터트러버슈	나는 너와 결혼하였다	생명의 말씀사

찰스 R. 스윈들	행복한 가정생활 창조법	나침반
팀 라하이	아름다운 애정생활	보이스
존 스톳트	결혼과 이혼	두란노서원
T.B. 매스턴	성서 그리고 현대가정	요단출판사
한나 W. 스미스	행복한 그리스도인 생활의 비결	요단출판사
노만 라이트	행복한 부부대화의 열쇠	두란노서원

남편

저 자	책 명	출 판 사
에드윈 루이스	남자입니까?	두란노서원
제임스 돕슨	남편과 아버지로서의 남성	보이스
제임스 돕슨	남편이 알아야 될 아내에 대한 지식	보이스
송길원	여성과 더불어 살아야 했던 남성들	한국문서선교회

아내

저 자	책 명	출 판 사
마라벨 몰간	완전한 여성	보이스
찰리 W. 쉐드	여보 제발 말 좀 하세요	나침반
죠이스 란돌프	훌륭한 어머니가 되려면	보이스
죠이스 란돌프	미의 향기	생명의 말씀사
죠베리	불신남편의 아내들에게	생명의 말씀사
송길원	여자, 여성 그리고 여인들	한국문서선교회
여성을 위한 모임	일곱 가지 여성 컴플렉스	현암사
폴 투르니에	여성, 그대 사명은	IVP
김인자	아내들이여 돕는 베필이 됩시다	나침반

전문도서

저 자	책 명	출 판 사
찰스셀	가정사역	생명의 말씀사
주수일	아름다운 가정의 비밀	국민일보사
오재호, 김태자	부부싸움을 합시다	도서출판 부부학사

치유

저 자	책 명	출 판 사
데이빗 A. 씨맨즈	치유하시는 은혜	두란노서원
데이빗 A. 씨맨즈	상한 감정의 치유	두란노서원
W. 휴 미실다인	몸에 밴 어린시절	카톨릭교리신학원
김수지	저는 너무 자주 화를 냅니다	두란노서원
챨스 셀	아직도 아물지 않은 상처	두란노서원

대화기술

저 자	책 명	출 판 사
송길원	아름다운 가정설계	한국문서선교회
송길원	3N—새가정, 새부부, 새출발	한국문서선교회
웨인 맥	부부생활 성경공부	두란노서원
송길원	FUCUS—성서부부학 전10권	극동방송

요점정리

성숙한 결혼 생활을 위한 훈련은 부부가 그들의 언약적 부부 관계에서 지속적으로 실시하고 성취해야 할 과정입니다. 이러한 훈련과정을 통해 추구하는 목적으로는 부부의 결혼생활과 관계를 견고하게 해주는 원리나 아이디어 또는 지침, 방법 등을 배우는 것, 자신의 결혼 생활의 제반 측면들을 살펴보고 평가하는 것, 결혼을 통해 주신 축복이나 좋은 특성들을 기념하고 축하하며 감사하는 것, 부부 관계에 변화와 성장을 가져올 수 있는 계획들을 세우고 실시하는 것 등이 해당됩니다.

우리는 주위에서 지속적인 성숙을 위한 자료들을 쉽게 찾을 수 있습니다. 거기에는 현재의 그룹에서 갖게 될 다른 부부들과의 친분이나 교회를 통해 얻을 수 있는 여러 가지 자료들이 포함됩니다.

부부가 자신들의 성숙한 관계를 위해 선택할 수 있는 자료나 방법들은 많이 있습니다. 그러나 중요한 것은 각 부부에게 있어서 정기적으로 실천이 가능한 한가지 이상의 방법들을 택하여 지속적으로 서로에 대한 사랑과 헌신을 더욱 견고하게 하고 서로가 성숙해지도록 실제적인 노력을 기울이는 것입니다.

연습문제

이 연습문제는 당신이 제11과의 학습목표를 달성했는지의 여부를 스스로 점검하도록 준비되었습니다. 각 물음에 성실하게 답하시기 바랍니다. 정답은 마지막 질문 다음에 있습니다.

1. 성숙한 결혼생활을 위한 훈련에 대해 바로 정의한 것을 고르시오.

① 최소한 한번은 거쳐야 하는 과정이다.

② 3년 내지 5년마다 한 번씩 실시해야 하는 과정이다.

③ 연례적으로 실시해야 하는 과정이다.

④ 지속적으로 실시해야 하는 과정이다.

2. 다음 중 성숙한 결혼생활을 위한 훈련 목표에 해당하지 않는 것을 고르시오.

① 부부관계를 견고하게 해주는 원리나 아이디어 또는 방법 등을 배운다.

② 자신의 결혼생활에 관한 제반 측면들을 살펴보고 평가한다.

③ 자신의 결혼생활에 대한 축복과 좋은 특성들을 기념한다.

④ 자기 배우자의 변화와 성장을 위해 노력한다.

3. 본 과에서 제시된 바 있는, 지속적인 성숙을 위한 여러 가지 방법 중에 당신 부부가 실시하거나 참여할 수 있는 것은 무엇입니까?

정답 : 1.④ 2.④ 3. 스스로의 답

예습

우리는 제11과를 시작하면서 다음과 같은 내용의 기사를 읽은 적이 있습니다. "그 사람들을 보면 하는 일이라곤 직장에 가서 번 돈으로 조그마한 기계나 새로운 운동 기구 같은 것을 사는 데에 그 돈을 다 써버리는 것 같아요. 마치 어린 아이가 장난감을 사는 데에 가진 돈을 다 써버리는 것처럼요. 그 사람들은 매우 자기 중심적인 것 같아요. 우리도 혹시 그들과 다를 바 없이 살고 있지 않나 염려가 돼요." 어떻게 하면 자기 중심적이고 자기만 위하는 그러한 삶을 살지 않게 될까요? 어떻게 우리의 결혼 생활을 통해 다른 사람들을 섬기며 돕는 삶을 살 수 있을까요? 우리는 제12과에서 부부가 취할 태도와 행동들을 살펴봄으로써 그 생활 가운데서 다른 사람들에게 축복이 되는 삶을 살 수 있는 길을 공부하게 될 것입니다.

제6단원: 성숙한 부부 관계

제12과

결혼을 통한 사역

결혼생활의 성숙은 언약결혼 안에서 평생을 통해 지속적으로 실천되어야 할 하나의 과정입니다. 우리는 지속적인 성숙을 위해 다양한 자료들 가운데에서 각자에게 적합한 것을 택하여 실시할 수 있습니다. 제11과에서 배운 것을 기억하십니까?

당신은 "부부 기도 수양회"를 원할지 모르겠습니다. 어쩌면 당신이 속한 교회나 지방회에서 가정생활에 관한 세미나를 준비하고 있는지도 모릅니다. 당신은 가정생활이나 결혼에 관한 문제들을 교회의 지속적인 활동 가운데 하나가 되도록 하는 데 일익을 담당할 수가 있습니다.

지난 며칠 동안 당신 부부가 성숙하기 위해 구체적으로 실시한 것은 무엇입니까? 한 달 동안 시범적으로 실시해 보기로 작정한 것이 있습니까? 성숙한 결혼생활은 결코 저절로 일어나는 것이 아님을 기억하십시오. 그것은 반드시 계획하고 실천하는 사람에게 찾아오는 것입니다.

개관

우리는 본 교재를 시작하면서 제일 먼저 이스라엘 백성들과 맺으신 하나님의 언약의 특성에 대해 살펴보았습니다. 하나님께서 자기 백성과 언약관계를 맺으신 것은 근본적으로 이 땅의 모든 사람들을 축복하시기 위함이었습니다. 하나님의 언약은 이스라엘만의 즐거움이나 만족 또는 성취를 위한 것이 아니었습니다.

이와 마찬가지로, 언약결혼도 부부 자신들과 가정만을 위해 존재하는 것이 아닙니다. 하나님께서 우리에게 주신 모든 축복들은 이 세상에서 그것들을 필요로 하는 사람들과 나누도록 의도된 것입니다. 참으로 이 세상은 하나님뿐 아니라 서로에게도 헌신된 부부의 사랑과 나눔의 삶을 필요로 하고 있습니다.

이제 본 교재의 마지막 부분을 공부하면서 당신의 결혼생활이 다른 사람들에게 축복이 될 수 있는 길들을 생각해 보시기 바랍니다.

학습목표

- 결혼이 의미있는 사역의 도구가 될 수 있음을 깨닫는다.
- 부부가 자신들의 삶을 통해 사역할 수 있는 방법들을 알게 된다.
- 이러한 방법들이 현재 자신의 관계 속에서 가능한가를 평가한다.
- 현재 자신들의 삶을 통해 가능한 사역을 찾아 시범적으로 약 두 달 정도 실천해 본다.

결혼생활과 습관

집 근처에 시립 동물원이 있었습니다. 그런데 어떤 후원자의 기금으로 동물원을 확장할 수 있게 되었습니다. 그리고 동물원측에서 확장의 일환으로 북극곰 한 마리를 새로 들여오기로 결정하였습니다. 북극곰이 1월에 들어오게 되었습니다. 그 때까지 동물원측에서는 바위들과 수영할 수 있는 풀과 굴 등을 갖춰 완공할 계획을 세워놓았습니다. 그런데 예기치 않게 그 곰이 3개월이나 빠른 10월 하순에 도착하였습니다. 할 수 없이 동물원측에서 서둘러 곰 우리를 준비하는 동안 임시로 한쪽을 막아 그 안에서 곰을 살게 하였습니다. 곰은 몇 시간씩이나 임시로 쳐진 우리 안을 어슬렁거리며 왔다갔다 했습니다. 여섯 걸음을 걷고는 다시 뒷발로 돌아 똑같이 여섯 걸음을 걸었습니다. 그 우리의 크기가 작았기 때문에 곰은 계속해서 이렇게 걷는 것을 반복했습니다. 하루, 이틀……여러 주가 흘러가는 동안 인부들의 작업은 계속되었고 곰의 여섯 발자국 행진도 계속되었습니다. 하나, 둘, 셋, 넷, 다섯, 여섯, 뒤로 돌아서 다시 하나, 둘, 셋, 넷, 다섯, 여섯, 다시 뒤로 돌아 하나, 둘, 셋, 넷……계속해서 똑같은 행진을 반복하였습니다.

동물원을 찾아온 사람들은 모두 작업을 계속하고 있는 인부들과 어슬렁거리며 우리 안을 반복하여 왔다갔다 하는 곰을 보았습니다. 북극곰은 더 이상 그를 가로막고 있는 철망을 보는 것 같지도 않았습니다. 그런 것들은 무시한 채 처음부터 그렇게 살아온 양, 마치 그것이 자기 자신의 일부인 양 여섯 걸음의 행진을 반복하였습니다.

그때 동물원을 찾아온 사람들 가운데, 매일 그 곰을 보기 위해 그 곳에 나타났던 한 어린 소년이 있었습니다. 처음에 그 소년은 북극곰에겐 아직도 덥기만 할 늦가을에 조그만 우리에 갇힌 채 그렇게 왔다갔다 하는 것이 슬프게 보였습니다. 그러던 어느날, 그 소년이 고개를 갸우뚱하며 말했습니다. "저 곰은 왜 저렇게 매일 똑같이 왔다갔다만 하는지 모르겠어요. 매일 여섯 발자국을 걸어가서는 돌아서서 다시 여섯 발자국을 걷고, 또 그렇게 하고……. 저러다가는 저 곰은 아무것도 할 수 없을 거예요. 저 우리 밖으로 나가도 무엇을 해야 할지 모를 거예요. 넓은 우리가 완성되어도 거기에만 있으려고 할 거예요. 앞으로 여섯 발자국, 뒤로 여섯 발자국 거기만 왔다갔다 하면서요."

드디어 오랫동안 기다리던 날이 왔습니다. 북극곰의 집이 완공된 것입니다. 동물원측에서는 그 동안 북극곰을 가로막았던 우리의 장벽을 철거하기 시작했습니다. 울타리 밖에 있는 기중기와 그 우리의 꼭대기가 연결되어 있어서 그것을 들어올리면 그 우리의 철창과 기둥들이 따라 올라가고 바닥은 그대로 남아 곰은 자유로이 원하는 대로 돌아다닐 수가 있게 되는 것입니다. 그 소년을 비롯하여 그 곳에 모여든 사람들은 흥미진진하게 이 광경을 지켜보았습니다. 철창이 없어지면 곰은 어떻게 할까? 신나게 달려가 새로 마련된 풀 속으로 첨벙 뛰어들까? 바위 위로 올라갈까? 아니면 그냥 그 자리에서 어슬렁거리며 왔다갔다 여섯 걸음의 행진을 계속할까? 모든 사람들이 숨을 죽이며 철창이 제거되는 것을 지켜보고 있었습니다. 그리고 그 북극곰은…….

Ⅰ. 당신은 이 이야기가 어떻게 마무리되기를 원합니까? 계속 이 이야기를 읽어 내려가기 전에 잠시 이 곰의 이야기가 어떻게 끝날지에 대해 생각해 보십시오. 무슨 일이 일어났겠는지 여기에 간단히 써보십시오.

____

____

____

____

자신의 삶을 철창에 가둔 채 그 안에서만 왔다갔다 하는 것은 이 북극곰만이 아닙니다. 우리의 삶의 방식이나 대인관계, 습관, 심지어는 우리의 꿈과 비전까지도 종종 이 곰의 여섯 걸음의 행진처럼 앞으로, 뒤로 반복하고 있는 것을 봅니다. 그러나 곰에게 그를 가로막고 있는 철창이 걷히는 날이 있었듯이 우리에게도 무언가 결단을 해야 할 순간이 찾아옵니다. 습관의 장벽을 깨뜨릴 가능성이 우리에게 찾아옵니다. 우리의 사고나 꿈을 제한하는 장벽이 제거되고 우리의 생각과 꿈, 삶의 방식이 새롭게 열리고 확장되는 것을 볼 수 있습니다.

Ⅱ. 당신이 북극곰의 입장이라면 어떻게 하겠습니까?

· 전과 같이 여섯 걸음의 행진을 반복한다.
· 새로운 세계로 서서히 나아간다.
· 즉시 새롭게 제시된 기회를 즐긴다.

자신이 지금까지 살아온 방식을 바꾼다는 것은 두려운 일입니다. 지금까지 그렇게 살아왔고 그러한 방법은 내게 안정감을 주었습니다. 우리 안에서의 여섯 걸음 행진에 익숙해 있고 그러한 행동은 내게 안전했습니다. 때로는 안전한 것이 분명하지 않은 어떤 가능성을 찾아 뛰어드는 것보다 더 중요하게 보입니다.

당신은 그동안 "부부의 삶" 그룹을 통해 여러 가지를 공부하고 경험하는 동안 어쩌면 당신이 철창 속의 곰과 같다고 느꼈을지도 모릅니다. 새로운 차원의 부부생활을 경험할 수 있는 가능성이 당신 앞에 놓여 있습니다. 당신을 가로막고 있는 습관의 장벽과 제한된 자기 이해가 이제 새로운 도전과 기회에 직면하여 흔들리기 시작하였습니다. 허물어집니다. 당신은 이제 어떻게 하시겠습니까?

물론 우리는 이러한 문제에서 너무 극단으로 치우치지 않도록 주의할 필요가 있습니다. 사실 우리의 생활이 곰의 경우처럼 우리 안에만 머물러 있을 것인가 아니면 좀더 넓은 새로운 세계에서 햇살을 받으며 마음대로 달리고 뛰며 수영도 하는 그러한 삶을 택할 것인가 하는 것과 같은 문제에 처해 있는 것은 아닙니다. 우리의 생활 방식이나 역할, 습관 중에서 어떤 것들은 계속해서 유지하기를 원하는 것들도 있을 것입니다. 그러한 생활을 하려고 의도적인 노력을 기울여 왔을 수도 있습니다.

Ⅲ. 현재 당신의 부부관계에서 계속 유지하기를 원하는 방식은 무엇입니까?

이 사실에 대해서 당신의 배우자는 어떻게 생각할 것 같습니까?

_____ 좋아하지 않을 것이다.

_____ 좋아할 것이다.

부부가 함께 살아가다 보면 변화를 시도해야 할 때가 있고 그렇게 하지 않아야 할 때가 있습니다. 만약 당신 부부가 그 생활에서 스트레스와 긴장감을 경험하고 있다면 어떤 급격한 변화를 시도하기보다는 자신들의 관계에 적합한 신뢰할 만한 생활방식을 안정되게 적용해야 할 것입니다. 다만 기억할 것은 당신이 앞에 놓여진 어떤 장벽을 허물기를 원한다면 그 장벽은 느슨해질 것이라는 점입니다.

Ⅳ. 만약 지금의 당신의 삶이 어떤 중요한 변화를 가져올 때가 아니라고 본다면 왜 그런지 이유를 설명해 보시오.

그러면 앞으로 언제가 좋겠는지 적어보시오.

이제 잠시 당신의 결혼생활을 조그마한 우리 안에 갇혀 왔다갔다 하는 것을 반복하는 곰에 비유하여 생각해 봅시다(유치한 비유일지 모르지만 때로는 아이들의 눈으로 어른의 세계를 조명해 보는 것도 도움이 됩니다.). 당신의 결혼이라는 우리 안에 쳐져 있는 장벽들은 무엇입니까? 서로에 대해 습관적으로 무심히 대하는 제한된 관계입니까? 결혼한 이래로 아무런 변화도 없는 결혼에의 기대나 꿈입니까? "부부의 삶" 과정을 통해서 혹시 그 장벽을 넘어 뭔가 새로운 가능성을 보게 되지 않았습니까? 당신의 결혼 이야기를 쓴다면 어떻게 마무리 지으시겠습니까?

Ⅴ. 당신으로 하여금 원하는 결혼생활을 하지 못하도록 가로 막고 있는 철창 안의 장벽은 무엇인지 한가지를 생각해 보시오.

당신이 그 장벽을 넘어 실천하기를 원하는 결혼생활의 모습은 무엇입니까?

당신이 그 장벽을 허물기 위해 무엇을 할 수 있겠습니까?

결혼과 사역

우리는 제11과에서 현재의 그룹 공부가 끝난 후에도 지속적으로 성숙을 위해 훈련하는 것에 대해 생각해 보았습니다. 성숙한 결혼생활은 부부가 상호간의 관계에 관심을 기울이는 것에서만 오는 것이 아닙니다. 부부는 결혼을 통한 부부로서의 사역, 즉 하나님께서 부르시고 맡겨주신 임무, 목적, 그 사역에 관심을 돌리면서 좀더 성숙한 관계를 형성해 갈 수 있습니다. 결혼은 단지 겉으로 보이는 부부간의 화목이나 건강, 목적 성취 등으로만 평가되는 것이 아니라 사역적인 측면에서의 열매로 평가되는 것입니다(마 3:10; 21:18-19; 눅 13:6-9).

아울러 우리는 제5과에서 결혼을 통해 맺을 수 있는 열매에 대해 생각해 보았습니다. 그것은 부부 생활에 의미를 주는 어떤 목표나 부부가 함께 추구할 과제였습니다. 그때 당신은 당신에게 있어서 중요하다고 여겨지는 것들을 요약하여 간단히 적은 적이 있습니다. 어쩌면 당신은 그 동안 당신 부부가 함께 시도해 온 것들을 지속하거나 개선할 계획들을 세웠는지도 모르겠습니다. 당신 부부는 제5과 이후로 많은 것들을 그룹 안에서 함께 이야기하며 배웠습니다. 당신이 어쩌면 아직도 제5과를 공부하면서 기록했던 것들을 기억하고 있을지 모르겠는데, 그것을 펴보기 전에 먼저 다음의 문장들을 주의하여 살펴보십시오. 그리고 나중에 당신 부부가 자신들의 관계에 대해 예전에는 어떻게 생각했으며, 현재는 어떻게 생각하고 있는지, 어떻게 느끼고 있는지 비교해 보십시오.

현재 당신 부부가 무엇을 위해 어떻게 살아야 하는지, 그 중요한 것이 무엇인지를 찾으십시오. 당신 부부의 삶의 목적이 무엇인지, 무엇에 초점을 맞추고 살아야 하는지 말해줄 수 있는 사람은 이 세상에서 아무도 없습니다. 다른 사람들이 당신과 자신들의 견해를 나누거나 당신 부부의 은사와 장점에 대해 자신들이 생각하는 바를 이야기해 줄 수는 있겠지만, 당신 부부가 무엇을 위해, 어떻게 살아야 할 지에 대한 궁극적인 결정은 당신 부부가 기도하는 가운데 당신 부부의 삶을 인도하시며 또한 그 삶을 통해 말씀하시는 하나님의 부르심에 귀기울이면서 신중하게 결정해야 할 문제입니다. 지금 다른 사람들의 삶에서, 또한 당신 주변

세계에서 그들을 섬기며 사역하도록 부르시는 하나님의 부르심은 무엇입니까?

당신의 부부생활에 의미를 부여해 주는 것이 무엇인지를 찾아보십시오. 하나님은 때로 부부의 공동생활을 통해서, 공동경험을 통해서 세미한 음성으로 말하실 때가 있습니다. 지난 생활을 돌아보면서 성령님께서 당신의 삶에서 어떻게 역사하셨는지 생각해 보십시오. 물론 그 당시에는 그것이 성령님의 역사였는지 몰랐을 수도 있습니다. 당신 부부의 삶에 특별한 의미를 부여해 주었던 것은 무엇입니까? 당신 부부의 삶속에 하나님께서 역사하시는 모습을 어떻게 보십니까? 당신 부부에게 있어서 중요한 것은 무엇입니까? 당신은 결혼생활을 어떻게 가꾸어 나가기를 원합니까?

Ⅵ. 지난 주에 있었던 일들을 생각해 보십시오. 부부가 함께 어떤 결정을 내리며 생활했습니까? 당신 부부가 함께 참여한 활동이나 행사들은 무엇이었습니까? 당신 부부의 관계에 어떤 의미나 가치 내지는 함께 추구할 만한 일들에 관한 계획들을 세운 것이 있습니까? 그 한 예를 들어보십시오.

당신 부부의 결혼으로 인한 열매들을 찾아보십시오. 당신 부부가 결혼하지 않았더라면 당신의 주변 세계가 어떻게 되었을지 상상해 보십시오. 당신의 결혼으로 인해 주변 사람들의 생활에 어떤 변화가 생겼습니까? 주위의 친구들이나 가족들의 삶에 어떤 영향을 미쳤습니까? 교회에 대해서는 어떻습니까? 당신의 지역사회에는 어떤 변화를 주었습니까?

당신 부부가 추구하는 것이나 목적들은 시간에 따라 변화될 수 있음을 기억하십시오. 우리는 날마다 무엇인가를 결정하며 살아갑니다. 그리고 그것은 부부의 생활을 약간씩 변경시키기도 합니다. 비록 하루 아침에 엄청난 변화를 가져오지는 않겠지만 그러한 것들이 조금씩 축적되어 몇 년이 지나면 부부의 생활에 큰 영향을 주게 됩니다. 마치 일직선상의 위치에 있는 거리를 도보로 여행한다고 할 때, 처음에 1도씩만 남쪽으로 방향이 비틀어져도, 첫날에는 그 차이가 몇 인치밖에 되지 않겠지만 후에는 수마일씩이나 목표지점에서 벗어날 수가 있는 것입니다. 우리가 매일의 삶에서 결정해 가는 크고 작은 결정들, 그것은 결국에 가서 어떤 모양으로든 우리의 주변 사람들에 대한 우리의 사역이나 과제, 관계에 적지 않은 영향을 주게 됩니다.

한편, 우리의 목표들은 우리를 둘러싸고 있는 주변세계의 변화에 의해서도 변화될 수가 있습니다. 이웃들과 직장생활에도 변화가 생깁니다. 그러한 변화의 와중에서 사람들은 우리의 도움을 필요로 하되, 전과는 다른 면에서, 다른 이유로 인해 우리를 필요로 할 수가 있는 것입니다.

Ⅶ. 오늘날 당신 부부의 삶에 부딪히는 이러한 문제들에 대해 현재의 당신들이 대처하는 태도와 여러 주 전에 제5과의 XⅢ, XV, XVI의 질문에 당신들이 대처한 것을 상호 비교해 보시오. 그리고 당신 부부에게 어떤 변화가 생겼는지 아니면 별로 차이가 없이 그대로인지 평가해 보십시오.

"부부의 삶" 그룹은 서로 상대방이 세운 어떤 과제들이나 목표들을 지원하고 격려하며 돕기를 원할 것입니다. 이제 제시될 부부의 그룹활동을 주목해 보시기 바랍니다. 당신의 현 그룹도 이와 같은 계획을 세우거나 서로를 도울 수 있는 다른 아이디어를 얻을 수도 있을 것입니다. 그리고 서로 협력하여 공동의 사역을 펼쳐나갈 수도 있을 것입니다.

부부 지원 그룹

우리는 지난 번 모임에서 본 과정이 끝난 후에도 형식에 구애됨이 없이 자유롭게 계속적으로 만나 성숙한 결혼생활을 위해 서로 자원과 격려를 계속하는 방안에 대해 생각해 볼 기회를 가졌습니다. 그 한 방안으로, 당신은 그룹 구성원들간에 언약을 맺어 자신들이 성숙해지기 위해 어떠한 일들을 하고 있는지 부부들간에 서로의 생활을 이야기하는 것을 시도해 볼 수 있습니다. 서로 필요한 것들을 도와주고, 격려하고, 제안하고, 나아가서는 의미있는 도전을 해줄 수도 있습니다. 각각의 부부들이 힘을 합쳐 서로의 성숙을 위해 나눌 수 있는 일이 많이 있습니다.

그 한 예로, 서로 자신들의 생활을 간소화하여 그 남는 시간과 물질의 자원들을 통해 서로를 돕는 일에 쓰기로 다짐하는 그룹의 경우를 생각해 볼 수 있습니다. 그들은 먼저 자신들의 것들을 나누어 쓰는 체제를 발전시키기 시작했습니다. 즉, 자기 집에 있는 가정용 연장이나 가전제품들, 자주 사용하지 않는 기구들과 부엌용품들, 운동 시설 등과 같은 것들을 그룹 내의 사람들끼리 서로 나누어 쓸 수 있도록 그 품목들의 목록을 작성하였던 것입니다. 이뿐 아니라 그들은 목공일, 아기 봐주기, 배관시설 점검, 자동차 수리 등등 자신들이 직접 도울 수 있는 일들을 분류하여 정리하였습니다. 그들은 이렇게 서로를 도움으로써 절약되는 돈들을 모아 선교 기관에 보내어 도시 내 빈민층에 속하는 불우한 어린이들의 방과 후 활동 프로그램을 후원하도록 하였습니다. 나아가서 그룹 내의 몇몇 부부들은 자신들이 직접 그 프로그램에 참가하여 그 후원하는 어린이들의 몇몇 가정들간에 직접적인 관계와 교제가 있도록 하였습니다.

Ⅷ. 당신 부부가 어떤 그룹의 일원이 된다고 할 때 어떤 유형의 그룹에 속하기를 원합니까?

____

그 외의 그룹 활동들

당신을 비롯하여 그동안 함께 "부부의 삶" 훈련을 받아온 그룹 내의 구성원들은 이와 유사한 프로그램을 교회에서 제시하도록 제안을 하거나, 또 그러한 프로그램이 진행될 경우 그것을 지원하고 도울 수 있습니다. 이러한 프로그램들은 교회 훈련의 일환으로, 또는 교회 내의 다른 기관을 통해 실시될 수 있습니다. 예를 들면 다음과 같습니다.

"**부모와 자녀 양육**(*Parenting by Grace*)." 이 교재는 "부부의 삶"의 성격과 유사하며 부모들을 훈련시키기 위한 프로그램으로 부모들로 하여금 하나님의 은혜로 말미암은 은사들을 발견하고 그것을 그들의 자녀 교육에 적용하도록 돕기 위한 과정입니다.

그래서 부모들은 이를 통해 자기 자녀를 보다 적극적으로 사랑하고, 지도하고, 훈육하여 책임있는 성숙한 그리스도인의 삶을 살아가도록 이끄는 데 필요한 도움을 얻을 수 있습니다.

Ⅸ. 앞으로 다른 부부들과 함께 모임을 만들어 공부하기를 원하는 주제들에 체크하시오.

· 남편과 아내의 관계:

______ 1. 배우자와의 보다 나은 관계를 위하여
______ 2. 바람직한 남편-아내의 역할과 그 실천을 위하여
______ 3. 부부간의 갈등을 그리스도인답게 해결하기 위하여
______ 4. 부부간의 원만한 성생활을 위하여
______ 5. 성경적인 재물 사용에 대하여
______ 6. 효과적인 맞벌이 부부의 생활을 위하여
______ 7. 영적인 부부관계를 위하여

· 가족간의 관계:

______ 8. 효과적인 자녀 훈육을 위하여
______ 9. 가족을 위한 보다 많은 시간 계획과 관리를 위하여
______ 10. 결혼을 통해 새로 가족이 된 식구들과의 좋은 관계 형성을 위하여
______ 11. 자녀에게 기독교적 가치관을 효과적으로 전달하기 위하여
______ 12. 자녀에 대한 성서적인 성교육을 위하여

_____ 13. 부모님이나 자녀들과의 성숙한 관계형성을 위하여
_____ 14. 연로하신 부모님을 모시는 것에 대하여
_____ 15. 성서적인 자녀 양육에 관한 계획을 위하여
_____ 16. 부모 중 한 사람이 출장 등으로 집을 비우는 때가 많은 경우에
_____ 17. 가정에 닥친 변화에 효과적으로 대처하기 위하여
_____ 18. 자녀에게 긍정적인 자아관을 심어주기 위하여

사랑의 후원자 모임. 당신의 모임 구성원들은 서로 자신의 것을 나누고 사랑으로 이웃을 돕는 은사를 개발하고 실천하는 일에 함께 참여할 수가 있습니다. 당신의 주위를 잘 살펴보면 당신의 기도가 필요한 사람들이 있음을 알게 될 것입니다. 당신은 그들에게 집을 개방하고 마음의 문을 열고, 나아가서는 함께 그들을 돕고 후원할 수 있습니다. 그들은 위기에 처한 가족이나 개인들로서 교회에서 도우려는 사람들일 수도 있습니다. 이 외에도 혼자 살거나 양로원에 기거하는 연로한 분들, 가족도 없이 정신적인 질환이나 장애로 인해 고생하는 사람들을 도울 수 있습니다. 그들에게는 당신의 사랑과 도움이 필요합니다. 후원자 모임은 일종의 선교 모임입니다. 모임을 통한 선교의 기회는 이외에도 얼마든지 개발될 수 있습니다.

가족 맺기. 당신 모임의 구성원들 가운데에는 혼자 사는 사람이나 나이드신 분들, 또는 교회의 외로운 성도들의 상태에 관심을 갖고 있는 사람들도 있을 것입니다.

이러한 측면에서 사역을 하기 원한다면 교회 성도들 가운데 소규모의 가족을 형성하여 그 안에서 혼자 사는 이들이나 외로운 가족들이 함께 모임을 이루어 서로 가족이 되는 언약을 맺도록 할 수 있습니다.

Ⅹ. 다음의 각 범주에 후원 모임이나 가족 맺기 등의 프로그램에 응할 사람들을 골라 한 명 내지 두 명씩 그 이름을 쓰시오.

과부 ______________________________

홀아비 ______________________________

독신자 ______________________________

독신 부모 ______________________________

장애자 ______________________________

정신 질환자 ______________________________

경제적 악조건 ______________________________

연로한 어른 ______________________________

새 이주자 ______________________________

성숙하고도 구체적인 사전 계획을 세움

당신은 앞으로도 여러 주 동안 지금까지의 결혼생활을 형성해 왔던 습관의 장벽, 헌신, 책임감 등의 문제에 직면하게 될 것입니다. "부부의 삶"을 공부하면서 접어두었던 바 가정의 제반 일들과 생활 방식 등이 다시 옛날의 모습으로 당신에게 다가올지도 모릅니다. 그래서 부부가 전과 다름없이 습관적이고 반복적인 생활로 쉽게 돌아설 수 있습니다. 그러나 당신은 이때 미리 구체적인 계획을 세워 서로의 성장을 위해 노력해야 합니다. 지금 미리 계획을 세우지 않으면 나중에는 충분한 시간이 없습니다.

본 과는 각 부부들의 사역을 지원하거나 모임을 만들어 함께 사역하는 데에 있어서 필요한 계획을 세우는 것에 초점을 맞추고 있습니다. 당신 부부는 자신들의 꿈과 목표를 현실화하기 위한 계획을 세울 수도 있습니다. 어쩌면 언약부부로서 의미있는 사역을 함께 해나간다는 목표를 가지고 그 실천을 위한 결단을 내리려 할 수도 있습니다.

XI. 당신 부부가 제10과의 모임에서 동의한 바 있는 당신 부부생활의 목적과 목표들을 점검해 보십시오. 그 중에서 부부가 다른 사람들과 나누는 사역에 해당하는 것은 무엇입니까? 만약 없다면 이러한 궁극적인 나눔의 사역을 위해 필요한 사항들을 생각해 보십시오.

당신 부부생활의 행동적인 지침이나 목표를 정할 때 다음 사항에 유념하십시오.

· 구체적이어야 한다. 누가 무슨 일을 할 것인가?

· 시간을 구체적으로 설정해야 한다. 어떤 목표를 정해 놓고 그것을 실천하는 기간으로 적당한 것은 2개월입니다. 달력에 언제 그 목표를 재점검할지 표시해 놓으십시오.

· 부부가 다 참여해야 한다. 부부는 저마다 각자 의미있는 사역을 할 수 있고 그에 대한 책임도 갖고 있을 수 있습니다. 그러나 목표들에 대해서는 부부가 언약부부로서 함께 나눔의 사역에 참여하는 것이 필요합니다.

· 현실적이어야 한다. 당신에게는 한 개인으로서 그리고 부부로서 한가지만이 아닌 여러 가지 중요한 임무와 헌신에의 요구가 있습니다. 당신이 감당할 수 있을 만한 것부터 시작하여 중간에 낙담하거나 포기하는 일이 없도록 하십시오. 작은 일부터 시작하여 점점 확대시켜 나가십시오.

XII. 부부의 나눔의 사역에 대한 궁극적인 목적과 그것을 위한 목표들을 기록하십시오.

목적 : ______________________________

목표 : ______________________________

성숙을 향한 부부의 본격적인 여행은 지금부터!

당신은 지금까지 당신 부부를 위한, 또 당신의 부부 모임을 위한 구체적인 목표와 계획을 설정하고 그 성취를 위해 무장해 왔습니다. 이것으로 본 "부부의 삶" 과정은 끝나게 되었습니다. 당신은 때로 교회와 가정의 상황에 얽매이지 말고 자유롭게 자신의 결혼생활 내지는 부부관계를 면밀히 살펴보고, 평가하고, 기억하며 새로운 도전을 받기도 했을 것입니다. 그 동안 본 교재를 통해 훈련을 받으면서 당신 부부는 서로 더욱 가까워졌고 부부간의 애정과 친밀감도 돈독해지는 시간들을 경험했을 것입니다. 어쩌면 이와 달리 그 동안의 기간이 서로의 상이한 요소들과 필요들을 주목하고 알아감에 따른 강도 높은 갈등의 순간들이 되었을지도 모릅니다.

이제 본 교재를 마치면서 당신의 관심은 어쩌면 그 동안 가져왔던 부부생활과 그 성숙에 관한 것에서 개인적인 일상생활의 다른 여러 가지 일들로 전환되어질 수도 있습니다. 그렇게 되면 그 동안 경험했던 모든 것들이 다시 "부부의 삶" 공부를 하기 이전의 상태로 회귀되는 것 같은 느낌을 받게 될 것입니다. 다시 메마르고 무미건조한 일상생활의 긴 골짜기로 돌아가는 것입니다. 그리고 전보다도 더 부부간의 관계가 멀어진 것처럼 느끼게 될 것입니다. 이미 새로운 가능성을 맛본 후이기 때문에 그것이 더욱 크게 느껴질 수 있습니다.

그러나 당신은 지금까지 앞으로의 부부생활에 필요한 그것이 어떠한 상황으로, 어떠한 경험으로 당신 부부에게 다가오든, 언제라도 적용하고 실천할 수 있는 방법들을 배우고 필요한 기술들을 익혔습니다. "부부의 삶" 과정을 마침으로 비록 얼마간은 당신 부부의 관계가 예전과 그리 다를 바 없이 돌아갔다고 느낄지 몰라도 당신 부부는 분명히 전과 달라져 있습니다. 당신 부부는 그 동안 서로에 대해 좀더 분명하고도 구체적으로 알게 되었고, 당신 부부에게 닥치는 스트레스나 위기적 상황, 또는 새로운 기회에 대해 함께 좀더 바람직하고도 긍정적인 방향으로 대처해 갈 수 있는 여지가 생겼기 때문입니다. 당신은 당신 부부가 하나님 앞에서 언약으로 맺어진 언약부부임을 분명히 알게 되었습니다. 언약부부는 인생의 순간 순간 그들에게 다가오는 도전들에 함께 손잡고 부딪히며 성숙해 가는 그런 사람들입니다.

XIII. 본 교재를 통한 훈련을 시작한 이래로 당신 부부의 관계에 대한 시각에 어떤 변화가 있었습니까?

앞으로 새롭게 변화되기를 원하거나 그것을 위해 기도하는 것들이 있습니까?

하나님께서 당신 부부를 인도하시는 대로 살기 위해 당신 부부에게 변화되어야 할 것이 있습니까?

요점정리

이제 성숙한 결혼생활을 위한 훈련을 마무리해야 할 때가 되었습니다. 당신 앞에는 성숙한 부부관계의 새로운 지평이 활짝 열려져 있습니다. 예전에 당신 부부의 삶을 형성해 왔던 습관의 장벽이나 자기의 역할에 대한 이해, 자기 중심적 태도 등등 여러 가지 요소들이 흔들리기 시작했으며 변화되고 있습니다. 이제 어떻게 하시겠습니까?

당신은 하나님께서 부르신 뜻에 따른 사역에 참여함으로써 지속적으로 부부관계의 성숙을 꾀할 수 있습니다. 우리는 제5과를 통해 설정된 나눔의 사역에 대한 계획들을 재점검하였고 확대시켜 왔습니다. 당신은 아마도 그러한 사역을 위한 새로운 목적들과 다양한 목표들을 세워 놓았을 것입니다.

결혼을 통해 사역을 할 수 있는 기회나 가능성은 많이 있습니다. 그러한 것들로는 부부 지원 모임, 사랑의 후원자 모임, 가족 맺기 등이 있습니다.

당신이 자신의 꿈과 목표들을 실현하려면 그것들을 위해 미리 구체적인 계획을 세우십시오. 당신 앞에 놓여 있는 선택의 여지와 그 실현 가능성은 매우 큽니다. 당신은 인생의 순간 순간 자신에게 다가오는 도전들에 함께 손잡고 부딪히며 성숙해 가는 그런 언약부부이기 때문입니다.

연습문제

이 연습문제는 당신이 제12과의 학습목표를 달성했는지의 여부를 스스로 점검하도록 준비되었습니다. 각 물음에 성실하게 답하시기 바랍니다. 정답은 마지막 질문 다음에 있습니다.

1. 당신 부부는 본 교재 "부부의 삶"을 마친 후 마치 좁은 우리 안에서 나온 북극곰과 같게 되었습니다. 그 이유가 무엇입니까?

① 새로운 기회와 가능성들이 그 앞에 있기 때문에

② 새로운 세계에 대한 두려움 때문에

③ 아마도 좁은 우리 안에 계속 있으려 할 것이므로

④ 열려진 세계에 선뜻 나아가려 하지 않기 때문에

2. 부부의 사역에 관한 다음 각 항목의 빈 칸을 채워 넣으십시오.

① 현재 당신의 부부________에서 ___________것은 무엇입니까?

② 당신의 ________에 ________를 부여해 주는 것이 무엇인지 찾아보십시오.

③ 당신 __________의 결혼으로 인한 __________을 찾아보십시오.

④ 당신 부부가 추구하는 ________들은 ________에 따라 변경될 수 있습니다.

3. 당신 부부가 최소한 두 달간 실천해 보기를 원하는 사역의 종류를 한가지 이상 쓰시오.

정답

1. ①

2. ① 관계, 중요한 ② 부부생활, 의미 ③ 부부, 열매들 ④ 목적, 시간

3. 스스로의 답

축하합니다! 당신은 드디어 해냈습니다. 하지만 앞으로도 계속 이 책을 가까이 하며 틈틈이 참조하십시오. 한 달이 지나기 전에 이 교재를 복습하며 그 동안 공부한 것들을 점검해 보십시오. 당신의 목표가 점점 확장되고 성숙되며 당신 부부의 생활에 변화가 일어나는 것을 봄으로써 당신은 큰 위로와 격려를 받게 될 것입니다.

요단 사역정신

"그러므로 너희는 가서 모든 민족을 제자로 삼아 아버지와 아들과 성령의 이름으로
침(세)례를 베풀고 내가 너희에게 분부한 모든 것을 가르쳐 지키게 하라
볼지어다 내가 세상 끝날까지 너희와 항상 함께 있으리라 하시니라"

1. For God and Church
   하나님의 영광과 그의 몸 된 교회의 영적 성장과 성숙을 위한 도서를 엄선하여 출판한다.
2. Prayer-focused Ministry
   기획 · 편집 · 제작 · 보급의 전 과정을 기도 가운데 진행한다.
3. Path to Church Growth
   건강한 교회를 세우는 축복의 통로로 섬긴다.
4. Good Stewardship and Professionalism
   선한 청지기와 프로정신으로 문서 사역에 임한다.
5. Creating a Culture of Christianity by Developing Contents
   각종 문화 컨텐츠를 개발함으로 기독교 문화 창달에 기여한다.